Construire l'État de droit

Le Burundi et la région des Grands Lacs

Collection **Droits et Cultures**
dirigée par C. de Lespinay et R. Verdier

Le droit à la rencontre d'autres cultures, la culture à la rencontre d'autres droits.

Charles de Lespinay, Emile Mworoha
éditeurs

Construire l'État de droit

Le Burundi et la région des Grands Lacs

Ouvrage publié avec le concours de

agence intergouvernementale de la francophonie

L'Harmattan
5-7, rue de l'École Polytechnique
75005 Paris
FRANCE

L'Harmattan Inc.
55, rue Saint-Jacques
Montréal (Qc)
CANADA H2Y 1K9

L'Harmattan Hongrie
Hargita u. 3
1026 Budapest
HONGRIE

L'Harmattan Italia
Via Bava, 37
10214 Torino
ITALIE

ISBN : 2-7475-0257-0

Sommaire

Les auteurs 5

Introduction (*C. de Lespinay, E. Mworoha*) 7

I - **Burundi, des institutions politiques en crise** 15

Joseph Gahama - Le Burundi à la recherche de la démocratie : un regard rétrospectif sur ses institutions depuis 1962 17

Emile Mworoha - La tragédie burundaise et l'introuvable compromis politique 45

Jean-Pierre Chrétien - Burundi : histoire et culture politique 67

II - **Les voies de la démocratie face à l'impunité** 77

Juvénal Ngorwanubusa - La place des ligues des droits de l'homme dans la société civile burundaise : des principes qui sous-tendent les positions de la ligue Sonera 79

Stanislas Makoroka - Lutte contre l'impunité au Burundi et dans la région des Grands Lacs 95

Melchior Ntahobama - La démocratie à réinventer : pouvoirs et contre-pouvoirs au Burundi 121

Eric-Bayard Rwantango - Pouvoir et libertés fondamentales au Burundi... 135

Jean-Paul Biramvu - Justice et lutte contre l'impunité au Rwanda : La poursuite des crimes de génocide et des crimes contre l'humanité 155

François-Xavier Nsanzuwera - Rwanda : Les libertés fondamentales en question 163

Paul K. Ngarambe - La question des réfugiés et des déplacés dans la région des Grands Lacs 177

III - **La dimension culturelle des choix institutionnels** 185

Charles de Lespinay - Valeurs traditionnelles, justice de proximité et institutions (Rwanda, Burundi) 187

Adrien Ntabona - L'institution des *Bashingantahe* et la reconstruction de l'État de droit au Burundi 203

Charles Ntampaka - Le *gacaca*, une juridiction pénale populaire 219

Pascal Rutake - La démocratie et le débat national au Burundi 237

Hervé Guillorel - Quelle(s) démocratie(s) pour la région des Grands Lacs ? 247

IV - **Le contexte international et les perspectives d'avenir** 265

Emmanuel Rwamibango - La crise burundaise à l'épreuve de la diplomatie multilatérale dans la région des Grands Lacs 267

Joseph Ntanyotora - Potentialités économiques de la Région des Grands Lacs Africains 285

Les auteurs

Jean-Paul Biramvu, Droits de l'Homme, membre du CLADHO (Rwanda)

Jean-Pierre Chrétien, Agrégé d'histoire, Directeur de recherche au CNRS (France), Directeur du laboratoire Mutations Africaines sur la longue durée (MALD) à l'Université de Paris I.

Joseph Gahama, Docteur en histoire, Professeur à l'université du Burundi et à l'ENS de Kigali (Rwanda), membre associé du Centre de recherches africaines de Paris I.

Hervé Guillorel, Politiste, Chercheur CNRS au Laboratoire d'Analyse des Systèmes Politiques (LASP), Université Paris X - Nanterre.

Charles de Lespinay, Historien et juriste-anthropologue, Docteur en droit, membre associé du Centre Droit et Cultures (Université Paris X - Nanterre) et du Centre de Recherches africaines (Université Paris I).

Stanislas Makoroka, Docteur en droit, Professeur à l'Université du Burundi.

Emile Mworoha, Docteur en histoire, Professeur à l'Université du Burundi, membre associé du Centre de recherches africaines de Paris I, ancien Directeur général à l'agence intergouvernementale de la Francophonie.

Paul K. Ngarambe, Docteur en linguistique, Professeur à l'Université du Burundi, responsable de la Culture et de la Paix au bureau de l'UNESCO de Bujumbura (Burundi).

Juvénal Ngorwanubusa, Docteur ès Lettres, Professeur à l'Université du Burundi, conseiller du Recteur pour la Coopération interuniversitaire.

François-Xavier Nsanzuwera, Juriste, ancien procureur de la République rwandaise, ancien président du CLADHO, membre du Conseil d'administration de la Ligue belge des droits de l'homme et Secrétaire général de la Fédération Internationale des Droits de l'Homme - FDIH.

Adrien Ntabona (abbé), Docteur ès Lettres, Professeur à l'Université du Burundi, Directeur du CRID (Centre de recherche sur l'inculturation et le développement).

Melchior Ntahobama, Avocat, ancien ministre, Vice-Président du Conseil national des Bashingantahe («Sages»), Secrétaire général à la Bancobu.

Charles Ntampaka, Docteur en droit, Chargé de cours à l'Université Catholique de Louvain - UCL, chercheur à l'Universitaire Instelling Antwerpen (Belgique), Rédacteur en chef de la Revue *Dialogue*.

Joseph Ntanyotora, Économiste, ancien directeur général du Fonds de Développement Communal, actuel Ministre du Commerce et de l'Industrie du Burundi.

Pascal Rutake, Docteur en droit, Professeur à l'Université du Burundi.

Emmanuel Rwamibango, Historien, actuel Ambassadeur du Burundi en Tanzanie.

Eric-Bayard Rwantango, Association Burundaise des Droits de l'Homme (ABDHO).

Photographie de couverture : Jean-Pierre Chrétien (Burundi, école primaire de Ntega, 1989)

Introduction

Construire l'État de droit au Burundi et dans la région des Grands Lacs

Charles de Lespinay & Emile Mworoha

Le présent ouvrage réunit un ensemble de contributions à un colloque international organisé les 1er et 2 décembre 1997 à Nanterre (France) par les Universités du Burundi et de Paris X - Nanterre, sur le thème de *La reconstruction de l'État de droit : les crises politico-ethniques au Burundi et dans la région des Grands Lacs*.[1] Si nous les éditons aujourd'hui, après trois années, c'est qu'elles sont d'actualité et qu'elles ouvrent des perspectives essentielles.

Les travaux ont été menés dans un contexte d'insécurité persistante, avec de nombreux problèmes dûs à l'absence de respect des droits de l'homme dans l'Afrique des Grands Lacs. Le colloque a tenté, en s'ouvrant à des universitaires principalement Africains et de diverses sensibilités, de s'interroger sur la difficile question de la reconstruction de l'État de droit et de **l'édification d'une société nouvelle, pacifique, communautaire et altruiste**.

Il importe d'emblée de souligner que les réflexions constructives avancées ici et les conclusions qui en découlent s'inscrivent dans la même lignée que celles émises au cours d'autres forums, en particulier celles dégagées lors du colloque tenu

[1] Coordonné par Joseph Gahama, ce colloque a été financé par l'Agence intergouvernementale de la Francophonie qui permit ainsi à de nombreux universitaires du Burundi de venir s'exprimer et participer aux travaux.

à Kigali (Rwanda) en novembre 1995 sur le génocide au Rwanda ou lors de la rencontre de septembre 1997 de l'UNESCO à Paris sur le thème *Construire l'avenir pour le Burundi*. L'ensemble de ces nécessaires concertations entre toutes les personnes, communautés et sensibilités diverses concernées demande du temps et mérite par conséquent que les décideurs tiennent compte des recommandations qui en sont issues.

Des universitaires au service de la reconstruction sociale

L'édition de ces réflexions et recommandations offre l'opportunité de rappeler l'importance de la communauté universitaire dans la reconstruction de la société, aussi bien au niveau du Burundi que dans l'ensemble de la région des Grands Lacs.

Ce rôle dévolu aux universitaires a été souligné de façon forte, en particulier par Juvénal Ngorwanubusa, doyen de la Faculté des Lettres et Sciences humaines de l'Université du Burundi, qui mentionna la volonté des participants au colloque « de faire entendre la voix des universitaires (...) sur les problèmes brûlants de l'Afrique des Grands Lacs en général et du Burundi (ainsi que du Rwanda) en particulier ». Il évoqua comme une nouveauté le fait « d'avancer sur un terrain qui a été trop longtemps occupé par les politiques, les journalistes, voire les 'humanitaires' parfois mûs par des intérêts qui ne coïncident pas toujours avec ceux des peuples concernés ». Et de rappeler qu'« il y a un certain nombre de valeurs qui s'attachent à la qualité d'universitaire : *le refus de la passion, le rejet de l'intolérance, le culte de la vérité (...) et enfin la recherche de la synthèse consensuelle* ». Il ajouta qu'on attendait des universitaires « *une analyse froide et constructive qui puisse déboucher* ***sur des conclusions auxquelles les dirigeants de la région pourront faire constamment référence*** ».

Le lecteur pourra apprécier la force et l'originalité des points de vue et des réflexions sur des concepts essentiels et des questions importantes comme la « *gouvernance* », qui doit tenir compte des réalités multiformes du Burundi et du Rwanda. Les contributions publiées ici accordent une place importante à la société civile, facteur de résorption des exclusions. Les auteurs ont insisté pour la plupart sur l'importance primordiale du recours aux valeurs positives des cultures africaines. Il a été à maintes reprises affirmé l'impossibilité de construire un État de droit et une société solidaire dans des contextes d'impunité des crimes et d'insécurité généralisée.

On remarquera enfin que, dans cet ouvrage, les auteurs s'expriment à la fois avec franchise et mesure, en utilisant sans détours les termes *hutu* et *tutsi* qui ne sont plus tabous et que l'on désigne actuellement sous le vocable « *ethnie* », bien que son application scientifique en particulier à propos du Burundi soit sujette à caution. Comment parler en effet d'ethnies différentes pour des gens qui parlent la même langue, occupent le même espace et jouissent d'une même culture ? [2]

Principaux thèmes proposés ici

Toutes les contributions qui suivent proposent d'explorer un aspect de la démocratie à reconstruire, en particulier à travers quatre thèmes principaux, à savoir : la démocratie institutionnalisée ; la justice ; la question des réfugiés, déplacés et droits de l'homme ; la coopération internationale et le développement.

1) *la démocratie institutionnalisée*

Certaines contributions portent sur le constat et sur la réalité des institutions existantes et d'autres s'intéressent à la nature des solutions éventuelles à proposer. On trouvera notamment des communications en rapport avec le schéma institutionnel : analyse historique des institutions burundaises et des régimes conventionnels, prospective sur les relations entre les pouvoirs exécutif, législatif et judiciaire, comparaison des modes de scrutin.

Sous le thème « démocratie » a été présenté et analysé le « *débat national* » en cours au Burundi et qui se veut une forme de démocratie directe progressive, avec son organisation et son déroulement impliquant des représentants des différentes couches de la société, portant entre autres sur des questions politiques ou relatives à la résolution des conflits. Si le système apparaît présentement comme empirique et non institutionnalisé, le « débat national » traduit en quelque sorte un mode original d'expression démocratique à même de contribuer au dépassement des clivages et des conflits. Ne pourrait-on pas, par exemple, institutionnaliser ce type de concertation en définissant à la fois la périodicité et le genre de problèmes à y débattre ?

Dans ce registre de la recherche du meilleur système démocratique, on relèvera l'intérêt de la contribution d'Hervé Guillorel qui nous rappelle l'existence de nombreuses expressions de la démocratie à travers les modes de consultation populaire, de représentation des citoyens ou de découpage des circonscriptions électorales et qui pourrait inspirer les responsables politiques dans leur quête d'une voie démocratique adaptée. Après avoir présenté quelques exemples de démocraties plurales, l'auteur signale néanmoins que la proposition faite par certains juristes

[2] On notera aussi le terme ambigü « *élite* », souvent employé par plusieurs auteurs pour désigner ceux qui ont fait des études ou atteint un certain niveau de richesse. D'origine biblique, il paraît emprunté au vocabulaire des missionnaires européens.

d'appliquer les règles internationales relatives aux peuples autochtones et aux minorités ethniques ne concorde pas avec les réalités des pays des Grands Lacs et ne ferait qu'institutionnaliser une construction ethnique de l'État, facteur d'exclusion, créant une partition entre humains. Il remarque que les projets de partition territoriale ont la même logique. En effet certaines personnalités internationales, prenant la suite d'intellectuels américains, prônent aujourd'hui[3] la scission du Rwanda et du Burundi en deux ou quatre États. Hervé Guillorel constate que cette proposition va à l'encontre du souhait de vivre ensemble émis, malgré les craintes, par la très grande majorité des populations concernées.

2) *La justice*

L'institution judiciaire a été traitée le plus souvent indépendamment des autres institutions, en posant le problème de son respect à la fois par le peuple et par les pouvoirs (hommes politiques, institutions, armée). Les contributions accordent une place de choix à la justice «orale», spécialement les systèmes de conciliation et de justice locale comme le *gacaca* au Rwanda, le *bushingantahe* au Burundi et les tribunaux coutumiers. L'analyse de ce type de système judiciaire relève notamment l'originalité particulière de l'institution du *bushingantahe* au Burundi, qui fonctionne à la fois comme système judiciaire mais aussi comme un cadre permanent de dialogue pour la population au niveau local et comme une représentation de celle-ci vis-à-vis des pouvoirs, pouvant devenir une source de production du droit y compris sur le plan législatif.

D'autres suggestions relatives à la justice «écrite» et à la lutte contre l'impunité ont été avancées. Dans l'ensemble, les propositions ont insisté sur la promotion d'une justice de «proximité», qu'elle relève du droit «écrit» ou «oral», comme frein à l'exacerbation des conflits.

La réflexion sur l'action du Tribunal pénal international pour le Rwanda (TPIR) a montré qu'elle pouvait servir d'exemple dans le combat mené contre le génocide dans la région, bien que le doute quant à son efficacité ne put être levé. Le TPIR est, sur certains points, en contradiction avec les tribunaux nationaux, en particulier en ce qui concerne la peine de mort.

---

[3] Gilbert Ngijol, *Autopsie des génocides rwandais, burundais et l'ONU*, Paris, Présence Africaine, 1998, 227p. L'auteur, «assistant spécial» du représentant spécial de l'ONU au Rwanda, après une analyse simpliste et à partir de schémas ethnistes inadaptés, croit avoir tout compris. Il prône comme seule alternative au massacre général la partition des Hutu et des Tutsi, laissant aux Twa le «choix» entre l'un ou l'autre ! A une nette insouciance en matière de diagnostic s'ajoute la proposition d'une solution explosive dont il ne paraît pas soupçonner les difficultés d'application et les conséquences conflictuelles.

3) *La question des réfugiés, des déplacés et des droits de l'homme*

La communication de Paul Ngarambe relative aux réfugiés et déplacés a montré combien l'avenir de ceux-ci dépend à la fois de l'esprit de compromis des acteurs politiques nationaux et de la sincère collaboration des États voisins, mais aussi d'une nécessaire modernisation et réorientation de l'économie ainsi que d'une bonne gestion des terres.

Les analyses relatives aux droits de l'homme et aux libertés fondamentales ont permis de montrer, aussi bien pour le Burundi que pour le Rwanda, l'importance de la promotion de la citoyenneté pour ces pays en tant que base essentielle de la reconstruction de l'État de droit.

Par ailleurs, un accent particulier a été mis sur l'importance de l'histoire et de l'éducation dans les processus de réconciliation entre membres d'une même société, notamment la jeunesse, les intellectuels et les hommes politiques. Les apports des historiens ont clairement montré qu'il fallait davantage tabler sur les facteurs d'unité dans la construction de l'État que sur les facteurs de division, d'autant plus que ces derniers sont souvent artificiels et mal fondés. C'est ainsi par exemple que l'exposé des résultats d'une enquête systématique sur les clans et les lignages rwandais, réalisée par Antoine Nyagahene,[4] fait apparaître que beaucoup d'entre eux avaient des traditions d'étroite parenté, bien qu'appartenant à des catégories différentes (hutu, tutsi, twa).

Les libertés publiques ont donné lieu à quelques contributions qu'on lira avec le plus grand intérêt, car elles proviennent de sensibilités «ethniques» différentes mais engagées ensemble dans la poursuite de mêmes objectifs de reconstruction de l'État de droit.

4) *La coopération internationale et le développement*

L'un des objectifs recherchés est de parvenir à un équilibre politique régional dans l'Afrique des Grands Lacs, avec le concours de la communauté internationale (OUA, ONU, États étrangers). De façon précise, certains intervenants ont demandé l'extension du champ de compétence du Tribunal pénal international pour le Rwanda aux crimes contre l'humanité et actes de génocide commis au Burundi. D'autres préconisaient la création d'un Tribunal pénal international *ad hoc* pour le Burundi, tout en insistant sur la nécessaire formation d'un personnel national judiciaire de qualité tant pour le Rwanda que pour le Burundi.

[4] Non publié ici, l'exposé d'Antoine Nyagahene est un résumé d'éléments tirés de sa thèse d'histoire qui doit être publiée prochainement à cause de son grand intérêt pour le progrès de la réflexion. Cf. A. Nyagahene, *Histoire et peuplement : Ethnies, clans et lignages dans le Rwanda ancien et contemporain*, thèse de l'université Paris VII, 1997, 708p.

Le thème du développement insiste, outre sur la nécessité d'un appui et d'aides sur le plan international, sur les facteurs endogènes du développement économique du Burundi et du Rwanda comme éléments fondamentaux de la reconstruction de l'État de droit, avec des besoins spécifiques en formation, en organisation de la recherche appliquée, en conduite d'enquêtes de terrain dans divers domaines du développement.

Synthèse des recommandations et suggestions

Des insuffisances ont été relevées :

- L'absence de réflexion sur les «partenaires» de l'État : armée, assemblée nationale, bandes armées.
- Le manque de réflexion de fond sur les relations entre les pouvoirs, bien qu'évoquée par plusieurs contributions.
- Le manque de réflexion approfondie sur l'éducation et sur le rôle des églises.

Des souhaits et suggestions ont été exprimés :

- Le besoin d'adaptation de la démocratie à l'occidentale aux réalités locales, dont l'institution burundaise du *bushingantahe* ou le *gacaca* rwandais à reconstruire.
- La lutte contre les *idéologies ethnistes* par le dialogue et l'élaboration d'un enseignement adapté.
- L'importance de la création de contre-pouvoirs et du développement du secteur de la société civile.
- Dépasser l'aide humanitaire pour atteindre enfin le développement.
- Tout faire pour rendre de nouveau les gens citoyens.
- Encourager les réfugiés à rentrer en toute dignité chez eux et à reprendre place dans la société.
- Développer une culture de la paix, en liaison avec les organisations internationales.
- La nécessité de l'appui international pour écarter les menaces de la Tanzanie à l'égard du Burundi.
- **Encourager le dialogue**, par exemple par le développement du *débat national* vers l'ensemble de la population.
- L'intérêt des commissions de vérité, de conciliation, comme moyens de dialogue et de témoignage. [5]

[5] Il faut se féliciter que l'Accord de paix et de réconciliation sur le Burundi signé à Arusha (Tanzanie) le 28 août 2000 prévoit la mise sur pied d'une *Commission Vérité et Réconciliation*.

Des priorités importantes sont proposées :

- **Continuer le débat instauré dans le cadre des colloques**, en particulier sur les points non traités ou insuffisamment traités. Parmi les sujets proposés, citons:
  * quel système de démocratie (réflexion sur l'outillage institutionnel)
  * quelle institution judiciaire, incluant droit écrit et «droit non écrit»
  * quel projet de société (le débat national)

  Le premier sujet, qui concerne *démocratie* et *bases institutionnelles*, paraît être de l'accord unanime le plus urgent à travailler.
- **Multiplier les espaces de rencontre et de réflexion**, sous quelque forme que ce soit, et faciliter les contacts, l'échange d'informations et d'idées (organisation d'une banque d'idées)
- **Développer la formation et la concertation** avec les décideurs, les hommes du pouvoir, les politiques, sur l'ensemble des questions touchant la reconstruction de l'État de droit
- **Favoriser la recherche appliquée en droit et en économie pour le développement** et la reconstruction de l'État de droit

A ces priorités s'ajoute la **nécessité urgente d'un appui systématique** de la Communauté internationale :

- pour la suppression du blocus qui frappe les Burundais et qui, au lieu d'aider à résoudre les problèmes, les aggrave ;[6]
- pour la démocratisation des pays des Grands Lacs ;
- pour favoriser le développement économique et social ;
- pour avancer au plus vite vers la justice et la sécurité, en particulier par la formation des juges de droit écrit et des juges-conciliateurs de droit «non écrit».

Rappelons enfin une proposition déjà ancienne faite par le *Centre Droit et Cultures* de Paris X - Nanterre d'organiser au Burundi et au Rwanda une enquête en collaboration avec les universitaires burundais et rwandais, accompagnée d'une formation adéquate, sur **la socialisation juridique** des citoyens de tous âges, conditions, origines (jeunes, moins jeunes; intellectuels, ruraux; Hutu-Tutsi-Ganwa-Twa ; réfugiés et déplacés ; d'appartenance régionale ; etc.). Une telle enquête devrait permettre de révéler comment les gens voient l'État, le droit, la justice, la police, la démocratie, etc. et comment ils souhaitent - ou ne souhaitent pas - s'insérer dans la société. Des travaux identiques ont déjà été menés en France, aux U.S.A., en Russie, en Hongrie, au Japon par une équipe du CNRS français qui accepte de participer à l'analyse de cette enquête, si elle a lieu et si un financement en permet le bon déroulement.

---

[6] Depuis le terme du colloque, le Blocus a été levé.

En conclusion, quelques réactions des auteurs

Parmi les contributions publiées ici, mais sans pouvoir citer tout le monde, nous avons extrait quelques phrases qui sont de sévères mises au point sur les événements récents et toujours actuels, en vue de la reconstruction en cours de l'État dans la région des Grands Lacs.

Pour **Joseph Gahama**, il convient « que les Burundais acceptent de se parler ouvertement et franchement et ne croient plus à des solutions livrées de l'extérieur », sans pour autant rejeter catégoriquement l'apport de la communauté internationale, celle-ci cependant s'agitant souvent sans aucun résultat, « si ce n'est la recrudescence des tensions et des violences ». **Emile Mworoha** insiste aussi sur les problèmes de l'ingérence étrangère, plus destructrice parfois que constructrice. Il souligne en outre « le manque d'adhésion de la part du personnel politique aux principes et programmes figurant dans les textes proclamés officiellement ». Il en est souvent de même de la part du personnel de l'État. L'urgence est de « mettre fin à l'idéologie du génocide, à l'intégrisme ethnique ». « Il faut un nouveau contrat politique et social avec une alternance politique dépassant le binôme hutu-tutsi, un pacte politique à même de promouvoir une démocratie respectueuse de la citoyenneté burundaise ». **Jean-Pierre Chrétien**, outre ses réflexions sur les grandes questions posées aux historiens, rappelle quant à lui que l'histoire ne peut servir à justifier l'ethnisme et que l'on ne peut faire de l'histoire qu'avec les mêmes méthodes et la même rigueur, afin de ne pas embrouiller encore plus un débat de société fondamental. « L'histoire est toujours à mieux écrire, elle n'est pas à "réécrire". »

D'autres contributions souhaitent éviter la création d'une démocratie héréditaire hutu (**Juvénal Ngorwanubusa**) ou d'une dictature héréditaire tutsi (**Eric-Bayard Rwantango**). Ce dernier auteur fait appel à la communauté internationale pour qu'elle appuie la sortie des hostilités et le retour à une voie démocratique. Quant à **Jean-Paul Biramvu**, il insiste sur « la faillite du système onusien à l'aube du 21e siècle et le désintérêt des autres pays membres porté à la protection de la paix ailleurs dans le monde ». Pour lui « L'intervention en Irak ne serait-elle pas aussi légitimée que celle qui aurait pu être effectuée au Rwanda pour arrêter le génocide de centaines de milliers de Tutsi ? ». **Melchior Ntahobama**, tout en constatant l'ethnicisation des partis politiques et les intérêts «ventriotes» de certains d'entre eux, conclut « que l'expérience démocratique n'a pas échoué. (...) Seuls ceux qui ont perdu les premières élections qu'ils ont organisées clament que la démocratie a échoué. Ceux qui les ont gagnées disent que l'expérience vaut la peine et qu'elle est à refaire. (...) on ne peut pas appeler un peuple aux urnes une seule fois et conclure qu'il ne sait pas bien voter, qu'il ne sait pas choisir le bon programme électoral. » Il ajoute que « la démocratie n'est pas un prêt à porter. Elle doit se remodeler sur chaque société ».

François-Xavier Nsanzuwera écrit que le juriste refuse fréquemment de voir la réalité en face, « celle de la violation systématique des libertés fondamentales souvent par ceux-là même qui les ont introduites dans les législations de leur pays et qui ont le devoir de les faire respecter ». Il critique en outre « l'adoration aveugle de régimes politiques par des intellectuels », véritable « prostitution intellectuelle ». Parmi les nombreuses phrases fortes de sa contribution, il conclut : « lorsque l'État de droit disparaît, lorsqu'il n'y a pas une égale citoyenneté pour tous, les faibles disparaissent ou se soumettent aux plus forts qui règnent en maîtres. Et dans la région des Grands Lacs, les élites préfèrent être du côté des plus forts. » Enfin « tant que les régimes sont forts, même s'ils sont coupables des pires violations des droits de l'homme, ils seront toujours soutenus » à l'étranger. « C'est lorsqu'ils vacillent qu'on les achève. »

Dans les pages qui suivent nous avons regroupé, pour en faciliter la lecture, les contributions des auteurs en quatre thèmes :

1. Burundi : des institutions politiques en crise
2. Les voies de la démocratie face à l'impunité
3. La dimension culturelle des choix institutionnels
4. Le contexte international et les perspectives d'avenir.

BURUNDI :
DES INSTITUTIONS POLITIQUES EN CRISE

Le Burundi à la recherche de la démocratie :
Un regard rétrospectif sur ses institutions politiques et administratives (1962/1996)

Joseph Gahama

L'Exécutif : des régimes autoritaires

La constitution de 1962 faisait du Burundi une monarchie constitutionnelle. Le *mwami* disposait d'un pouvoir exécutif héréditaire en descendance directe, de mâle en mâle à l'exclusion de ses femmes et de leurs descendants. Il lui était loisible de désigner personnellement son successeur, contrairement à la coutume qui conférait cette prérogative à des devins attitrés de la cour. Majeur à seize ans, il prenait possession du trône après avoir solennellement prêté un serment devant le parlement.

Le roi était le Chef de l'État, nommait et révoquait les ministres qui étaient responsables devant l'Assemblée nationale. Aucun de ses actes ne pouvait avoir lieu sans le contreseing d'un ministre. Il était enfin assisté par un conseil de la couronne.

Dans la constitution de 1962, la fonction de Premier ministre n'était guère précisée, ce qui a fait dire à certains constitutionnalistes, comme M. Rae, que le pouvoir exécutif était probablement «monocéphale», conformément à «la coutume africaine».[1] En effet, la formule européenne «le roi règne mais ne gouverne pas» heurtait de plein fouet la conception burundaise du pouvoir sans limite de la personne du *mwami* traduite en termes de «*ganza sabwa*».[2]

Les difficultés politiques survenues au lendemain de l'indépendance amenèrent le roi à outrepasser ses pouvoirs constitutionnels et à se mettre, comme autrefois, en position d'arbitre impartial entre les Hutu et les Tutsi qui commençaient à tomber dans le piège des divisions ethniques. Cela s'est traduit par des remaniements ministériels incessants pour faire plaisir aux uns et aux autres et qui à terme contribuèrent à sa chute.

---

1 . Rae, M., « La constitution du royaume du Burundi », *Eurafrica*, 1962, 5, pp.10/13
2 . C'est-à-dire « triomphe et qu'on ait recours à toi ».

Les déplacements prolongés et fréquents à l'étranger du vieux monarque Mwambutsa Bangiricenge entraînèrent au début des années 1960 une longue carence d'autorité et un risque d'anarchie. Dans sa proclamation du 8 juillet 1966, le prince Charles Ndizeye, en sa qualité d'héritier au trône, s'attribua les fonctions et les pouvoirs de Chef d'État et suspendit la constitution. En attendant l'élaboration d'une autre répondant aux aspirations réelles du pays, disait-il, il exercerait le pouvoir législatif sous forme d'arrêtés.

Le 28 novembre 1966, le capitaine Michel Micombero alors Premier ministre renversa pour toujours la monarchie. Depuis lors, le Burundi est une république dirigée par un Président dont les pouvoirs ont été clairement définis par trois constitutions adoptées en 1974, en 1981 et en 1992.

Les constitutions de 1974 et 1981 conféraient au Président de la République la plénitude du pouvoir exécutif qu'il exerçait par décrets dans le cadre d'un monopartisme dominé par le Parti de l'union pour le progrès national (UPRONA). A la fois Chef de l'État et Chef du Gouvernement, il accédait à la tête du pays en tant que seul candidat présenté à la Présidence par le parti unique. «Protecteur suprême des Barundi» sous Michel Micombero,[3] il incarnait l'unité nationale et assurait la continuité de l'État. Son mandat, long de sept ans, fut ramené à cinq ans sous le régime de Jean-Baptiste Bagaza. Encas d'absence, d'empêchement ou de vacance de la Présidence, on avait prévu que le Président serait remplacé par une autorité choisie au sein du Comité central du parti, une façon de ne pas désigner de manière claire la personnalité qui allait lui succéder.

Votée en pleine période de transition démocratique, la constitution de 1992 s'attardait longuement sur la manière dont le Président devait être élu: les candidats étaient obligés de souscrire à la Charte de l'unité nationale et recevoir le parrainage d'au moins deux cents personnes provenant des diverses composantes de la population burundaise.

Par rapport aux autres constitutions, elle a apporté une innovation de taille. Elle a choisi un régime mi-présidentiel, mi-parlementaire. Le Chef de l'État dont le mandat était limité à cinq ans, renouvelable une seule fois, conservait encore de larges pouvoirs, mais il les partageait avec un Premier ministre qu'il nommait et qu'il consultait pour former le Gouvernement.

Quand on jette un coup d'oeil rapide sur les équipes ministérielles qui se sont succédées depuis notre indépendance, on constate que le « système politique burundais » s'est toujours méfié d'un « bicéphalisme » à la tête du pays, c'est-à-dire en clair un Premier ministre qui serait un « rival » potentiel du Chef de l'État.

---

[3]. Il était appelé « Libérateur du Peuple Murundi ».

Bien qu'ils étaient (en principe) formateurs des gouvernements, les Premiers ministres de la période monarchique (1962/66) n'avaient pas les mêmes prérogatives que celles qu'on connaît dans les systèmes parlementaires. Sans fonctions précises qui leur étaient reconnues par la constitution, ils étaient choisis au gré du désir du *mwami* qui les changeait d'ailleurs fréquemment à cause des intrigues politiques et ethniques qu'on observait à cette époque.

Toujours dans le même souci d'avoir à la tête du pays un seul homme fort, le poste de Premier ministre fut supprimé sous les régimes autoritaires de Michel Micombero et Jean Baptiste Bagaza. [4]

La nomination du Hutu Adrien Sibomana en octobre 1988 comme Premier ministre et ministre du Plan par Pierre Buyoya obéissait, semble-t-il, aux impératifs de l'ouverture démocratique imposée tant de l'intérieur que de l'extérieur. [5]

Le nombre de ministres siégeant aux différents gouvernements a été toujours raisonnable :[6] alors qu'ils étaient en moyenne une dizaine sous la monarchie et la première République, ils sont montés à une vingtaine sous la deuxième et la troisième républiques. Cet accroissement a incontestablement répondu non seulement au désir d'accentuer le rôle de l'État dans la vie socio-politique du pays,[7] mais aussi de représenter dans l'exécutif toutes les sensibilités liées aux origines ethniques, régionales, religieuses et sociales.

Quand on examine l'origine ethnique des ministres qui ont gouverné le pays depuis l'indépendance jusqu'à nos jours, on constate qu'il y a eu une légère domination des Tutsi qu'il convient d'analyser dans le temps.

On peut distinguer aisément trois périodes :

- Premièrement, la période monarchique durant laquelle les Hutu étaient majoritaires aux gouvernements,
- Deuxièmement, une décennie, de 1966 à 1987, pendant laquelle ils étaient pratiquement exclus,
- Troisièmement, une période plus récente, depuis la fin des années 1980, qui de nouveau vit diminuer fortement la prédominance tutsi.

---

4 . Agissant sans doute sur conseils, Jean Baptiste Bagaza ne retint plus le poste de Premier ministre quand il remania pour la deuxième fois son gouvernement le 13 octobre 1978. Edouard Nzambimana considéré comme un rival dut se contenter du portefeuille des Affaires étrangères et de la Coopération.

5 . Il ne s'en sépara plus jamais jusqu'à sa défaite aux présidentielles en juin 1993.

6 . Par rapport par exemple au Gabon ou au Congo, pays très peu peuplés qui en alignaient une cinquantaine.

7 . Le ministère de la Promotion féminine date du début des années 1980, celui de l'Aménagement du territoire et de l'Environnement de la fin de cette décennie.

Quant aux Ganwa, on ne les retrouva plus au gouvernement depuis la prise du pouvoir par Jean Baptiste Bagaza.

Bien que des données précises nous manquent pour bien appréhender la provenance régionale ou provinciale des membres des divers gouvernements, il est apparu que sous la monarchie, ils venaient surtout de Gitega, de Ngozi, de Muramvya et de Muyinga. C'est vers la fin des années 1960 que les équipes ministérielles furent fortement marquées par le régionalisme. Le cabinet formé par Michel Micombero le 11 décembre 1969, après un coup d'État fomenté par des officiers et civils hutu, comptait encore 5 ministres hutu sur 13, mais le gros était partagé par les Tutsi : 3 ministres originaires de Jenda (Affaires étrangères, Justice et Finances), 3 de Bururi (Education, Intérieur et Fonction publique, Ministère à la Présidence), 2 de Muramvya (Santé, Agriculture).

On remarque que depuis peu, on s'efforce de faire entrer au gouvernement toutes les provinces du pays.

Curieusement, voici bientôt une quinzaine d'années, bien que n'atteignant pas 2 % de la population, les musulmans sont toujours représentés par un ou deux ministres dans l'exécutif.

L'analyse des origines sociales des ministres fait ressortir une faible représentation féminine, même si depuis 1982, tous les gouvernements ont aligné de manière mécanique deux femmes et leur ont confié les portefeuilles de la Promotion féminine ou du Travail, soit 10% du total. Ceci n'a rien de particulier au Burundi, car un peu partout, y compris dans les pays développés, on est réticent pour voir les femmes dans l'exécutif.

Ce qui est nouveau, contrairement à ailleurs: on devient ministre très jeune. Michel Micombero était Premier ministre à l'âge de 25 ans ! Un des problèmes du Burundi justement concerne la classe politique. Souvent sans expérience, elle se voit confier des tâches qui la dépassent le plus souvent. Comme tous les dix ans, jour pour jour pratiquement, le régime changeait par voie de coup d'État, les politiciens qui n'avaient guère que la quarantaine se retrouvaient dans la rue. Certains ont essayé de s'en sortir en se convertissant aux affaires, mais beaucoup d'autres sont devenus de pauvres malheureux. Cependant, il importe de relever qu'à l'inverse de Jean Baptiste Bagaza, Pierre Buyoya a eu un souci constant de «caser» ses anciens collaborateurs.

La plupart des ministres sont issus des formations politiques du pays, notamment au lendemain de l'indépendance et récemment, suite à la réouverture du Burundi au multipartisme. Le cas le plus extrême, comme on le verra plus loin, est la Convention de gouvernement qui a consacré la « partitocratie », c'est-à-dire que tous les partis signataires de ce document se retrouvaient dans l'exécutif, sans autre considération aucune. Cela a entraîné des blocages, car il était hors de question de parler de véritable équipe ministérielle, dès lors que chaque ministre avait à répondre en premier lieu de son parti.

L'administration a constitué le deuxième vivier dans lequel ont puisé les formateurs de gouvernements, surtout dans la période du parti unique. Le Président Jean Baptiste Bagaza faisait plutôt appel à des « technocrates » qu'à de véritables politiciens.

Enfin, l'armée, à la suite des trois coups d'État successifs, a été longtemps considérée comme la troisième avenue vers le pouvoir. Le scénario, presque toujours le même, se déroulait de la manière suivante. Après le putsch, étaient mis sur pied des conseils révolutionnaires exclusivement formés de militaires : *Conseil national de la révolution* (CNR) sous Michel Micombero, *Conseil suprême révolutionnaire* (CSR) sous Jean Baptiste Bagaza, *Conseil de salut pour le redressement national* (CSRN) sous Pierre Buyoya. Il est évident qu'ils ont réellement exercé une fonction de conception, mais leur pouvoir s'est progressivement affaibli au fur et à mesure que les régimes s'affermissaient. Ceci pose d'ailleurs la question intéressante de savoir si le Burundi a connu des régimes militaires à proprement parler, dans la mesure où aucun gouvernement burundais n'a aligné plus de 4 hommes en uniforme. Si le ministère de la Défense a été toujours leur chasse gardée, il est apparu que les ministres les plus influents sous Micombero, Bagaza et même sous Buyoya étaient presque tous des civils. [7]

Le personnel gouvernemental était en grande majorité d'origine «aisée» par rapport aux masses paysannes non instruites. Il provenait toujours de «l'élite» ayant reçu l'enseignement supérieur. Si les gouvernements des années 1960 étaient formés d'Astridiens, d'anciens Séminaristes et de quelques uns n'ayant fait que des études primaires, depuis la fin des années 1970, tous les ministres avaient fréquenté l'université. Parmi eux, on comptait un nombre important de magistrats, d'enseignants et d'économistes.

La carrière ministérielle était en général courte. Sa durée était en moyenne de 21 mois, ce qui a eu pour conséquence que les ministres, conscients qu'ils n'auront qu'un temps limité au sein du gouvernement on eu tendance à «se servir» plutôt qu'«à servir ». On a remarqué qu'autant l'instabilité gouvernementale était grande sous la monarchie et la première République,[8] autant la carrière

---

7 . J'en veux pour preuve les rôles historiques joués par les ministres Arthémon Simbananiye et Jean Ntiruhwama sous Micombero, Isidore Nyaboya , Albert Muganga et Pierre Ngenzi sous Bagaza, Nicolas Mayugi et Adrien Sibomana sous Buyoya.

8 . Les remaniements étaient fréquents et les ministres changeaient souvent de portefeuille.

ministérielle est allée s'allongeant sous la deuxième et la troisième Républiques. C'est ainsi que par exemple François Gisamare, ministre de l'Education nationale, a fait partie de quatre gouvernements sous Micombero ; Isidore Nyaboya, ministre des Travaux publics était inamovible sous Bagaza ; tandis que Buyoya fit toujours confiance à Adrien Sibomana pour former ses gouvernements.

Certains ministres ont été placés, eu égard à leur leadership ou à leur influence personnelle, à la tête d'importants départements ministériels dits «juteux». C'est ainsi qu'Albert Shibura cumulait en 1971, en pleine crise marquée par le régionalisme, les ministères de la Justice et de l'Intérieur ou qu'Isidore Nyaboya a été le véritable patron du Ministère des Travaux publics, de l'Énergie et des Mines dans la période où le pays s'est beaucoup modernisé, notamment en se dotant d'infrastructures routières, scolaires, sanitaires et énergétiques sous Bagaza. Mieux encore, le Président Melchior Ndadaye avait offert au pays, en plus d'un Premier ministre, deux Vice-Premiers ministres, l'un chargé des questions économiques confié à Bernard Ciza et l'autre de la Réforme et du Développement institutionnel aux mains de Melchior Ntahobama.

Les partis politiques et les expériences parlementaires

A son indépendance, le Burundi avait un pouvoir législatif monocaméral, bien que la constitution prévoyait que le parlement pouvait comporter une Assemblée nationale et un Sénat. Le pouvoir législatif s'exerçait collectivement par le roi et le parlement.

Dans la constitution de 1962, les pouvoirs n'étaient pas séparés de manière très nette de sorte qu'il y eut rapidement des blocages au parlement.

Après la victoire de l'UPRONA et l'assassinat du prince Louis Rwagasore en 1961, les partis politiques qui l'avaient combattu, surtout le Parti démocrate chrétien (PDC), se sabordèrent après la condamnation à mort de ses leaders en 1963, leurs militants les plus actifs s'engagèrent dans l'administration territoriale ou dans les entreprises de Bujumbura.

L'UPRONA avait donc les mains libres pour contrôler tout le pouvoir politique. Mais c'était sans compter avec les querelles stériles qui allaient paralyser ce parti entre 1962 et 1966. Autant le charisme de Louis Rwagasore avait réussi à rassembler autour de lui des nationalistes de divers horizons, autant sa mort laissa un grand vide: aucun de ses successeurs ne put faire l'unanimité.

Les rivalités commencèrent avec le retour d'exil au Congo belge du Hutu Paul Mirerekano qui était allé représenter en 1960 le prince Louis Rwagasore aux festivités d'indépendance de l'ancienne colonie belge. Il se présentait comme son dauphin et déclarait qu'il lui avait promis la direction du parti. Le Ganwa André Muhirwa, Premier ministre, ne l'entendait pas de cette oreille. Le Président de l'UPRONA, André Nugu, ayant été nommé gouverneur de la province de Muramvya, Paul Mirerekano en reçut la direction, mais à titre provisoire. Il brûlait d'impatience pour être pleinement confirmé dans ses fonctions.

Le 25 août 1962, une foule nombreuse se rendit au stade nouvellement baptisé Prince Louis Rwagasore. Elle disait être venue élire le Président de l'UPRONA. Les autorités du ministère de l'Intérieur n'ayant pas été prévenues, elles la dispersèrent. On sut rapidement que c'était Paul Mirerekano qui avait convoqué ce rassemblement. On l'arrêta, mais dans la soirée, il fut libéré par une cinquantaine de gendarmes acquis à sa cause. L'affaire fit grand bruit.

Lorsqu'on organisa en septembre 1962 à Muramvya les élections pour pourvoir la présidence du parti, ni Thaddée Siryuyumunsi, président de l'Assemblée nationale, ni André Muhirwa, Premier ministre, ni Paul Mirerekano n'obtinrent la place tant convoitée. Elle revint au Hutu Joseph Bamina, chef de cabinet-adjoint du roi. « Déçu et découragé d'avoir durement travaillé pour l'UPRONA sans obtenir la moindre récompense », nous dit Marc Manirakiza, « Mirerekano s'exila à nouveau au Zaïre en passant par le Rwanda. Il ne revint qu'en 1965 pour participer aux élections législatives ». [9]

Ces querelles personnelles se transposèrent au Parlement où deux groupes s'étaient formés en rapport avec les divergences que connaissait l'Afrique avant la fondation de l'OUA en 1963: il s'agit du groupe « Monrovia » et du groupe « Casablanca ». Le premier rassemblait les députés hutu dits « modérés » et « pro-occidentaux », alors qu'au sein du deuxième se trouvaient les Tutsi qualifiés de « progressistes » et de sympathisants du socialisme. Le hasard fit que chaque tendance regroupait 32 députés sur les 64 que comptait l'Assemblée nationale.

Cependant, il y avait au sein de chaque groupe une minorité de Hutu et une minorité de Tutsi, de sorte que la démarcation ethnique n'était pas aussi tranchée.

André Muhirwa profita d'un séjour prolongé du roi Mwambutsa Bangiricenge en Suisse pour faire arrêter Thaddée Siryuyumunsi, président de l'Assemblée nationale et ténor du groupe Monrovia. On l'accusait d'avoir fomenté un complot. A son retour d'Europe, le prisonnier fut libéré. Celui-ci réunit l'Assemblée nationale qui vota la chute du gouvernement Muhirwa.

Ces divisions aggravèrent encore les vieilles rivalités entre les Astridiens (assistants médicaux, agronomes, vétérinaires qui avaient une bonne formation et par conséquent bien traités par la Tutelle) et les anciens séminaristes qui avaient pu

---

9 Manirakiza, M., *La fin de la monarchie burundaise 1962/1965*, Paris/Bruxelles, 1990, p.41.

trouver bon an mal une place dans l'administration sans jouir de beaucoup d'avantages. [10]
« Une sorte de conflit les opposait, dû sans doute à la jalousie des uns et à l'arrogance des autres ». [11]

La première législature devait s'achever en 1965, année qui débuta très mal puisqu'on assassina le Premier ministre Pierre Ngendandumwe. Le forfait fut attribué aux Tutsi, mais l'enquête judiciaire ne put établir leur culpabilité. [12]

Le 3 mars 1965, le roi dissout l'Assemblée nationale et le lendemain, il mit sur pied une commission électorale. Le 11 mars 1965, il disait:

> « *Le parlement a donné le spectacle désolant de divergences inspirées non pas par des oppositions d'idéaux, de principes ou de programmes politiques, mais bien alimentées par des querelles mesquines ou de jalousies, les intrigues, les délations, les calomnies de personnes, le trafic d'influence, voire même le crime , sans considération de l'intérêt supérieur de la nation.*»[13]

En effet, le débat parlementaire semble avoir été de bas niveau, un grand nombre de députes n'ayant pas la moindre idée d'une culture démocratique. Pire, leur bagage intellectuel (catéchistes, maçons, moniteurs) les empêchait de bien appréhender les problèmes nationaux du moment: planification économique, vote du budget, etc... Rien d'étonnant qu'ils se soient enfermés dans des querelles à caractère ethnique.

Un nouveau code électoral fut promulgué le 29 mars 1965. Deux faits nouveaux sont à signaler : d'une part, le nombre de députés fut réduit à 33 (soit un représentant pour 32 900 électeurs) et, d'autre part, les compétences d'un Sénat composé de 16 membres furent précisées.

Les élections législatives se déroulèrent les 10 et 11 mai 1965 aux bureaux de vote installés dans toutes les communes qu'on avait regroupées en 33 circonscriptions. [14]

---

10 . Consulter J. Ntabahungu, *La place des Astridiens dans la vie socio-politique du pays et leur rôle dans la lutte pour l'indépendance du Burundi*, mémoire Université du Burundi, Bujumbura, 1989.

11 Voir Manirakiza M., *op. cit.*, p.37. Ils avaient deux organisations rivales: *Musaki* pour les ex-séminaristes , *Asada* pour les anciens Astridiens.

12 . Les leaders du groupe « Casablanca » furent jetés en prison.

13 . Discours du roi adressé à la population avant de partir en Europe in *Infor-Burundi*, n°144 du 13 mars 1965, p.1.

14 . Elles furent perturbées dans douze communes situées dans six circonscriptions. De nouvelles élections furent programmées pour elles les 24 et 25 mai 1965. De plus la cour d'appel de

Lors de la proclamation des résultats, l'UPRONA obtint 21 sièges, le Parti du peuple (PP) 10 tandis que les 2 restants allèrent aux indépendants. Les Hutu étaient largement majoritaires à l'Assemblée nationale (23 sur 33 députés), raison qui explique sans doute qu'ils se dotèrent d'un bureau monoethnique. [15.]

La distribution territoriale des voix fait apparaître que le PP qui s'était rapidement réorganisé depuis mars 1965 s'était bien implanté au sud (toute la province de Bururi), au centre (arrondissement de Bukirasazi), à l'est (arrondissement de Rutana), au nord-ouest (arrondissements de Kayanza et de Cibitoke).

Ce fut un vote sanction pour les ministres qui composaient le gouvernement de Joseph Bamina. Seul André Baredetse, ministre des Travaux publics, a pu convaincre son électorat de Kabezi.[16.] L'Assemblée nationale fut presque entièrement renouvelée puisque seulement sept députés de la première législature (1961/1965) furent réélus. [17.]

Le code électoral du 29 mars 1965 prévoyait, comme il a été signalé plus haut un Sénat dont les 16 membres âgés d'au moins 35 ans étaient choisis de la façon suivante: 8 étaient élus par les députés, 4 cooptés par les sénateurs élus et 4 nommés par le roi. Cette procédure connut des lenteurs quant à sa mise en place de sorte que cette Chambre ne fut au complet que dans la deuxième quinzaine d'août 1965.

De nouveau, les Tutsi se retrouvaient minoritaires au Sénat (10 Hutu, 4 Tutsi et 2 Ganwa). [18.]

Il semblerait que les Hutu, forts de leur majorité numérique tant à l'Assemblée nationale qu'au Sénat proposèrent au roi au poste de premier Ministre Gervais Nyangoma, un jeune diplomate qui venait de représenter le Burundi aux

---

Gitega dut constater le 29 mai 1965 des irrégularités en communes Bugenyuzi et Nyaruhinda, ce qui amena les électeurs à recommencer le vote le 21 juin 1965.

15. Le bureau de l'Assemblée nationale était composé comme suit: Emile Bucumi (Président), Paul Mirerekano (1er Vice-président) et Patrice Mayondo (2e Vice-président).

16 . Marc Manirakiza, ministre des Affaires étrangères et du Commerce extérieur et Rémy Nsengiyumva, ministre des Finances se contentèrent des places de «députés suppléants» respectivement à Mwaro et à Kabezi. Les ministres Félix Katikati et Amédée Kabugubugu voyant la situation qui prévalait dans leur province (Ngozi au nord) jugèrent bon de ne pas présenter leurs candidatures.

17 . Il s'agit d'André Baredetse de Kabezi, d'Antoine Ntayega de Bugendana, d'Emile Bucumi de Makebuko, d'Antoine Ntagwarara de Mwaro, d'Emile Benyaguje de Kiganda, de Charles Mbanzamihigo de Busigo et de Salvator Ndikumagenge de Rango.

18 . Comme l'Assemblée nationale, il se choisit un bureau monoethnique: Joseph Bamina comme Président, Ignace Ndimanya comme 1er Vice-président et Sylvestre Karibwami, comme 2e Vice-président.

Nations Unies et qui n'était pas encore membre de l'UPRONA, parti vainqueur aux élections. Il se fit beaucoup remarquer lors d'un discours qu'il prononça le 1er juillet 1965 en tant que Directeur Général au Premier Ministère.[19]

Après avoir établi un bilan sombre des trois premières années d'indépendance, il surprit tout le monde, les politiciens burundais comme les observateurs étrangers, en proposant « un Parti nouveau, une économie nouvelle, un Etat nouveau ». C'est pour cette raison, dit-on, que le roi Mwambutsa Bangiricenge écarta sa candidature au poste de Premier ministre pour porter son choix sur son cousin et secrétaire privé Léopold Bihumugani comme formateur du nouveau gouvernement.[20]

Le coup d'État manqué d'octobre 1965, fomenté par des officiers hutu de l'armée et de la gendarmerie, empira la situation au sein de l'UPRONA. Nombreux furent ses leaders qui furent exécutés, d'autres prirent le chemin de l'exil.

Au mois de juillet 1966, les étudiants burundais en Europe, réunis au sein de l'Union des étudiants barundi (UNEBA) se rencontrèrent à Presles. S'étant penchés sur la situation qui prévalait, ils préconisèrent un pouvoir fort de nature à apporter des solutions aux difficultés du moment. C'est dans ce contexte que Charles Ndizeye remplaça son père à la tête du royaume le 8 juillet 1966 et qu'il signa le 23 novembre 1966 l'arrêté-loi qui institua l'UPRONA comme parti unique.

Presque une année après la proclamation de la république par le capitaine Michel Micombero, le 9 juin 1967 fut promulguée la Charte de l'UPRONA, « parti unique du peuple murundi ». Profondément réorganisé, il s'assigna trois objectifs principaux, à savoir la restauration de l'unité nationale, la consolidation du régime républicain et la formation de la conscience nationale (lutte contre l'injustice, la corruption, la recherche de l'ordre et de la discipline).

Son siège fut transféré de Muramvya à Bujumbura et sa devise devint « Unité, travail et progrès ».[21]

L'UPRONA affirmait sa primauté sur les autres institutions et entendait mobiliser tout le peuple burundais à travers son système de centralisme démocratique et de socialisme.

Assez rapidement, il se révéla que le parti ne fonctionna pas comme le prévoyait la Charte du 9 juin 1967. Fort des dispositions de l'article 67 qui lui donnait beaucoup de pouvoir durant la période de restructuration, son Président

19 . Tout le gouvernement étant suspendu, les Directeurs Généraux remplaçaient les Ministres.

20 . Lui non plus ne militait pas au sein de l'UPRONA. Il en avait été d'ailleurs exclu . Par la suite, il avait fondé le parti «Burundi populaire / *Inararibonye*» en août 1961, mais n'avait recueilli que des suffrages insignifiants aux législatives du 18 septembre 1961.

21 . Auparavant, la devise était: «Dieu, roi, patrie».

nomma tous les cadres des organes exécutifs. Aux échelons inférieurs, ceux des organes délibératifs ne furent pas élus. Pour éviter les rivalités entre les dirigeants de l'État et ceux du Parti, on cumula les deux fonctions : c'est ainsi que le gouverneur de province devint automatiquement le premier secrétaire du parti dans sa circonscription, l'administrateur de même dans sa commune, etc...

Alors qu'on pensait que c'était le parti qui allait primer sur l'État, ce fut l'inverse qui se produisit. En effet, tous les comités provinciaux et le bureau politique étaient composés en majorité de hauts fonctionnaires. Tous les gouverneurs de province et tous les ministres se retrouvaient au Comité central du parti.

Le 11 juillet 1974, la constitution de la première République, tant attendue depuis 1966, fut promulguée. De nouveau, on adoptait le principe du parti unique. L'UPRONA devait orienter la politique générale du pays et inspirer son action. Elle exerçait son contrôle sur le gouvernement et le pouvoir judiciaire. Le parti, « émanation du peuple », avait le devoir de l'éduquer et de l'encadrer.

Cette constitution, qui stipulait que le pouvoir législatif était confié au Président qui de manière concertée avec le Gouvernement prenait l'initiative des lois voyait le jour alors que la première République traversait une crise politique caractérisée par l'ethnisme et le régionalisme, surtout à partir de 1971. Nombreux furent ceux qui se désintéressèrent du parti, surtout qu'il était dirigé par un homme qui commençait à se montrer de plus en plus incapable d'assumer ses responsabilités.

Le 1er novembre 1976, le colonel Jean Baptiste Bagaza s'empara sans coup férir du pouvoir à la suite d'un putsch militaire. Il proposa au pays d'organiser le parti UPRONA de façon à rendre possible et irréversible la création d'une société nouvelle où régnerait la justice sociale.

S'il gardait le principe du parti unique et de la « suprématie du parti », s'il entendait mettre en application le centralisme démocratique comme sous le régime précédent, il s'en démarquait en prônant une UPRONA rénovée, parti de masse basé sur une philosophie qui s'articulait autour de six points : la lutte contre l'exploitation de l'homme par l'homme, la souveraineté sur les ressources nationales, la ferme volonté de compter sur ses propres forces, la création d'une nouvelle mentalité basée sur l'esprit de justice, de travail et de production, la réhabilitation et la revalorisation de la culture nationale, le combat contre l'impérialisme.

Adoptée par le Comité central de l'UPRONA, approuvée par un référendum le 18 septembre 1981, la constitution de la deuxième République apporta deux innovations de taille. Premièrement, le parti venait en tête des quatre autres institutions fondamentales du pays, à savoir dans l'ordre le Président de la République, le Gouvernement, l'Assemblée nationale et l'autorité judiciaire. Le président du parti était le seul candidat à la présidence de la République pour une période de cinq ans. On retrouvait le cumul des pouvoirs comme sous le régime précédent. Deuxièmement, contrairement à ce dernier, on prévoyait une Assemblée nationale dont les membres étaient appelés « représentants du peuple ». S'ils étaient élus pour la plupart au suffrage universel, 1/5 d'entre eux étaient cependant désignés par le Président de la République « dans le souci d'assurer la pleine représentation des forces sociales du progrès, notamment les travailleurs, les intellectuels et les jeunes ». On était, comme on le voit, en face d'un régime présidentiel très fort à la tête duquel le président se choisissait un nombre important de fidèles au sein de l'Assemblée nationale comme au Comité central du parti.

En réalité, l'Assemblée nationale paraissait comme un organisme de façade, même si les représentants du peuple étaient de loin mieux «formés» que les députés de 1965. A cette époque, pour s'y assurer un siège, il fallait être plutôt ministre (21%), administrateur communal (19%), haut cadre du parti (17%), gouverneur de province (13%) que grand fonctionnaire dans l'enseignement (9%) ou commerçant (3%). Etre membre de l'exécutif ne suffisait pas pour arracher la faveur des masses, puisque par exemple le puissant ministre Pierre Ngenzi fut battu dans sa circonscription par un homme proche de la population : Mélance Gahutu, l'administrateur communal de Kiganda.

A partir de 1984, Jean Baptiste Bagaza, vues ses énormes prérogatives, commença à diriger le pays d'une main de fer. Le Comité central du parti, le Gouvernement et l'Assemblée nationale n'étaient réunis que pour approuver des décisions déjà prises, aux dires de nombreuses personnes. Sur le plan politique, ce fut une période marquée par un retour en force de l'ethnisme et du régionalisme, par de nombreuses tracasseries policières et surtout par un conflit entre l'Église et l'État.

Nous ne reviendrons pas ici, dans la mesure où nous l'avons déjà indiqué ailleurs,[22] sur la manière dont le major Pierre Buyoya, dès la prise du pouvoir le 3 septembre 1987, a lancé une politique de réconciliation nationale et d'une large ouverture démocratique.

La constitution de 1992 rouvrit en effet le pays au multipartisme, en dépit de l'amère expérience du pluralisme politique du début des années 1960. Elle stipule aux articles 96 et 97 que le pouvoir législatif est exercé par une Assemblée

---

22 . Gahama, J., « Limites et contradictions du processus de démocratisation au Burundi » in Guichaoua, A. (sous la direction de), *Les crises politiques au Burundi et au Rwanda (1993/1994)*, Lille, 1995, pp.77/88.

nationale dont les membres élus au suffrage universel direct pour un mandat renouvelable de 5 ans portent le titre de « représentants ».

Au moment des législatives qui se déroulèrent le 29 juin 1993, tandis que cinq partis : le Front pour la démocratie au Burundi (FRODEBU), le Parti du peuple (PP), le Rassemblement populaire du Burundi (RPB), le Ralliement pour la démocratie et le développement économique et social (RADDES), le Parti pour la réconciliation du peuple (PRP) et l'UPRONA se lancèrent dans la course pour arracher les 81 sièges de l'Assemblée nationale, à la Mairie de Bujumbura, huit candidats indépendants se présentèrent aux élections, lesquelles furent gagnées facilement par le FRODEBU qui remporta 65 sièges contre 16 qui allèrent à l'UPRONA.

Au-delà de la fatale erreur que commit l'UPRONA en plaçant systématiquement les ministres et les hauts cadres du parti en tête de listes, alors que le FRODEBU encouragea surtout ses propagandistes en contact permanent avec les populations (petits enseignants, infirmiers, agronomes), ce fut sans nulle doute, comme les présidentielles, un vote ethnique. [23]

Politiquement plus expérimentés et intellectuellement plus forts,[24] les représentants du peuple de l'UPRONA ont en face d'eux des collègues du FRODEBU qui se sont vus propulsés sur la scène politique sans aucune préparation et dont certains n'ont pas terminé l'école secondaire. C'est dire que le débat parlementaire est rarement de haut niveau.

Le pouvoir judiciaire : une magistrature «sous tutelle»

La constitution de 1962 consacrait les articles 83 à 97 au pouvoir judiciaire. Selon elle, les juges des tribunaux (résidence, province, première instance, cour d'appel et cour suprême) étaient nommés et révoqués par le *mwami* sur proposition du ministre de l'Intérieur, alors que dans la tradition, les notables *bashingantahe*, régulateurs de la vie sociale à la base, étaient choisis par leurs pairs eu égard à leurs mérites personnels. Ce glissement de pouvoir sans cesse croissant

---

23 . Certaines personnes sont choquées lorsqu'on évoque le vote ethnique. Même au sein de l'UPRONA, on a remarqué une tendance de privilégier les hauts cadres hutu, sensés pouvoir drainer les voix des masses populaires. Le cas le plus parlant est celui de Norbert Ngendabanyikwa, député UPRONA en province de Bujumbura qui ne recueillit, contrairement à toute attente, que des voix tutsi à Mukike et Mugongomanga.

24 Sur les 16 représentants du peuple de l'UPRONA, 3 seulement n'ont pas eu l'occasion d'être ministre.

au profit de l'exécutif sera préjudiciable à la justice burundaise comme on le constatera plus loin.

Une cour suprême était prévue pour juger les ministres, députés et sénateurs. Malheureusement, on n'avait pas précisé sa composition. Comme le législateur de 1962 n'avait pas cru nécessaire de créer une cour constitutionnelle, c'était curieusement la même cour suprême qui était compétente pour régler les conflits entre les trois pouvoirs et juger de la constitutionnalité des lois.

La constitution du 11 juillet 1974 était encore plus «pauvre» en matière judiciaire. Pour bien marquer le passage irréversible de la monarchie à la république, l'article 51 stipulait que la justice était rendue « au nom du peuple murundi ».[25] Cinq catégories de tribunaux étaient organisées : une cour suprême, trois cours d'appel, des tribunaux de première instance, des tribunaux de police et tribunaux de paix.

L'article 56 de cette constitution prêtait à confusion : en effet, le législateur aurait-il voulu appliquer au Burundi «deux poids deux mesures» en ce sens que la loi déterminait, sans les nommer, les catégories de « hauts fonctionnaires de l'État qui bénéficiaient du privilège de juridiction » ?

Enfin, une cour suprême, comprenant une chambre judiciaire, une chambre des comptes et une chambre constitutionnelle, était la plus haute juridiction de la République.

La constitution de la deuxième République innova sur trois points. Primo, le pouvoir du Président de la République était clairement affirmé à l'article 76. Assisté par le conseil supérieur de la Magistrature, il était «garant de l'indépendance de la Magistrature». Secundo, la cour suprême s'étoffait davantage de chambres avec des attributions de plus en plus précises : chambre de cassation, chambre administrative, chambre judiciaire, chambre constitutionnelle. Tertio, faisant apparaître que le régime devenait de plus en plus autoritaire, la loi organisait une cour de sûreté de l'État. [26]

L'actuelle constitution a, mieux que les précédentes, pensé à une sorte de «décentralisation» en confiant à trois cours des tâches bien déterminées. Premièrement, on a une cour suprême composée d'une chambre de cassation, d'une chambre administrative et d'une chambre judiciaire. Deuxièmement, on a prévu une cour constitutionnelle chargée de juger de la constitutionnalité des lois et d'interpréter la constitution. Nous verrons plus loin que son rôle est apprécié de manière tout à fait différente selon qu'on est au pouvoir ou dans l'opposition.

---

[25] Sous la monarchie, la justice était rendue au nom du roi.

[26] Article 71 de la constitution de 1981.

Troisièmement, une haute cour de justice compétente pour juger les hautes autorités du pays pour haute trahison (Président de la République, Premier ministre, Président de l'Assemblée nationale) et pour les crimes et les délits commis au cours de leurs mandats se compose de la cour suprême et de la cour constitutionnelle réunies.

Les nombreux dysfonctionnements signalés ici et là dans le domaine judiciaire sont pour une grande part dûs à des changements liés au passage de la tradition vers la modernité.

Nous avons montré ailleurs comment l'institution des *bashingantahe* a été beaucoup dévalorisée par la colonisation.[27] Qu'il suffise ici de rappeler certaines décisions prises par le pouvoir colonial belge.

Sous prétexte d'assurer une justice égale pour tous, ouverte aux pauvres comme aux riches, présentant des garanties suffisantes d'équité, l'administration coloniale belge décida dès 1921 de contrôler les jugements rendus et de réformer les «mauvaises» sentences. C'était en clair, retirer aux *bashingantahe* leur pouvoir que de s'arroger le droit de garantir l'authenticité de la coutume.

Pire, le 5 octobre 1943, une ordonnance législative réorganisa complètement le système judiciaire au Burundi. A la place de l'arbitrage traditionnel assuré successivement par la famille, la colline, les autorités locales et le *mwami* en dernier ressort, on mit sur pied des tribunaux dits «coutumiers» au sein desquels les *bashingantahe* n'avaient plus que la voix consultative.[28] Ils devinrent des «assesseurs» (*abacamanza*), des fonctionnaires qui n'avaient de compte à rendre à la population, mais à l'administration. Du *mushingantahe* traditionnel dont la consigne première était de concilier, on passa au *mucamanza* qui tranche les palabres.

Si autrefois, le *mushingantahe* était un homme mûr, droit, pondéré, amoureux de la vérité, arbitre tout désigné des conflits sur les collines, s'il aidait les autorités politiques au gouvernement et à l'administration du pays, s'il protégeait jalousement les coutumes transmises de génération en génération, actuellement ce terme ne recouvre plus le concept d'antan: il désigne toute personne à qui on veut tout simplement manifester du respect.

27 . Gahama, J., « L'analyse du serment dans l'institution des *bashingantahe* », in Verdier, R. (éd.), *Le serment*, tome 2 : *Théories et devenir*, pp.371-380.

28. Le rôle des missionnaires dans la dévalorisation de cette institution est beaucoup moins net que celui du gouvernement colonial. Cependant, dans leur entreprise d'évangélisation, ils furent amenés à se substituer aux *bashingantahe* dans certaines occasions. Les questions touchant les couples chrétiens étaient tranchées par les missions, avec l'aide des catéchistes qui virent petit à petit leur influence grandir au sein de la communauté chrétienne, aux dépens des notables des collines.

Si l'accession du Burundi à l'indépendance a mis toute la gestion de la justice aux mains des nationaux, il convient de constater que pour désigner les magistrats, on ne fit plus forcément appel aux conditions exigées naguère, mais à l'instruction reçue dans les écoles.

Sous la première République, bien qu'on clamait très haut le souci de sauvegarder les valeurs de la société traditionnelle, lors des cérémonies d'investiture, le folklore l'emporta peu à peu sur le reste.[29] Pire, la richesse devint le critère presque déterminant pour accéder au rang des notables. Il y eut, sans nulle doute, une confusion totale entre l'autorité politique et l'autorité morale. Depuis lors, les *bashingantahe* perdirent leur considération : ils cédèrent la place aux chefs de collines (*abakuru b'imitumba*) relayés eux-mêmes à l'échelon inférieur par des chefs de cellules (*nyumbakumi*), petits fonctionnaires qui obéissaient aux ordres de l'administrateur communal.

On peut se demander si les crises politico-ethniques de ces trente dernières années ne sont pas dues en partie au manque de vrais *bashingantahe*, capables de maintenir la cohésion sociale sur les collines et, partant, sur l'ensemble du pays. Plusieurs voix se sont dès lors élevées pour proposer la réactualisation de l'institution des *bashingantahe*, sur des bases qui tiennent compte de la tradition et de la modernité.[30] Signe des temps, la constitution de 1992 avait souhaité que l'élection des administrateurs communaux, des chefs de zones et de collines se fonde sur cette institution en dehors de toute compétition des partis politiques.

De nos jours, la justice burundaise fait l'objet de nombreuses critiques.[31] Premièrement, les cours et les tribunaux sont extrêmement lents dans leurs jugements et dans leurs exécutions, à cause semble-t-il de la corruption des magistrats. Deuxièmement, le système judiciaire est paralysé, à cause de l'impunité principalement. Les crises socio-politiques qu'a traversé le Burundi depuis une trentaine d'années ont fait qu'un certain nombre de criminels connus sont en liberté. Hutu et Tutsi se rejettent le tort mutuellement. Autant les premiers relèvent avec raison que beaucoup de personnes qui se sont rendues coupables de la «répression» en 1972 n'ont pas été du tout inquiétées, autant les seconds condamnent l'amnistie accordée sans discernement par Melchior Ndadaye aux assassins de Ntega et

29 On organisa lors de l'inauguration des «Maisons du Parti» à travers tout le pays des fêtes grandioses lors desquelles les nouveaux *bashingantahe* furent investis collectivement.

30 Les résultats d'une étude pluridisciplinaire menée en 1990 par l'Université du Burundi à travers tout le pays sont éclairants à ce sujet : 93% des personnes interrogées tant en milieu rural que dans les localités urbaines souhaitent vivement que cette institution soit réhabilitée.

31 . Ce n'est pas par hasard que les partis de l'opposition d'avant 1993 (FRODEBU, PP, PL, RPB) insistaient beaucoup sur la justice sociale dans leurs programmes alors que le parti au pouvoir (UPRONA) parlait plutôt de l'unité nationale.

Marangara en 1988 ainsi que les autorités administratives et politiques qui ont organisé le génocide de 1993. Troisièmement, la magistrature est perçue comme monoethnique pour une certaine opinion hutu en vue de la disqualifier et de faire appel à «la communauté internationale».

Il est évident que le système judiciaire burundais a des limites. Mais il ne faudrait guère perdre de vue que le pouvoir exécutif n'a cessé d'entraver son action. Qu'il suffise de donne un seul exemple étayé de deux faits qui sont encore de brûlante actualité.

D'abord, on se souvient que dès le début des travaux de l'Assemblée nationale, les représentants du peuple s'affrontèrent violemment quant à la procédure d'élection du bureau de cette institution. Lorsque le FRODEBU tenta d'utiliser une loi de 1982, l'UPRONA s'y opposa. La cour constitutionnelle allait donner raison à ce dernier parti politique.

Ensuite, l'Assemblée nationale amenda l'article 85 de la constitution, alors que celle-ci ne pouvait être révisée « en cas de troubles graves internes ». La cour constitutionnelle fut saisie par de nombreuses personnalités suite à cet acte contraire à la loi. Le ministre Fulgence Dwima Bakana alla plus loin puisqu'il procéda à sa révocation, car elle tardait à statuer sur la régularité de l'élection de Cyprien Ntaryamira à la présidence en février 1994. Une justification, toute simple, fut trouvée par Filip Reyntjens: « Composée très majoritairement de Tutsi proches de l'opposition, la Cour (dont les décisions sont sans appel) n'inspire pas confiance au FRODEBU ». [32]

La Convention de Gouvernement : un bel exemple de dysfonctionnement

L'assassinat du Président Melchior Ndadaye et de certains de ses proches collaborateurs le 21 octobre 1993 ainsi que le génocide des Tutsi et des Hutu de l'opposition dans plusieurs provinces du pays et l'exil de milliers de Hutu redoutant les représailles de l'armée ont subitement interrompu un processus de démocratisation qui était cité en exemple de réussite quelques mois plus tôt par de nombreux observateurs internationaux.

Le Burundi s'enfonça dès lors dans une crise sans précédent, les partenaires politiques ne pouvant tomber d'accord sur deux principaux points, à

---

[32] . Reyntjens, F., « Justice et politique: la cour constitutionnelle », in Guichaoua, A. (sous la direction de), *Les crises politiques au Burundi et au Rwanda (1993/1994)*, Lille, 1995, p.193.

savoir une intervention étrangère pour mettre le pays sur les rails d'une part, la remise en place des institutions d'autre part.

Aussitôt après la disparition de Melchior Ndadaye, le Président rwandais Juvénal Habyarimana prit le 28 octobre 1993 l'initiative de convoquer un sommet dit « régional » à Kigali, consacré à la crise burundaise.[33] Il fut alors décidé d'envoyer une « Mission pour la protection et le rétablissement de la confiance au Burundi » (MIPROBU). Ceci eut comme conséquence immédiate la division de la classe politique burundaise en deux camps : alors que le FRODEBU et les partis de la mouvance présidentielle s'en réjouissaient, l'opposition et l'armée rejetaient catégoriquement « une force étrangère » qui violerait l'article 174 de la constitution.

Une gigantesque marche de manifestation anti-MIPROBU eut lieu le 26 décembre 1993 à Bujumbura, obligea l'ambassadeur Papa Louis Fall à plier bagage et l'OUA à approfondir la question. De 5 000 militaires prévus au départ, puis de 180 soldats et 20 civils, on en vint à l'envoi de 47 officiers uniquement, dans le cadre d'une « Mission internationale d'observation au Burundi » (MIOB).

Le deuxième écueil auquel se heurtèrent les partenaires politiques de fin décembre 1993 à février 1994 fut la remise sur pied des principales institutions du pays.

Le 22 décembre 1993, Sylvestre Ntibantunganya qui était à cette époque ministre des Affaires étrangères et de la Coopération et président intérimaire du FRODEBU, remit son portefeuille ministériel pour se faire élire président de l'Assemblée nationale. Restait alors l'épineuse question de l'institution présidentielle. Comment fallait-il procéder puisque la situation excluait le suffrage universel et que l'article 182 empêchait toute révision de la constitution « en cas de troubles graves internes » ?

Les partis politiques et les forces morales réunis à Kajaga et Kigobe les 12 et 13 janvier 1994 convinrent que le futur président de la République serait une personnalité issue du FRODEBU, mais rassurante pour tout le monde et capable de ramener la paix et la sécurité dans le pays. C'est dans ce contexte consensuel qu'ils portèrent le choix sur Cyprien Ntaryamira.

Depuis lors firent irruption sur la scène politique des hommes caractérisés par l'hypocrisie, la tricherie et le double langage.

---

33 . Y ont pris part Papa Louis Fall, Représentant spécial du Secrétaire général de l'OUA, John Samuel Malecela, Premier vice-ministre tanzanien, Faustin Birindwa, Premier ministre zaïrois et Agathe Uwilingiyimana, Premier ministre rwandais. Le Burundi n'ayant pas été invité, les ministres Jean Minani et Fulgence Dwima Bakana y furent conviés comme observateurs.

Sur le plan politique, les accords de Kajaga et de Kigobe ne furent guère appliqués. Les procès-verbaux des négociations furent subtilisés [34] et il fallut la bonne foi d'Ahmedou Ould Abdallah, Représentant spécial du Secrétaire général de l'ONU, arrivé au Burundi en novembre 1993, pour les reconstituer deux mois après.

Sur le plan diplomatique, certains représentants du Burundi à l'étranger surprirent le monde entier en sapant l'action de leur propre gouvernement. Et celui-ci de demander l'embargo économique pour son pays, et celui-là de se comporter comme un porte-parole militant pour son parti. [35]

L'élection de Cyprien Ntaryamira à la présidence s'accompagna d'une instauration d'un climat de guerre civile à Bujumbura. En effet, la capitale, jusqu'alors épargnée, fut gagnée par une flambée de violence. On assista à une purification ethnique des quartiers : un « hutuland » à Kinama et Kamenge, un « tutsiland » à Ngagara, Nyakabiga, Jabe et Musaga.

Le désarmement tant souhaité par tous les partenaires rencontra, selon certaines sources, une résistance de hautes personnalités du pays, qui, sournoisement, distribuaient des armes avec la connivence des services de la Documentation nationale confiée à Festus Ntanyungu, un déserteur de l'armée burundaise à la fin des années 1960.

Pour négocier, trois partenaires qui n'avaient pas tous les mains propres et dont il faut rappeler brièvement le rôle dans les mois précédents traînaient les pieds. D'un côté le FRODEBU et les partis de la mouvance présidentielle qui s'acharnaient à parler de « massacres interethniques », minimisant le génocide qui avait été commis, de l'autre l'UPRONA accusé par les frodebistes d'avoir soutenu les putschistes. Au milieu, quelques petits partis de l'opposition qui se frottaient les mains tout en oubliant que certains de leurs leaders venaient d'organiser à deux reprises les journées «ville morte» qui avaient coûté la vie à des victimes innocentes. En marge, avec une étonnante mais agissante discrétion, le haut commandement de l'armée.

On comprend donc pourquoi les uns et les autres étaient plutôt soucieux de « partager le gâteau national » que de trouver la vraie réponse à la question de l'heure. Après plusieurs mois de tergiversations, les « deux familles politiques », à savoir d'une part le FRODEBU qui pilotait les Forces de changement

---

34 . Le Président intérimaire du FRODEBU n'a-t-il pas déclaré qu'il n'y avait pas eu des négociations, mais «des discussions à bâtons rompus» ?

35 . Le président Cyprien Ntaryamira devait trouver la mort le 6 avril 1994, alors qu'il venait de participer à Dar-es-Salam à un sommet régional où il avait sollicité le concours de ses voisins pour, dit-on, démanteler l'armée nationale et neutraliser l'opposition politique.

démocratiques (FCD) et l'UPRONA autour duquel gravitait la Coalition des partis politiques de l'opposition (CPPO), aboutirent en septembre 1994 à la Convention de Gouvernement.

La Convention de Gouvernement, conçue pour voler au secours d'une constitution dont plusieurs clauses étaient devenues inapplicables à cause de la crise, voulait avant tout une gestion collégiale et démocratique du pouvoir, le consensus politique étant le facteur déterminant pour rétablir la paix et la sécurité, la confiance et la stabilité du pays.

Signée par tous les partis agréés, sauf le Parti pour le redressement national (PARENA) de l'ex-Président Jean Baptiste Bagaza le 10 septembre 1994, elle couvrait une période transitoire expirant le 9 juin 1998, c'est-à-dire le reste du mandat présidentiel tel que le prévoyait la constitution de 1992.

La Convention de gouvernement confiait des missions précises au Président de la République qui devait être « une personnalité rassurante, capable de rassembler le peuple burundais dans ses diversités ethniques et socio-politiques » d'une part et n'être pas « impliqué ni de près ni de loin dans le putsch du 21 octobre 1993 et le génocide »qui avait suivi. A ce propos, l'élection de Sylvestre Ntibantunganya à la magistrature suprême fut controversée [36] Il lui était demandé, entre autres, de faire tout ce qui était en son pouvoir pour ramener la paix, désarmer les populations civiles et démanteler les milices, procéder à la réinsertion des déplacés, au rapatriement et à la réinstallation des réfugiés.

Le Premier ministre - issu d'un parti de la famille politique différente de celle du Président -, recevait de larges pouvoirs. Non seulement il coordonnait les activités du Gouvernement, mais aussi et surtout il contresignait tous les actes législatifs, réglementaires et administratifs du Président.

Enfin, la Convention du Gouvernement qui consacrait la partitocratie [37] procédait au partage du pouvoir à raison de 55% pour les Forces de changement démocratique et de 45% pour les partis de l'opposition dans l'administration, les services de sécurité et dans les missions diplomatiques.

Il appert de ce qui précède que cette Convention de Gouvernement avait des limites qui ont provoqué des blocages à la tête du pays, dans l'exécutif et à l'Assemblée nationale. Premièrement, elle a, de l'avis de ceux qui avaient gagné les élections, enlevé le pouvoir au Président de la République. Obligé de consulter le

---

[36] Il avait déclaré que le génocide était consécutif à l'*agashavu*, la colère populaire. Il semble que comme pour le cas de Cyprien Ntaryamira, le haut commandement ait pesé de tout son poids.

[37] . Tous les partis signataires de la Convention se retrouvaient au Gouvernement.

Conseil national de sécurité pour la nomination de hautes personnalités civiles et militaires, il lui fallait de plus le contreseing de son Premier ministre, devenu peu à peu une sorte de Vice-Président. Deuxièmement, que devenait l'Assemblée nationale sans ses prérogatives constitutionnelles de renverser le gouvernement ? Troisièmement, ce dernier se retrouvait sans aucune cohésion. Chacun de ses membres se sentait davantage lié à son parti qu'à l'équipe gouvernementale. On a vu par exemple comment Anatole Kanyenkiko jugé « trop mou » fut « viré » de son poste au profit d'Antoine Nduwayo.

Le pouvoir administratif : centralisation ou décentralisation ?

Les structures administratives du Burundi indépendant sont fortement tributaires de la période coloniale. En 1959, le gouvernement colonial réalisa une réforme d'importance capitale: trois décisions furent prises. La première supprima la subordination du territoire sous tutelle du Ruanda-Urundi à la colonie du Congo belge, la deuxième procéda à la fusion entre l'administration coloniale et l'administration coutumière, la troisième créa les provinces et les communes à la place des chefferies et des sous-chefferies, alors que les 9 territoires étaient maintenus à l'échelon supérieur.

A l'indépendance en 1962, le Burundi fut divisé en 8 provinces, 18 arrondissements et 181 communes dirigés respectivement par des gouverneurs, des commissaires et des bourgmestres. La capitale fut transférée de Gitega au centre du pays à Bujumbura, à l'ouest, dans un lieu excentrique ouvert sur l'extérieur, mais qui malheureusement plaça de facto plusieurs régions périphériques dans une position d'enclavement, eu égard à la quantité et à la qualité des infrastructures routières.

La province est une collectivité territoriale déconcentrée. Hiérarchiquement, le gouverneur de province est sous les ordres du ministre de l'Intérieur et du Chef de l'État. C'est d'abord un fonctionnaire recruté parmi les agents de la Fonction publique, de la Magistrature ou des Forces armées. Nommé par un décret présidentiel, c'est le même texte juridique qui met fin à ses fonctions.[38] Le gouverneur est ensuite un mandataire politique dans la mesure où il représente le chef de l'État dans sa province. Lors des coups d'État de 1966 et 1976, le pouvoir issu du putsch nomma des gouverneurs militaires qui furent remplacés par des civils au fur et à mesure qu'il obtenait progressivement une assise populaire.

---

38 . Certains gouverneurs, comme ceux de Gitega sous Michel Micombero et de Rutana sous Jean Baptiste Bagaza, eurent tendance à abuser de leurs prérogatives, de sorte qu'ils eurent fréquemment des démêlés avec les fonctionnaires.

Dans ses tâches quotidiennes, il coordonne toutes les activités du personnel attaché à l'administration directe de la province, mais aussi celles des fonctionnaires dépendant techniquement des autres ministères : agronomes, médecins, etc... Quand il est mis fin à ses fonctions, il réintègre normalement son ministère d'origine. Cependant, les faits montrent que la plupart des anciens gouverneurs se sont tournées vers des activités commerciales, même si un certain nombre d'entre eux ont pu devenir ministres ou ambassadeurs.

Depuis 1979, il est recommandé que chaque gouverneur s'entoure d'un cabinet de trois conseillers : en matière économique et administrative, en matière économique et en matière d'agriculture et d'élevage. Le conseiller de gouverneur n'a qu'un pouvoir d'assistance, il ne peut que se contenter des délégations de pouvoirs que son supérieur veut lui accorder.

Créé en mars 1962 et supprimé en septembre 1982, l'arrondissement était une division administrative entre la commune et la province. Il était administré par un commissaire d'arrondissement assisté d'un ou plusieurs adjoints. Comme principale attribution, il avait le pouvoir de contrôler l'administration des communes, il exerçait une tutelle financière sur elles, c'est-à-dire qu'il avait le droit de regard sur les caisses communales .

Au niveau local, les communes sont depuis toujours les principales collectivités de base. Créées en 1960, elles avaient à leurs têtes des bourgmestres et des conseillers communaux élus au suffrage universel direct. Alors qu'elles jouissaient d'une totale autonomie, elles furent réduites à 78 et furent l'objet d'une forte centralisation en 1965, dans la mesure où les nouveaux administrateurs et les assemblées communales furent nommés par les gouverneurs de province d'une part et que les conseillers n'avaient plus de voix délibératives d'autre part, se contentant tout simplement d'une vague mission d'assistance et d'exécution. De l'avis du pouvoir exécutif, cette centralisation, accompagnée du regroupement des communes fut opérée au nom de l'efficacité.

En 1982, une nouvelle réforme releva le nombre des communes à 113 et celui des provinces à 15 pour « rapprocher l'administration de leurs administrés », disait-on. Un esprit de décentralisation semble avoir guidé cette décision, puisque le ministère de l'Intérieur devint également depuis 1991 celui du Développement des collectivités locales.

L'administrateur a dans sa commune des compétences énormes : pouvoir général de police car il doit assurer le bon ordre, la tranquillité et la sécurité dans sa circonscription, pouvoirs matrimoniaux en tant que gestionnaire des biens et des revenus de la commune, pouvoirs financiers puisqu'il prépare et exécute le budget communal. Sous sa supervision, des chefs de zones – leurs attributions furent déterminées pour la premiers fois en 1977 – assurent le relais sur le terrain et peuvent être de précieux collaborateurs dans les régions éloignées du chef-lieu de la commune. [39]

Depuis l'indépendance jusqu'à nos jours, on constate que le pouvoir central a une nette tendance à la professionnalisation progressive des autorités locales. A partir de 1977, les recrutements pour le poste d'administrateur communal ne tint plus seulement compte de la notabilité, mais des qualités de bons gestionnaires : on se tourna alors vers des gens instruits mais en contact permanent avec les réalités paysannes : agronomes et directeurs d'écoles primaires sous la deuxième République, fonctionnaires ayant le niveau de la maîtrise sous la troisième République. En 1993 par exemple, à l'avènement du pouvoir FRODEBU, 60% des administrateurs provenaient du ministère de l'Education nationale et 16% de celui de l'Agriculture et de l'Elevage. Ils furent pratiquement tous changés. Le militantisme au sein des partis devint le critère déterminant : 9 administrateurs seulement sur les 114 (soit 7 %) que compte le pays étaient de l'UPRONA [40] au moment de l'assassinat de Melchior Ndadaye.

On regrette cependant qu'un nombre important d'administrateurs étaient des personnalités extérieures à la commune, même à la province. Plusieurs réclamations, allant dans le sens de titulariser les gens originaires de la circonscription administrative, furent formulées. C'est ainsi que le code électoral élaboré en 1993 précisait que l'administrateur communal devait être domicilié ou résider dans la commune. Comme on le voit, la modernisation locale ne peut jamais se satisfaire de la seule professionnalisation des autorités, il importe qu'elle se fasse en termes de démocratisation, c'est-à-dire de la prise en compte des demandes locales.

Les communes sont devenues depuis 1991 des collectivités dotées d'une totale autonomie de gestion et doivent compter sur elles-mêmes pour le développement. Mais la répartition inégale des ressources risque de conduire à de fortes disparités, même si la constitution de 1992 a prévu que « l'État veille au développement harmonieux et équilibré de toutes les communes sur base de la solidarité nationale ».

---

39 . Depuis 1977, la commune urbaine de Bujumbura (on l'appelle officiellement la mairie) a un statut particulier: le maire est directement désigné par le Président de la République et il avait à une certaine époque rang et avantages des ministres.

40 . On a remarqué la même chose à la tête des provinces puisque Melchior Ndadaye ne nomma qu'un seul gouverneur uproniste, celui de Rutana.

Conclusions

Le 25 juillet 1996, le major Pierre Buyoya est revenu au pouvoir, appelé par l'armée qui mit fin à une période d'impossible « cohabitation » politique entre le président Sylvestre Ntibantunganya et le Premier ministre Antoine Nduwayo. Il semble que l'imminence d'une intervention étrangère dont on ignorait parfaitement les tenants et les aboutissants à Bujumbura avaient encouragé dès mai 1996 les bandes terroristes du Comité national pour la défense de la démocratie (CNDD) de Léonard Nyangoma qui massacrèrent de manière aveugle des centaines de Tutsi à Butezi, Teza et Bugendana.

Cinq jours plus tard, sur initiative de Julius Nyerere, tous les pays de la sous-région décrétèrent un blocus total sur le Burundi, le coupant ainsi du reste du monde, pour des raisons jusqu'ici non éclaircies. Selon certaines sources, l'intervention envisagée aurait permis de financer la réduction des effectifs de l'armée tanzanienne, tel que l'exigeait la Banque mondiale. [41]

Quoi qu'il en soit, cette décision n'est pas de nature à ramener la paix dans un pays qui en a tant besoin, après trois années de dures souffrances.

Il va falloir donc « réinventer » la démocratie dans un cadre d'un large débat national durant lequel il s'agira de discuter bien entendu des institutions à mettre en place pour permettre une cohabitation pacifique des ethnies d'une part [42] et des autorités à qui les confier d'autre part. On a vu en effet qu'au-delà du mimétisme des constitutions burundaises qui ont été conçues sur des modèles étrangers, la classe politique porte une lourde responsabilité dans les crises qui ont éclaté ces trente dernières années. Qu'il suffise de rappeler que non seulement dans le quotidien elle pratique le mensonge avec un art consommé [43] , mais encore et surtout elle a du sang sur les mains: putschistes de 1993, cadres de l'administration qui ont planifié et exécuté le génocide, parlementaires qui ont rejoint le CNDD et les animateurs de la radio de la haine *Rutomorangingo/Voix de la démocratie*, etc...

Il conviendra que les Burundais acceptent de se parler ouvertement et franchement et ne croient plus à des solutions livrées de l'extérieur. N'a-t-on pas vu

---

41 Voir Braeckman, C., *Terreur africaine. Burundi, Rwanda, Zaïre: les racines de la violence*, Paris, Fayard, 1996, pp.199.

42 On constate avec plaisir que l'institution des *bashingantahe*, en dépit des vicissitudes qu'elle a connues ces dernières années, demeure un pilier incontournable dont les collectivités de base ne seraient se passer. Il serait alors intéressant d'étudier les modalités pratiques pour sa réactualisation, en tenant compte et de la tradition et de la modernité.

43 Voir à ce sujet le récent livre d'A. Ould Abdallah, *La diplomatie pyromane*, Paris, Calmann-Lévy, 1996.

ces derniers huit mois la « communauté internationale » s'agiter sans aucun résultat, si ce n'est la recrudescence des tensions et des violences ? Le Burundi vient d'être un champ d'expérimentation de « la diplomatie préventive ». En plus d'Ahmedou Ould Abdallah, Représentant spécial du Secrétaire général de l'ONU qui a séjourné au Burundi de novembre 1993 à début 1966, pas moins d'une vingtaine d'émissaires, médiateurs et ambassadeurs sont venus rencontrer les partenaires politiques pour éviter « un deuxième génocide ». Les négociations qui ont eu lieu tour à tour à Mwanza et à Arusha [44] montrent que la classe politique burundaise est passée maître dans la manipulation des facilitateurs dont certains sont fatalement tombés dans le piège de prendre partie pour une cause.

Au total, sans devoir pour autant rejeter catégoriquement l'apport de « la communauté internationale », il appartient aux Burundais eux-mêmes de faire appel à beaucoup d'imagination pour remettre sur pied un système politique qui allie à la fois les libertés démocratiques, l'efficacité administrative et le développement.

---

44 . Pour de nombreux Burundais, cette ville est synonyme de l'échec : déclaration d'Arusha en 1968 qui mena la Tanzanie dans une dégradation croissante de son économie, négociations rwandaises qui débouchèrent sur un génocide, siège d'un Tribunal international qui «ne démarre pas».

La tragédie burundaise et l'introuvable compromis politique

Emile Mworoha

Au lendemain de la tentative avortée de Coup d'État du 21 Octobre 1993 contre le régime du Président Melchior Ndadaye, suivi du génocide exercé contre des membres de l'ethnie Tutsi et les Hutu se réclamant du parti UPRONA, le Burundi vécut un grave chaos politique et un vide juridique préjudiciables.

Avec les assassinats du Président Melchior Ndadaye, du Président de l'Assemblée nationale Pontien Karibwami et de son vice-Président Gilles Bimazubute, le sommet de l'État se trouve en effet décapité.

Nombre des membres du personnel politique de la majorité politique du FRODEBU exerçant dans les communes et provinces s'étaient volatilisés du fait de leur implication dans le génocide. Sans gouvernement opérationnel et sans encadrement politique et administratif, le pays était en proie à l'anarchie complète, aux règlements de compte et aux pillages.

Le personnel politique, les responsables de la société civile et même la communauté internationale semblaient avoir peu d'emprise sur les pogromes qui s'abattaient sur le monde rural burundais.

Mais les partis politiques, avec l'encouragement de la communauté internationale incarnée à Bujumbura, par le Représentant du Secrétaire Général de l'ONU, Ahmedou Ould Abdalhah, finirent par organiser des rencontres devant aboutir à la remise en place d'institutions politiques.

Ainsi entre 1994 et 1996, le Burundi va connaître deux régimes issus de «conventions» entre partis : celui de Cyprien Ntaryamira (5 février - 6 avril 1994) et celui de Sylvestre Ntibantunganya (7 avril 1994 - 25 juillet 1996).

Nous avons pensé qu'il était important de jeter un regard rétrospectif sur cette période particulièrement troublée de l'histoire du Burundi, d'étudier les processus de mise en place des accords négociés entre partis pour la relance de la vie du pays et d'essayer de comprendre les raisons d'échec des 2 régimes conventionnels mis en place au lendemain de la terrible tragédie qui frappa le Burundi et dont les effets pervers sont toujours présents.

De la conférence de Kigobe (12-13 janvier 1994) et des accords de Kajaga (3-4 janvier 1994) pour la mise en place de l'institution présidentielle

L'histoire récente du Burundi retiendra les deux sites, Kigobe (siège du parlement burundais) et Kajaga (où se trouvait le club du lac Tanganyika abritant les ministres FRODEBU après leur sortie de l'Ambassade de France), comme lieux des premières tractations entre forces politiques pour la remise en place des institutions.

1. *Rétablissement du Bureau de l'Assemblée Nationale*

L'institution parlementaire qui ne fonctionnait plus suite à l'assassinat de deux membres de son bureau, se reconstitua le 23 décembre 1993 avec la désignation de Sylvestre Ntibantunganya, précédemment Ministre des relations extérieures, comme Président de l'Assemblée Nationale, et de Christian Sendegeya auparavant Directeur général de la police de l'Air et des frontières, comme vice-Président. La réhabilitation de cette institution constituait une première manifestation de la réanimation des institutions politiques paralysées par la catastrophe que traversait le pays.

2. *La conférence de Kigobe et la mise en place de l'institution présidentielle*

Dans un pays profondément traumatisé par la tragédie, avec des partenaires aux programmes politiques différents et aux idéologies opposées et dans un climat de peur et de suspicion, la remise en place de l'institution présidentielle en particulier le consensus sur le nom de la personne qui devait occuper cette fonction relevait d'une gageure.

Aussi ces négociations seront-elles mouvementées et connaîtront de nombreux soubresauts avant la désignation de Cyprien Ntaryamira, comme successeur de Melchior Ndadaye.

a) *Une modification contestée de la Constitution*

Sous la houlette des 2 formations politiques représentées à l'Assemblée nationale, à savoir d'un côté le FRODEBU pour les partis de la mouvance présidentielle (RPB, P.P., P.L.) et de l'autre l'UPRONA et les autres partis d'opposition (RADDES, Inkinzo, PSD, ABASA, ANADDE...), les partis politiques entourés d'observateurs (société civile, communauté internationale) tiennent leur conférence au palais de Kigobe en janvier 1994 avec comme ordre du jour la remise en place de l'institution présidentielle.

Mais les 2 groupes se présentent avec des propositions différentes quant aux procédures pour doter le pays d'un nouveau chef d'État.

Ainsi pour les partis de la mouvance présidentielle emmenée par le FRODEBU, l'élection du Président devait être assurée par l'Assemble Nationale après que l'article 85 de la Constitution ait été amendé. [1] Bien que cet amendement devait requérir l'avis conforme de la Cour constitutionnelle, le gouvernement FRODEBU ne jugeait pas nécessaire l'avis de cet organe, arguant de l'urgence de mettre sur pied l'institution présidentielle.

Cette procédure préconisée par les partis de la mouvance présidentielle paraissait inacceptable car il était interdit de modifier la Constitution en cas de troubles, ce qui était présentement le cas. [2]

De leur côté les partis d'opposition dominés par l'UPRONA proposaient l'organisation immédiate d'élections présidentielles pour sortir de cette crise. Solution tout autant irréaliste, car il était impensable d'organiser un scrutin valable dans un pays effondré sous le choc des tueries massives. Et c'est dans ce contexte que l'Assemblée nationale où le parti FRODEBU disposait d'une majorité écrasante vote le 7 janvier l'amendement de l'article 85 de la Constitution tandis que les parlementaires UPRONA refusaient de s'associer à ce vote modifiant la Loi fondamentale. Ce vote provoqua une série de réactions notamment le recours en inconstitutionnalité le 10 janvier contre cette modification par des membres de 2 partis : l'ABASA (Alliance burundo-africaine pour le salut) représenté par Jean Ndeberi, et le RADDES représenté par Joseph Nzeyimana.

Un habitant de Bujumbura, le Dr André Birabuza, celui-là même qui s'était illustré en 1992 en s'opposant publiquement à l'enregistrement du FRODEBU comme parti politique qu'il jugeait non conforme à la charte de l'unité nationale, déposa également un recours en inconstitutionnalité.

On débouchait ainsi sur une impasse politique et sur un blocage du processus de mise en place de l'institution présidentielle.

---

[1] L'article 85 de la constitution prévoit ceci :
« En cas de vacances du poste de Président de la République pour cause de démission, de décès ou de toute autre cause de cessation définitive de ses fonctions, l'intérim est assuré par le Président de l'Assemblée nationale ou si celui-ci est à son tour empêché d'exercer ses fonctions par le gouvernement.
La vacance est constatée par la Cour Constitutionnelle saisie par le gouvernement,.... Le scrutin pour l'élection du nouveau Président de la République a lieu, sauf cas de force majeure constatée par la Cour Constitutionnelle dans un délai qui ne doit pas être inférieur à un mois depuis la constatation de la vacance. »

[2] Cf. Article 182 de la Constitution du Burundi.

b) *La conférence de Kigobe des 12 et 13 janvier 1994 et le 1er compromis politique pour la désignation du Président*

Soucieuse de sortir de la crise à tout prix les partis politiques de la mouvance présidentielle et certains partis d'opposition dont l'UPRONA, s'entendent pour trouver un compromis alliant à la fois intérêt politique consistant en un partage du pouvoir au sommet de l'État. Il fut ainsi entendu que le Président de la République proviendrait du FRODEBU tandis que le premier Ministre serait issu de l'opposition.

Quant au volet juridique, les partis politiques s'accordèrent pour que la Cour constitutionnelle soit consultée à propos de la modification de la Constitution opérée par l'Assemblée nationale le 7 janvier 1994 .

Cette entente politique débloqua la question de la désignation du Président de la République dont l'élection interviendra le 13 janvier 1994. [3]

En fait cette élection se déroulait avant même que l'avis de la Cour constitutionnelle soit sollicité. De plus, trois partis se réclamant du FED (*Forum pour l'État de droit*) contestaient cette procédure.

c) *Révocation de la Cour constitutionnelle le 29 janvier et organisation d'une journée «ville-morte» le 31 janvier 1994*

Conformément à l'entente entre les partis, l'avis de la Cour constitutionnelle relative à l'article 85 tardait à venir et le pouvoir s'impatientait pour installer officiellement M. Cyprien Ntaryamira déjà désigné par le Parlement.

Le Ministre de la Justice Dwima Bakana soupçonna les magistrats de la haute Cour de préparer un avis défavorable et l'accusa comme une note de presse diffusée par ce dernier le confirme, de violer le secret de la délibération.

> «*Depuis plus d'une semaine des rumeurs persistantes révèlent déjà le contenu de la décision. Le secret du délibéré a été violé et les membres de la Cour constitutionnelle ont suffisamment été influencés par l'environnement.*» [4]

Le gouvernement de Mme Sylvie Kinigi prit alors la décision de révoquer, par décret n°100/001/94 du 29 janvier 1994, les membres de la Cour constitutionnelle. Cet acte du gouvernement démissionnaire plongea le pays dans la stupeur.

---

[3] 78 députés sur 79 se prononcent pour Cyprien Ntaryamira.

[4] Note de presse du Ministre de la Justice et garde des sceaux sur la situation de la Cour constitutionnelle, Bujumbura, 29 janvier 1994.

Les partis politiques d'opposition et les ligues de droits de l'homme désapprouvèrent les agissements du pouvoir tandis qu'une grève générale paralysa Bujumbura le 31 janvier 1994 à la suite de cette interférence de l'exécutif dans les affaires du pouvoir judiciaire.

L'installation officielle au pouvoir de M. Ntaryamira paraissait compromis lorsque le 2 février 1994 de nouveaux conciliabules s'engagèrent entre les partis, le haut commandement de l'armée et le Président élu sur cette nouvelle crise.

Malgré l'opposition des partis du Forum de l'État de droit (ANADDE, PSD, ABASA) à la montée au pouvoir du nouveau président, un autre compromis politique fut conclu. Il se résumait en un engagement du gouvernement à réhabiliter les membres de la Cour constitutionnelle. Ce qui ramena le calme dans la capitale et ouvrit l'investiture du président Cyprien Ntaryamira.

Mais ne s'agissait-il pas d'un compromis politique plutôt boiteux dès lors qu'une partie de la classe politique s'opposait à propos de l'amendement de l'article 85 et que l'avis de la Cour constitutionnelle faisait toujours défaut ?

d) *Les accords de Kajaga des 3 et 4 février 1994*

Si la conférence de Kigobe tenta de régler la question de l'institution présidentielle, les accords de Kajaga entendaient définir les objectifs prioritaires à assigner au nouveau gouvernement et assurer la répartition des principaux postes politiques et administratifs entre les différents partis politiques.

Ainsi les accords de Kajaga, appelés aussi «cahier de charge» dans les compte rendus de la rencontre, définissaient 7 objectifs pour le gouvernement :

- la pacification du pays et la remise rapide au travail de la population;
- la sécurité pour tous les citoyens et spécialement pour toutes les minorités avec un accent particulier concernant le désarmement des populations et le démantèlement des milices;
- la reconstruction et la relance de l'économie nationale par des mesures d'urgence et des politiques à court et à long terme;
- l'organisation rapide et la facilitation du retour des réfugiés dans leurs foyers;
- le règlement des questions spécifiques notamment la réinsertion dans leurs foyers des déplacés et dispersés de l'intérieur. [5]

Ce programme politique devait être concrétisé par un gouvernement dans lequel les partis politiques se partagent la gestion de certains secteurs clés du gouvernement et de l'administration (administration territoriale, diplomatie et sécurité).

---

[5] Cf. les principaux points d'accords de la réunion des partis politiques, Club du Lac Tanganyika, 3-4 février, 1994.

Sur le plan gouvernemental, les accords de Kajaga prévoient que 60 % des membres du gouvernement proviendraient du FRODEBU et de sa mouvance tandis que 40 % sortiraient des partis d'opposition; au niveau diplomatique, la parité des postes entre la majorité et l'opposition était retenue; au niveau de l'administration du territoire les accords indiquaient que 70 % à 60 % seraient du FRODEBU et les partis de son obédience tandis que 30 % à 40 % iraient à l'opposition laissant aux autorités compétentes le soin d'adapter ces pourcentages; dans les services et forces de sécurité il est suggéré un débat sur leur organisation avec notamment une proposition de représentation identique entre majorité et opposition pour ce qui est de la Documentation et de l'Immigration ; enfin les accords prévoient un accès équitable aux médias qui serait garanti par leur participation à la gestion du conseil national de la communication. [6]

Tels sont les principaux éléments que contiennent les accords de Kajaga qui engageaient le nouveau Président Ntaryamira et qui devraient normalement être formalisées sous forme de convention de gouvernement en présence d'observateurs nationaux et internationaux qui assistaient à ces négociations.

On aura constaté le caractère laborieux de ces ententes obtenues à coup de compromis successifs, et que des questions fondamentales telle que l'amendement de la constitution demeuraient sans réponse au moment où Cyprien Ntaryamira allait prêter serment. En fait, le partage du pouvoir semblait l'élément clé de ce compromis en oubliant de bien tracer les conditions et les exigences de celui-ci.

Ephémère présidence de Cyprien Ntaryamira (5 février - 6 avril 1994) et sa légitimité en question

Mise en place avec la mission principale de ramener la paix civile ruinée par les massacres d'octobre - novembre 1993, la présidence de Cyprien Ntaryamira qui ne durera que deux mois (5 février - 6 avril 1994) aura des effets contraires à ceux recherchés.

Trois faits caractérisent cette période, le gouvernement des partis, la structuration de la violence armée et l'amorce de l'internationalisation de la question de l'armée burundaise.

1. *Les gouvernements Kanyenkiko 1 et 2*

L'impression qui se dégage à l'annonce du gouvernement Kanyenkiko 1 constitué le 9 février 1994 et que celui-ci ne semble pas tenir compte de la tragédie

[6] Cf. Les accords de Kajaga op. cit.

que venait de vivre le pays. En effet, des personnalités tels que Niyonkuru Shadrack, Président du P.P et Jean Minani du FRODEBU accusés d'avoir incité les populations burundaises aux massacres comptent parmi les membres de ce gouvernement pendant que certains autres ayant participé à la négociation des accords de Kigobe et de Kajaga comme le RADDES et l'Inkinzo en étaient exclus.

Dès que la composition de l'équipe gouvernementale fut connue, elle se heurta à un désaveu de l'UPRONA et d'autres partis d'opposition. Face à la menace d'une nouvelle crise politique, se constitua le 11 février le gouvernement Kanyenkiko 2 incluant cette fois les présidents des partis RADDES et Inkinzo, respectivement Joseph Nzeyimana et Alphonse Rugambarara, sans pour autant que les éléments sujets à controverse aient été évacué des structures du pouvoir.

La logique des partis s'imposait avant toute autre considération.

2. *Vers une structuration de la violence armée*

L'intermède politique de Cyprien Ntaryamira se révéla plutôt comme une époque de redémarrage de la violence armée post-génocide.

Dès le mois de mars 1994, elle se signale essentiellement par l'émergence de l'épuration ethnique des quartiers de Bujumbura, la distribution des armes à feu, la constitution des milices à Kamenge, l'apparition des groupes «sans échecs» et «sans défaite» et l'irruption du «phénomène Nyangoma».

Le jour même de l'installation au pouvoir de Cyprien Ntaryamira, le 5 février 1994, les miliciens FRODEBU de Kamenge inaugurent le mouvement d'épuration ethnique en chassant les Tutsi de ce quartier, provoquant des réactions inverses dans les quartiers de Nyakabiga et de Musaga où les Hutu sont chassés. Partout cette politique s'accompagne de violence, de morts et de destruction de biens. Les dérapages prennent un tour particulièrement dramatique lorsque la population apprend que les services de la Documentation sont impliqués dans l'armement des milices qui se mettent en place en partant de celles installées à Kamenge, témoignant de la sorte de la responsabilité de certains secteurs de l'État dans l'organisation de la violence armée.

C'est la perpétuation de l'idéologie génocidaire qui s'affirme.

L'implication de Léonard Nyangoma dans l'organisation des bandes armées à Kamenge et qui va bientôt créer le CNDD (conseil national de défense de la démocratie) et de sa branche armée les FDD (Forces pour la défense de la démocratie) qui portera la guerre civile et le terrorisme dans le pays, signifie que la recherche de la paix n'était guère la préoccupation majeure de certains protagonistes des accords de Kigobe - Kajaga.

3. *Nouvelle internationalisation de la crise burundaise et fin du régime Ntaryamira*

Le 6 avril se tenait à Dar-es-Salam un sommet des pays de la région consacré essentiellement au Burundi et qui prit à propos de ce pays une résolution demandant que « *soit mis en place d'urgence un programme de réforme de l'armée et des autres services de la sécurité* ». Il s'agissait d'une ingérence manifeste dans les affaires du Burundi et qui traduisait une nouvelle internationalisation de la crise burundaise. Mais, cette date aura une autre portée avec l'attentat de Kanombe (RWANDA) du 6 avril, qui emporte ensemble le Président Cyprien Ntaryamira et le dictateur rwandais Juvenal Habyarimana, et qui inaugura le génocide rwandais et mit fin au Burundi au régime issu des accords de Kigobe - Kajaga. Il y a lieu de constater que le régime Ntaryamira ne dura que 2 mois, temps assez court pour résoudre une crise de la nature de celle qui minait le Burundi, on en convient. Mais, aucune solution fondamentale ne se présentait à l'horizon. Bien au contraire la situation s'empira avec la multiplication des milices et la généralisation de la guerre civile.

En vérité les accords de Kigobe - Kajaga paraissent dès l'origine un jeu de dupes.

Une fois que le Président Ntaryamira avait été élu et le gouvernement mis en place, on avait semblé oublier les textes des accords. Le chef de cabinet du Président de la République prétendit même que les procès-verbaux des négociations avaient été perdus. Le président du FRODEBU, M. Sylvestre Ntibantunganya qualifia les conclusions de Kajaga de simple « discussions à bâtons rompus ». Les partis politiques ne se résoudront à signer les accords de Kajaga que le 6 avril 1994, le jour même de la disparition tragique de Cyprien Ntaryamira. Et comme difficulté supplémentaire, la Cour constitutionnelle rendit le 18 avril un arrêt déclarant non conforme à la constitution, l'amendement de l'art 85 par l'Assemblée nationale posant de ce fait même la légalité du régime défunt de Cyprien Ntaryamira. [7]

Suivant la Cour constitutionnelle, l'amendement de l'article 85 avait modifié le système politique du Burundi.

---

[7] Selon l'arrêt de Cour constitutionnelle, la loi n°1/002 du 13 janvier 1994 portant amendement de la constitution n'est pas conforme à la constitution, en cela qu'elle a été élaborée en violation de l'article 192, alinéa 2 de la constitution.

Difficile compromis politique : la Convention de Gouvernement du 10 septembre 1994

La mort du Président Cyprien Ntaryamira ne plongea pas le pays dans une nouvelle flambée de violence grâce notamment à l'action du Président intérimaire Sylvestre Ntibantunganya et du premier Ministre Anatole Kanyenkiko qui firent des appels au calme. Mais le pays s'engagea dans une nouvelle série de concertations politiques qui aboutiront à la convention du 10 septembre 1994 qui confirma Sylvestre Ntibantunganya comme nouveau président de la République. Il s'agissait d'un compromis politique difficile, négocié dans un climat régional marqué par le génocide rwandais et dans une situation intérieure gagnée par la guerre civile et l'apparition des médias de la haine notamment la *radio Rutomorangingo*.

1. *L'intérim Ntibantunganya et la gestion de la crise rwandaise*

La gestion de la crise rwandaise dont le génocide fit un million de morts et provoqua un exode de 2 millions de réfugiés dans la région dont plus de 300.000 au Burundi fut le premier test de politique extérieure que l'équipe Ntibantunganya-Kanyenkiko dut affronter.

Face à l'internationalisation de cette crise et aux risques qu'elle représentait sur le plan de la politique intérieure burundaise, le gouvernement Ntibantunganya - Kanyenkiko adopta une politique de neutralité absolue qui se traduit notamment par le refus de l'installation au Burundi des anciens dignitaires du régime Habyarimana et par le refus opposé aux troupes de l'opération « turquoise » d'utiliser le territoire burundais. [8]

La classe politique burundaise va être à nouveau absorbée par de difficiles négociations en vue de définir un autre compromis politique pour la gestion du pays.

2. *Négociations de Rohero entre juin et septembre 1994*

Les négociations de Rohero qui sont à la base de la convention de gouvernement du 10 septembre représentaient une avancée importante par rapport aux accords de Kigobe-Kajaga. On y décèle une volonté proclamée de lutte contre le génocide, même si les résultats s'avéreront plus tard décevants.

Quatre dates sont à retenir à propos des négociations de Rohero : la date du 30 mai définissant les préalables aux négociations; la date du 25 juin qui est celle

---

[8] Voir la lettre des partis politiques à Monsieur le Président du Conseil de sécurité à New York. Bujumbura, 22 juin 1994.

de la signature d'un chronogramme du gouvernement relatif à la mise en application des accords de Kigobe, celle du 12 juillet où le gouvernement fournit les réponses aux préalables et enfin le 22 juillet avec l'adoption du « *Plan de rétablissement de la paix, de la sécurité et de la confiance* ».

a) *Le mémorandum du 30 mai 1994 et les préalables aux négociations*

Il s'agit d'une initiative émanant des partis d'opposition définissant les préalables aux négociations. Si ces propositions réintègrent certaines dispositions des accords de Kigobe-Kajaga, le document fait aussi référence à la lutte contre le génocide et fait également écho à la crise rwandaise qui battait son plein. Les principaux préalables énoncés sont les suivants:

- adopter un calendrier de désarmement de la population;
- révoquer les responsables de l'administration impliqués dans le génocide d'octobre 93;
- partager le pouvoir entre le FRODEBU et l'opposition,
- répartition par parité des postes diplomatiques;
- dénonciation du Sommet de Dar-es-Salam en ce qui concerne le Burundi;
- renonciation à la constitution de la garde présidentielle à la rwandaise;
- assurer à l'opposition l'accès aux médias d'État (radio, télévision, etc.);
- créer un organe pour arrêter le pillage de l'État;
- s'interdire de forcer le retour des déplacés sur leurs collines avant la réalisation des conditions de retour. [9]

La définition de ces préalables dénote un tournant important à la fois dans la dénonciation du génocide et de l'ethnisme.

Le document précise en effet qu'aucune personnalité impliquée dans le génocide d'octobre 93 ne peut entrer au gouvernement et invite l'exécutif à arrêter un programme de lutte contre l'idéologie ethniste qui constitue le plus grand danger pour la sécurité des populations.

b) *Signature le 25 juin 1994 du « chronogramme» pour la suite de la mise en application des accords de Kigobe et de Kajaga*

Le Président et le 1er Ministre dressèrent un premier bilan de l'action gouvernementale concernant les accords de Kigobe et de Kajaga et prirent l'engagement de suspendre de leurs fonctions les administrateurs présumés avoir participé aux massacres d'octobre 93. Ils décidèrent également de poursuivre le désarmement de la population. Une première liste d'administrateurs et chefs de zone présumés coupables a été rendue publique à cette occasion.

---

[9] Cf. le Mémorandum des partis d'opposition, Bujumbura, 30 mai 1994.

c) *Publication le 12 juillet 1994 par le gouvernement des réponses aux préalables posés par les partis d'opposition*

Il s'agit d'un ensemble de dispositions relatives à la gestion du pouvoir et à la solution de certains litiges entre la majorité et l'opposition. La déclaration gouvernementale indiquait la liste de 7 diplomates réputés pour ne servir que les intérêts de leur partis et qui devaient par conséquent regagner le pays. Les ambassadeurs touchés étaient ceux de Bruxelles, Genève, Washington, Paris, Kigali, Naïrobi, ainsi que le consul du Burundi à Bukavu (République démocratique du Congo). Le document définit le partage des postes de la PAFE entre la majorité et l'opposition ainsi que la répartition des gouverneurs de province et des administrateurs communaux entre la majorité et l'opposition soit d'une part 9 provinces pour la majorité et 6 pour l'opposition; et d'autres part 68 communes pour les FCD et 45 pour le CPPO.

Le partage des postes diplomatiques était également réglé soit 9 pour l'opposition (Bruxelles, Bukavu, Dar-es-Salam, Le Caire. New-York, Prétoria, Pékin et Stockholm), et 14 pour le parti majoritaire et ses alliés (Addis-Abeba, Bonn, Genève, Kampala, Kinshasa, Kigali, Kigoma, Rome, Ryad, Tokyo, Washington, Ottawa, Paris et Moscou). [10]

Dans un communiqué officiel le gouvernement renonça par ailleurs à l'application du contenu du communiqué du Sommet de Dar-es-Salam du 6 avril 1994 et prit la décision de libérer les médias tout en octroyant à chaque parti politique une tranche hebdomadaire d'émission de 15 minutes à la radio nationale. [11]

Ainsi l'essentiel des préalables conduisant à la négociation d'une nouvelle convention de gouvernement était défini.

d) *Publication du plan global de rétablissement de la paix et de la confiance dans le pays*

Ce document politique adopté le 22 juillet par les négociateurs de Rohero s'articule autour de 6 points.

- le désarmement des milices;
- la collaboration entre l'administration des forces de l'ordre et la population pour la restauration de la paix,
- la relance de l'institution d'ubushingantahe;

---

[10] Mémorandum des partis d'opposition, op. cit.

[11] Lettre du Premier Ministre Anatole Kanyenkiko au Ministre de la Communication. Bujumbura, le 17 juillet 1994.

- l'éducation de la jeunesse;
- l'information
- et l'organisation d'un débat national. [12]

3. *La convention de gouvernement du 10 septembre 1994*

Accord politique sanctionnant les négociations de Rohero entre les partis politiques, la convention de gouvernement du 10 septembre définit les institutions de consensus devant gérer le pays pendant une période de 4 ans.

La Convention couvre en effet une période allant du 10 septembre 1994 au 9 juin 1998.

Quelles sont les principales clauses de ce compromis politique ?

a) *Rôle des institutions de consensus*

Il s'agit principalement du Président, du gouvernement, de l'Assemblée nationale, du conseil national de sécurité et du pouvoir judiciaire.

Le Président tout comme le premier ministre doivent être des personnalités non impliquées dans le putsch et le génocide d'octobre 93.

Le Président reçoit conjointement avec le gouvernement les missions de rétablissement de la paix, la garantie de l'indépendance de la magistrature, la mise en place des réformes institutionnelles et l'organisation d'un débat national sur les problèmes majeurs du pays.

b) *Un conseil national de sécurité de 10 membres*

Celui-ci délibère sur les questions touchant à la guerre, à la nomination aux hautes fonctions militaires et civiles et aux questions touchant au référendum. Le Président ne peut faire appel aux troupes étrangères qu'avec l'approbation du conseil national de sécurité.

c) *Le rôle de l'Assemblée nationale* paraît limité car elle ne peut ni modifier la lettre ou l'esprit de la convention, ni destituer le gouvernement. Enfin la Convention réaffirme l'indépendance de la magistrature.

d) *La convention instaure un gouvernement des partis*

La caractéristique essentielle de la convention de gouvernement qui est aussi son point faible aura été de consacrer le règne des partis sur le pays quelque soit leurs programmes ou leurs idéologies. Ni la société civile, ni des personnalités

---

[12] Cf. Plan global de rétablissement de la paix. Bujumbura, 22 juillet 1994.

nationales indépendantes n'avaient voix au chapitre.

Aussi est-il entendu que le Président provient du FRODEBU tandis que le 1er ministre échoit à l'opposition tel que ce là existait dans les accords de Kigobe. Sur le plan de la composition gouvernementale : 55 % des postes ministériels vont aux « forces de changement démocratique » et 45 % à la coalition des partis politiques d'opposition. [13]

4. L'importance des annexes de la convention

Six documents sont annexés à la convention et font partie intégrante de celui-ci. [14]

L'Uprona jugeait positif ce texte dans lequel il plaçait beaucoup d'espoir comme l'affirmait son leader Charles Mukasi :

> « *En adhérant à cet important document qui fera date dans les annales de l'histoire nationale, les partis politiques se sont dotés d'un précieux instrument pour restaurer la paix, ramener la sécurité et promouvoir le développement gravement compromis par la crise* ». [15]

5. Organisations politiques et factions opposées à la convention

C'est d'abord le PARENA de Jean Baptiste Bagaza qui récuse les clauses de la convention de gouvernement du 10 septembre et propose la tenue d'une conférence nationale souveraine.

Mais l'opposition la plus résolue à ce compromis se situe dans les factions et formations politiques clandestines hutu (PARMEHUTU et FROLINA, et le

---

13 La convention prévoit aussi un cadre de conciliation réunissant le Bureau de l'Assemblée nationale, le conseil national de sécurité et le bureau du forum. (Art. 47).

14 Les six annexes sont les suivants :
- Annexe n°1 : Déclarations des partis politiques agrées et du gouvernement contre les fauteurs de guerre en faveur de la paix et de la sécurité signé à Rohero le 6 juillet 1994;
- Annexe n°2 : Protocole d'accord entre les partis politiques sur la répartition des responsabilités dans l'administration territoriale, les services extérieurs et les services de la documentation et des migrations signé à Rohero le 12 juillet 1994.
- Annexe n° 3 : Plan global de rétablissement de la paix, de la sécurité et de la confiance dans le pays adopté le 22 juillet 1994.
- Annexe n°4 : Politique de réinsertion des déplacés et de rapatriement des réfugiés adopté.
- Annexe n°5 : Répartition des responsabilités au sein du gouvernement entre les Forces de changement démocratique d'une part et les partis d'opposition d'autre part.
- Annexe n°6 : Protocole d'accord relatif au pourvoi de l'Institution présidentielle signé à Rohero le 17 septembre 1994.

15 Note du Parti UPRONA à propos de la nomination des chefs des missions diplomatiques et consulaires. Bujumbura, 31.10.1994.

CNDD de Léonard Nyangoma qui organise la rébellion intérieure et prône l'intervention armée étrangère au Burundi.

Malgré ces oppositions, la convention du 10 septembre permettait une relance des institutions et un redéploiement des activités politiques et administratives. C'est sur cette base que Sylvestre Ntibantunganya accéda le 1er Octobre 1994 à la Présidence de la République et reconduit le 5 Octobre M. Anatole Kanyenkiko à la tête du gouvernement de coalition.

Mais la durée de la convention qui était normalement de 4 ans ne sera que de 2 ans et sera dénoncée le 24 juillet 1996.

Nous allons examiner les causes de cette faillite.

Des raisons d'échec: Persistance du terrorisme armé fondé sur l'idéologie génocidaire et dysfonctionnements de l'État

Diverses causes expliquent l'échec des régimes conventionnels nés des accords de Kigobe - Kajaga et de la convention de gouvernement du 10 septembre 1994 et parmi celle-ci, nous en retiendrons quatre qui nous paraissent pertinentes:

1 - la persistance du terrorisme armé alimenté par l'idéologie génocidaire et qui mine le monde rural burundais;

2 - la déstabilisation continue des institutions issue du compromis politique;

3 - les dysfonctionnements de la justice

4 - l'appel à l'intervention armée étrangère qui apporta un discrédit définitif au pouvoir exécutif.

1. *Persistance du terrorisme armé fondé sur l'idéologie génocidaire*

Les tueries massives d'octobre - novembre 1993 consécutives à la mort du Président Ndadaye ont fait place entre 94 et 96, à une généralisation de la guerre dans le pays qui se transforma en un véritable terrorisme alimenté par une idéologie génocidaire que véhiculaient les bandes armées, qui ont pour noms PALIPEHUTU, FROLINA, opérant surtout dans les provinces de l'Ouest de Cibitoke, Bubanza et de Bujumbura rural ainsi que les FDD qui gagnent l'ensemble du pays.

Non seulement ces bandes s'attaquent aux membres de l'ethnie tutsi (hommes, femmes, enfants), mais aussi à ceux de l'ethnie hutu qui refusent de les suivre.

S'il y a unanimité de façade des partenaires de la convention sur les principes de lutte contre la rébellion et le démantèlement des milices armées, des divergences apparaissent lorsqu'il s'agit des politiques et des stratégies à appliquer. Ainsi les FCD et la CPPO s'opposent à propos de 2 projets : le projet de création d'une administration militaire dans certaines régions en proie à la violence, acceptée par les partis d'opposition et récusés par le FRODEBU. L'Assemblée Nationale alla même jusqu'à refuser au Président l'autorisation de légiférer par décret - loi qu'imposait cette situation.

L'autre projet est celui de la création de la « défense civile » proposée par l'UPRONA, accepté par le gouvernement Nduwayo, mais rejeté par le parti majoritaire. Le projet d'auto-défense civile visait notamment à l'installation d'une administration militaire dans les régions où des agents étaient gagnés à la rébellion, à l'entraînement militaire pour étudiants pour une période de 3 mois, à l'instauration du système de journée continue pour la Fonction Publique, à organiser des jeunes des collines pour la défense de leur unité et à faire participer les salariés à l'effort de guerre.

L'ensemble de ces mesures faisait suite en fait aux compagnes gouvernementales de pacification devenues finalement inefficaces.

Mais la contradiction dans la mobilisation politique de lutte contre la rébellion venait aussi du fait que certains services étaient de connivence avec les bandes armées. L'exemple le plus connu est celui dit de l'affaire « *Ndabitoreye Audifax* », du nom du Directeur général de la Documentation, convaincu de complicité avec les bandes armées, qui sera remplacé à la tête de ce service, mais parvint à échapper à la justice en devenant chargé de mission à la présidence de la République avant de fuir à l'étranger. [16]

Le terrorisme armé fondé sur l'idéologie génocidaire signera deux actes parmi les plus horribles de l'histoire récente du Burundi.

D'une part les massacres du 3 juillet 1996 à Teza (Muramvya) revendiqués par le CNDD où 82 personnes (femmes et enfants) meurent sauvagement mutilés par les bandes armées ; d'autre part les tueries du 20 juillet 1996 à Bugendana (Gitega) où 304 déplacés Tutsi sont massacrés. Les événements se précipitent le 23 juillet au moment où le Président se rend aux obsèques des victimes et qu'il est pris à partie par une foule en colère qui lui jette des herbes l'obligeant à regagner immédiatement Bujumbura pour se réfugier ensuite à l'ambassade des Etat-Unis.

Le terrorisme armé signait en quelque sorte la fin de la convention de gouvernement du 10 septembre 1994.

Mais le régime conventionnel avait aussi été miné par la déstabilisation de ses institutions.

---

[16]. Sur l'affaire *Ndabitoreye*, voir l'article « Limogeage et arrestation d'Audifax Ndabitoreye » in *Le Patriote* n°35. Bujumbura 19 octobre 1995, p.7.

2. *Déstabilisation continue des institutions du consensus*

L'absence d'adhésion aux termes et principes contenus dans la Convention de la part des signataires déboucha sur une *mise en cause continue* des institutions et du personnel politique. Le gouvernement et l'Assemblée nationale subissent une *déstabilisation* par une *désaffection continue* liés notamment à la fuite de ministres et de députés à l'étranger; mais aussi par des querelles où se mêlent *lutte de pouvoir* et *luttes d'intérêt* comme « l'affaire Minani » où le premier ministre Anatole Kanyenkiko s'affronte avec le Président de l'UPRONA, Charles Mukasi, à propos de l'élection du Dr. Minani à la Présidence de l'Assemblée nationale.

La paralysie de la vie politique déboucha à la fois sur l'éviction de Minani à qui on reprochait ses activités anti-burundaises lors de la crise d'octobre 93. Elle provoqua aussi la chute du gouvernement Kanyenkiko, après seulement 4 mois de fonctionnement.

Si les premières mesures de restauration de l'autorité locale avec la nomination le 31 octobre 94 des 114 administrateurs communaux et des 15 gouverneurs de province avaient été réalisées, l'essentiel du programme de la convention n'avait pas encore commencé lorsque intervient le 8 février 1995, le départ du gouvernement Kanyenkiko. [17]

Le discrédit du personnel politique devint flagrant et atteint le Président Sylvestre Ntibantunganya contesté dans ses rangs où il est accusé « *de haute trahison* et de régionalisme » ainsi que dans certains partis d'opposition (PRP, RADDES, Abasa, Inkinzo) qui lui retirent sa confiance.

La convention de gouvernement en tant qu'instrument institutionnel de référence va progressivement perdre de son aura et de son autorité lorsque les plénipotentiaires du FRODEBU aux pourparlers de Mwanza le 2 juin 1996, refusent de se référer à ce texte et s'interdisent également de condamner le CNDD qui avait pourtant été condamné par les négociateurs de Rohero. [18]

3. *Les dysfonctionnements de la justice*

Le traitement judiciaire de la crise burundaise à la fois dans son volet relatif au putsch d'octobre 93 et dans celui concernant le génocide qui s'en est suivi constitue un préalable essentiel pour la sortie de la crise de cette nation. Sous les

---

17. Sur l'affaire Mukasi - Kanyenkiko
   - Voir la «Lettre de Mukasi à Kanyenkiko», Bujumbura 2 janvier 1995.
   - Lettre de Kanyenkiko à Mukasi, Bujumbura 7 janvier 1995.

18. Voir à ce propos la «Déclaration des partis politiques agréés et du Gouvernement contre les fauteurs de guerre et en faveur de la paix et de la sécurité». Bujumbura, 6 juillet 1994, 6 pages.

régimes conventionnels, les dysfonctionnements de la justice notamment n'ont pas toujours favorisé le meilleur traitement des dossiers judiciaires et qui aurait contribué à la nécessaire lutte contre l'impunité. [19]

Les dysfonctionnements se sont manifestés à travers la lenteur dans la mise sur pied des commissions d'enquêtes judiciaires, à l'organisation d'une véritable diabolisation de la magistrature, ainsi qu'à l'existence d'entraves du pouvoir législatif et exécutif dans la bonne marche de la justice.

a) *Lenteur dans la mise sur pied des commissions d'enquêtes judiciaires*

Les enquêtes judiciaires ne se sont mises en place que de manière lente. Il a fallu ainsi attendre mars 1994 pou la mise sur pied des commissions sur le putsch contre Ndadaye et avril 1994 pour créer les commissions judiciaires sur le génocide.

b) *Diabolisation de la magistrature et lancement du mythe de la «justice monoethnique»*

L'un des faits extraordinaires qui apparaît lors de la crise d'octobre 93 aura été la diffusion du mythe d'une «*justice monoethnique*» et la façon dont ce slogan prit corps à travers l'opinion nationale et internationale. De tout temps la justice avait été rendue sans qu'on ait parlé de justice monoethnique. Même en 1962, au moment de l'indépendance du Burundi, le ministre de la justice, Claver Nuwinkware, auteur d'une biographie de Rwagasore, était Hutu. Depuis octobre 93 les plus hauts responsables du Ministère de la justice sortaient de cette ethnie.

Le 30 octobre 1995, le syndicat de la magistrature s'insurgea contre ce nouveau mythe dans un mémorandum adressé au Président de la République.

> « *Le corps de la magistrature qui, depuis 30 ans, rend justice aux citoyens a vite fait en 2 ans d'être monoethnique et il est parti pour ne plus mériter la confiance de la population. Pourtant, les Burundais de bonne foi et de toutes les ethnies savent que cette magistrature n'est ni monoethnique, ni partiale.*». [20]

c) *Entraves du pouvoir législatif dans la bonne marche de la justice*

Celle-ci se traduit notamment par le fait que le groupe parlementaire

---

19. A propos des dysfonctionnements de la justice voir notamment les commentaires de la Ligue Iteka sur le premier rapport sur les droits de l'homme au Burundi établi par le Rapporteur spécial, Monsieur Paulo Sergio Pinheiro, Ligue Iteka, Bujumbura 1996, 6 pages.

20 *Mémorandum de Symabu* adressé au Président de la République, Bujumbura, 30 Octobre 1995, p.21.

FRODEBU récusait les commissions formées uniquement de magistrats taxés d'être Tutsi et demandait «l'élargissement de ces commissions à d'autres forces professionnelles de la société burundaise, telles que les ligues des droits de l'homme et l'administration, car dit-il il s'agit d'une question plus politique que judiciaire». [21]

Il faut aussi relever le refus de l'Assemblée nationale de lever l'immunité des députés impliqués dans la crise.

d) *Interférence du pouvoir exécutif dans les dossiers de la justice*

De nombreux exemples témoignent de l'intervention du ministère de la justice dans les dossiers judiciaires. Le journal *Le Citoyen* se fit notamment l'écho du scandale relatif à l'élargissement d'un administrateur de Ryansoro impliqué dans les massacres de novembre 93 à Gitega et qui sera élargi sur ordre du ministre de la justice. [22] Le ministre des relations extérieures de son côté refusa de livrer à la justice, le vice-consul du Burundi à Bukavu pris en flagrant délit de trafic illicite d'armes par les « troupes turquoises ». Enfin, la tentative d'organisation de fuite des anciens gouverneurs de Muyinga et de Bujumbura arrêtés avant leur embarquement pour l'étranger et conduit en prison.

Un autre cas célèbre d'interférence de l'exécutif est connu sous l'appellation d' «Affaire Coignon», du nom d'un mercenaire belge impliqué dans les réseaux de vente d'armes, qui préparait un complot visant une intervention étrangère armée au Burundi. Lorsqu'il fut appréhendé, les services de la Documentation tentèrent de le faire évader, mais la justice finit par l'arrêter et le condamner à trois ans de prison. [23]

L'ensemble de ces faits témoigne de la manière dont la chose judiciaire était traitée par certains services sous les régimes conventionnels.

4. *Appel à l'intervention armée étrangère*

La question de recours aux troupes étrangères avait été dès le lendemain de la crise d'octobre 93 la principale pomme de discorde entre le parti majoritaire FRODEBU et les partis d'opposition, le premier y étant favorable, tandis les seconds s'y apposant farouchement.

---

[21]. Quelques réalités sur le Burundi Fréderic Bamvuginyumvira, Bureau politique FRODEBU, Bujumbura, février 1996.

[22] A propos de l'administrateur Baryimare, voir «Enquête sur la libération de Baryimare André», in *Bulletin d'information de la ligne burundaise des droits de l'homme, Iteka*, n°14, Bujumbura, septembre 1994, p.7 à 9.

[23]. Tout ce qu'il faut savoir sur le complot Bansubiyeko Mamés-Festus Ntanyungu, Jean Coignon. Voir le journal *Le Patriote* n°10, Bujumbura, 29 juillet 1994, p.1-3-6 et 9.

Face à la généralisation de la guerre civile, le gouvernement représenté par le Président Sylvestre Ntibantunganya et le premier ministre Antoine Nduwayo, sollicita le 25 juin à Arusha l'assistance militaire des pays de la région (Kenya, Uganda, Rwanda, Tanzanie et Zaïre).

Nous reproduisons ici un passage significatif de l'adresse de M. Ntibantunganya au Sommet.

> « *En tant que Président de la République du Burundi, comptable au premier chef devant le peuple burundais et la communauté internationale mais aussi devant l'Histoire, je proclame mon refus de voir se poursuivre les horreurs actuellement en cours au Burundi. Mon premier Ministre, le conseil de sécurité et le gouvernement soutiennent cette position. Aux générations actuelles et à venir, à ce que l'histoire choisira de condamner ou de béatifier, à ce qu'elle choisira d'oublier ou de perpétuer, je voudrais qu'il soit en lettres d'or du haut de cette tribune, que j'ai sollicité ce jour le concours des pays ainsi à commencer par les pays voisins, pour qu'ils aident le Burundi, dans le strict respect de sa souveraineté, de son indépendance et de son intégrité territoriale, arrêter immédiatement les massacres, tueries, assassinats et violences de genres d'où qu'ils viennent, militaire, policier et diplomatique sera nécessaire pour nos forces de l'ordre à barrer la route à tous les fauteurs de guerre qui assassinent, tuent et violent.* » [24]

Le recours aux puissances étrangères pour régler la crise burundaise accéléra la chute du régime.

Les chefs d'État de la région acceptèrent de venir en aide au Burundi et mirent sur pied un comité qui serait présidé par la Tanzanie.

Mais à Bujumbura la classe politique et la société civile, mis à part les partis de la mouvance présidentielle, se mobilisèrent pour dénoncer les conclusions de ce sommet.

Ainsi l'UPRONA dénonça à la fois le Président de la République et le 1er ministre et le conseil national de sécurité qu'il accusa de «haute trahison». [25]

L'ancien Président Jean Baptiste Bagaza appela au renversement du régime de Ntibantunganya Nduwayo. D'autres partis (Inkinzo, ABASA, RADDES, A.V. Intwari, PSD) s'engagèrent à leur tour à mettre *en difficulté la mise en exécution des décisions prises à Arusha et refusent de négocier avec les génocidaires.* [26]

Mais une crise au Sommet de l'État éclate lorsque le Président Ntibantunganya dévoile l'une des missions de l'intervention étrangère à savoir la

---

24. Déclaration de S.E. l'Honorable le Président de la République Sylvestre Ntibantunganya au Sommet d'Arusha sur le Burundi. Arusha, 25 juin 1996.
25. Communiqué de presse de l'UPRONA n°25/96 du 26 juin 1996.
26. Communiqué des partis politiques, Bujumbura 26 juin 1996.

formation de la gendarmerie sur base régionale. Le 1er ministre l'accuse d'avoir un agenda caché. C'est la fissure totale au sommet de l'État, les 2 personnalités iront même séparément au sommet de l'OUA à Yaoundé et donneront des conférences de presse chacun de son côté.

Nous sommes le 24 juillet 1996, la veille de la dénonciation de la convention de gouvernement que le projet d'intervention étrangère aura accéléré. Le retour du major Buyoya au pouvoir le 25 juillet 1996 met fin au régime de la convention de gouvernement du 10 septembre 1994, moins de 2 ans après sa signature. Décidément, avec le régime des partis le compromis politique était introuvable.

Conclusion

En définitive les accords de Kigobe - Kajaga et la convention de gouvernement du 10 septembre 1994, n'avaient pas permis au Burundi de sortir de la crise d'octobre 1993.

A chaque fois, il s'agissait d'un compromis impossible qui était torpillé aussitôt signé.

Le manque d'adhésion de la part du personnel politique aux principes et programmes figurant dans les textes proclamés officiellement, l'état de guerre entretenue par une idéologie ethniste, la prééminence de l'esprit partisan et un profond dysfonctionnement des organes et institutions de l'État comptent parmi les raisons fondamentales de l'échec des régimes conventionnels.

Il est essentiel que la reconstruction politique et générale du Burundi, actuellement paralysé par l'embargo, tienne compte des causes des échecs de cette période récente marquée par l'ethnisation de la vie nationale.

Il y a d'abord la nécessité de mettre fin à l'idéologie du génocide, à l'intégrisme ethnique qui menace la société burundaise et dont le remède viendra notamment de l'éducation à la paix, du traitement politique et judiciaire de la crise, une réforme profonde des institutions avec l'instauration d'une démocratie réellement pluraliste et non ethniste, tenant compte à la fois des problèmes des paysans, des citadins, des problèmes régionaux et des phénomènes sociaux (religieux...).

Il faut un nouveau contrat politique et social avec une alternance politique dépassant le binôme hutu - tutsi, un pacte politique à même de promouvoir une démocratie respectueuse de la citoyenneté burundaise.

ANNEXE - Partis Politiques agréés au BURUNDI au 1er janvier 1997.

DENOMINATION					
FRANCAIS	KIRUNDI	ANNEE DE CREATION	FONDATEUR	PRESIDENT en 1997	DEVISE
1-Alliance burundo-africaine pour le salut (ABASA)	ABASA	1993	NSANZE Thérence	NSANZE Thérence	Patriotisme Panafricanisme
2-Alliance nationale pour la Démocratie et le Développement éco-nomique (ANADDE)	ABUZURE	1992	KABURA Jean	BANKAMWABO Ignace	Patrie, justice, Développement
3-Alliance des vaillants (A.V).	INTWARI	1996	NKUNDIKIJE André	NKUNDIKIJE André	Rigueur; Patriotisme; créativité
4-Front Démocratique au BURUNDI (FRODEBU)	INZIRAGUHEMUKA	1992	NDADAYE Melchior	MINANI Jean	Démocratie, travail, Equité
5-INKINZO y'ijambo ry'abanyagihugu	INKINZO	1993	RUGAMBARARA Alphonse	RUGAMBARARA Alphonse	Justice, travail, solidarité.
6- Parti Indépendant des travailleurs (PIT)	ABAKERAKIVI	1993	NDIMURUKUNDO Nicephore	NDIMURUKUNDO Nicephore	Emancipation des travailleurs
7- Parti pour le Redressement National (PARENA)	IMBOGORAGIHUGU	1994	BAGAZA J.Baptiste	BAGAZA J. Baptiste	Justice, Paix et Progrès
8- Parti libéral (P.L.)	ABIGENGA	1992	NIKOBAMYE Gaëtan	NIKOBAMYE Gaëtan	Unité, liberté, justice & Développement
9- Parti du Peuple (P.P.)	UMUGAMBWE W'ABANYIGIHUGU	1992	NIYONKURU Schadrak	NIYONKURU Schadrack	Justice, Paix, Développement
10- Parti pour la réconciliation du Peuple (P.R.P)	ABATUHURANA	1992	HITIMANA Mathias	HITIMANA Mathias	IMANA Ubushingantahe UBURUNDI
11- Parti social Démocrate (PSD)	INZIRABUGUNGE	1993	NDIKUMASABO Vincent	HAKIZIMANA Godefroid	Développement et solidarité
12- Rassemblement pour la Démocratie et le Développement économique & social (RADDES)	-	1992	NZEYIMANA Joseph	NZEYIMANA Joseph	Liberté, justice et Développement
13- Rassemblement du peuple burundais (R.P.B)	ABANAMARIMWE	1992	KABUSHEMEYE Ernest	BIGIRIMANA Balthazar	Justice sociale et Développement
14- Unité pour le Progrès national (UPRONA)	ABADASIGANA	1958	RWAGASORE Louis	MUKASI Charles	Unité, Justice, Développement

Burundi : histoire et culture politique

Jean-Pierre Chrétien

L'intitulé proposé pour mon intervention [1] soulignait la nature du dilemme posé tant au cœur de la vie politique burundaise que de l'information internationale : à savoir dans quelle mesure ce que j'ai appelé «l'immatriculation ethnique» permettait un réel débat de société, le suscitait ou le bloquait. Tel est bien le thème de cette matinée, si j'en reprends les intitulés. La «citoyenneté pour tous» ne peut méconnaître le pluralisme des points de vue, mais peut-elle faire l'économie d'une «histoire commune», débattue sur des enjeux communs ? Je n'ai pas l'intention en vingt minutes de reprendre le cours de l'histoire du Burundi. Les publications existent déjà, nombreuses, sur ce sujet. L'apport des recherches de ces quarante dernières années (des enquêtes de Jan Vansina aux travaux les plus récents du Département d'Histoire de l'Université du Burundi) n'a par ailleurs apparemment pas convaincu tous les lecteurs, réels ou potentiels.

Si l'on veut que cette rencontre fasse progresser la réflexion sur la crise de ce pays et favorise la marche vers une paix réelle, l'accent doit être mis à mon avis sur les problèmes de méthodologie. Plus qu'une sorte de synthèse historiographique, résumée pour la ennième fois, il m'a donc semblé plus utile de vous faire part d'une série d'interrogations sur la nature de l'éclairage que peuvent apporter les sciences humaines, et en particulier la discipline historique, sur la crise burundaise, qui est aussi une crise régionale dans cette partie de l'Afrique. Mes remarques porteront successivement sur la dimension politico-culturelle de la confrontation en cause, sur la pertinence de la méthode historique dans l'analyse du temps présent, sur les contradictions dans la perception tant interne qu'externe de la situation, enfin sur les quiproquos des relations entre écriture de l'histoire et action politique.

---

1 Il s'agit du texte exact de la communication de J.P. Chrétien au colloque *La reconstruction de l'État de droit : Les crises politico-ethniques au Burundi et dans la région des Grands Lacs*, tenu à Nanterre les 1er et 2 décembre 1997. Elle s'inscrivait dans le thème : «Une citoyenneté pour tous», sous-thème : «Pluralisme et histoire commune» (NDLR).

Le Burundi au cœur d'un débat de société fondamental

La compréhension de la crise souffre peut-être moins souvent d'approches trop superficielles que d'une sorte de myopie qui fait croire à la quasi-singularité exotique des problèmes, avec le nœud obsessionnel de la question hutu-tutsi. Or, comme je concluais lors du précédent colloque sur le Rwanda organisé avec Raymond Verdier en juin 1995, cette crise «engage des logiques et des valeurs universelles de la plus brûlante actualité». On est en présence de deux visions idéologiques, identifiables dans d'autres crises contemporaines :

- Ou bien le contentieux social et politique qui déchire le pays depuis plusieurs décennies est décrit comme le prolongement d'un clivage dit «ethnique», qui en serait le vecteur historique durable : la lecture est rodée depuis quarante ans, elle est «sociale» ou plus exactement socio-ethnique, peuple hutu contre aristocratie tutsi. La réponse réside alors dans un recours à la «démocratie» au sens essentiellement électoral, éventuellement complétée de quelques mesures de garanties pour «les minorités».
- Ou bien on souligne la mise en scène systématique du clivage «ethnique» et le rôle des démarches politiques consistant à exploiter ce contentieux et à le creuser par la violence et ses retombées (haines et peurs), c'est-à-dire une dérive idéologique qui conduit à une situation de génocide. La réponse proposée est alors celle du «pouvoir partagé», contre le «pouvoir majoritaire», et la promotion de l'idée nationale contre les intégrismes ethniques.

Ces deux thèses ont chacune leur part de vérité. Les violences répétées n'ont pu qu'en durcir les contours. Aujourd'hui on voit, ou on pense voir, plutôt des Hutu et plutôt des Tutsi adhérer respectivement à la première ou à la seconde lecture. D'ailleurs c'est essentiellement à ce niveau que se situe maintenant la différence «culturelle» suggérée pour ces deux catégories issues de l'ancienne société.

Pourtant ces analyses et les projets de société concomitants se retrouvent dans les débats d'autres pays concernés par des situations de «pluralisme» où s'articulent les héritages du passé et les options culturelles ou politiques contemporaines : Afrique du Sud, Bosnie, Mozambique, etc. Le Burundi pourrait tirer profit de ces exemples, qu'il s'agisse de réussites dans la reconstruction d'un tissu social déchiré ou au contraire de la dislocation d'une ancienne collectivité entérinée par la communauté internationale.

Cette remise en perspective pourrait aider à aller au-delà des émotions et des passions inévitablement liées, pour ceux qui les vivent, à la succession sans fin de violences réciproques. La question est de rendre compte le plus près possible de la spécificité d'une situation (à ne pas confondre avec l'illusion d'une singularité incommunicable). Elle ne se résume pas en une opposition simpliste entre «primordialisme tribal» et «instrumentalisation politique».

Ce qui est en cause, c'est toute une culture politique nourrie au sein d'une société par une histoire. La crise de la région des Grands Lacs s'inscrit dans un contexte mondial qu'on ne peut ignorer et qui constitue ce qu'on pourrait appeler l'air du temps : fin de la guerre froide et fin des rêves de révolution universelle ou de développement linéaire, mais affirmation d'une intégration «mondiale» sur les plans médiatique, financier et militaire, qui conduit certains à parler de «fin de l'histoire» et à envisager de remplacer la politique par l'expertise, et en même temps recours aux communautarismes, succès des intégrismes de toutes natures et retour des schémas raciaux, à commencer par l'Afrique où les clichés des manuels du début du XXe siècle (comme celui de Seligman sur «les races d'Afrique»), sur les Bantous et les Nilotes, les Forestiers et les Sahéliens, etc., reprennent une nouvelle actualité idéologique.

L'apport essentiel de l'histoire : une question de méthode

L'historien belge Jan Vansina observait récemment dans la revue américaine *History in Africa* (1997) «qu'il y a une assise profonde dans la méthode historique distinguant les historiens des autres, qu'ils soient spécialistes des sciences sociales ou humaines, ou simples auteurs de fictions. Le temps est venu de rétablir la méthode historique et ses règles de démonstration dans une position centrale de la formation des historiens».

Une exigence particulièrement épineuse dans ce qu'on appelle «l'histoire immédiate», vu les difficultés d'accès à des sources fiables et d'appréciation des témoignages livrés par les acteurs. Car la vieille question de l'établissement des faits reste un préalable incontournable. Or la hâte dans ce travail, à laquelle nous invite l'actualité, la précipitation structurelle des journalistes, mais aussi celle des observateurs politiques ou des militants de tous horizons, nous laisse trop souvent dans l'improvisation ou dans le préfabriqué.

L'enquête menée avec deux collègues en 1988 après les événements de Ntega et de Marangara a eu pour moi valeur d'expérience. Les scénarios les plus fantaisistes diffusés sur les médias internationaux recelaient toujours une parcelle de réalité, mais cette réalité était retravaillée par la propagande. Et pourtant les témoignages croisés recueillis auprès de simples paysans, hutu et tutsi, enregistrés en kirundi, permettaient de reconstituer de façon nuancée et réaliste ce qui avait été vécu dans ces deux communes en août 1988. Encore fallait-il un peu de patience et ne pas se contenter des témoignages offerts en français par des personnes toutes prêtes à servir de porte-parole auprès des visiteurs étrangers. Les exigences d'une enquête méthodique ne sont pas celles d'un reportage, où l'on cherche l'informateur prêt à tout vous révéler à bon compte.

Chaque événement grave pourrait illustrer ce décalage entre l'information et une exigence scientifique minimale :

- Le 9 septembre 1996 vers 17h l'archevêque de Gitega, Joachim Ruhuna, est assassiné près de la paroisse de Gitongo. Dès le lendemain à midi, sur *RFI*, une journaliste explique (apparemment d'après une note de l'*AFP*) que Mgr Ruhuna avait été hué par les Tutsi lors des obsèques des victimes de Bugendana en juillet précédent. Le 11, *RFI* et *Africa 1* ajoutent que l'archevêque était un modéré favorable aux négociations avec le CNDD et donc mal vu des militaires. La responsabilité de ces derniers est donc fortement suggérée. Au même moment les porte-parole de la mouvance CNDD en Belgique développent les mêmes arguments. Une pseudo-pétition de «chrétiens de Gitega» est même adressée au pape le 12 septembre, porteuse du même message. Le 14 septembre une conférence de l'officine *Burundi-Büro* à Bonn fait de même. Il faut dire que les porte-parole de l'armée de leur côté avaient impliqué aussitôt les «bandes armées» hutu. La libération négociée de 4 personnes rescapées de la tuerie, retenues par les assaillants, puis la découverte du corps de l'archevêque un peu plus tard permettront de reconstituer l'événement, à savoir une embuscade tendue par un groupe armé hutu. Mais pourquoi avoir si vite authentifié, sur les ondes françaises, l'autre version (celle d'une vindicte des militaires), alors qu'il était possible de se procurer le contenu de l'oraison funèbre prononcée par Mgr Ruhuna à Bugendana le 23 juillet et où il s'adressait ainsi aux miliciens hutu : «Laissez-moi m'adresser à ces assassins et à ceux qui les envoient... Vos crimes sont la honte de l'humanité... La voix du seigneur ne cessera de les poursuivre» ? Or tout se passe comme si la vérité devait s'attacher à la primeur des commentaires : peu importe s'ils s'avèrent ensuite erronés, la rectification ne vient jamais.
- On pourrait faire une observation analogue sur la facilité avec laquelle, dans l'affaire du meurtre de trois agents de la Croix rouge à Cibitoke le 4 juin 1996, des thèses ont été avancées par les autorités, les médias et des associations (notamment *Amnesty international* dès le 7 juin) avant toute enquête. Aujourd'hui la thèse de l'armée comme celle retenue officiellement par la Croix Rouge n'apparaissent pas plus fondées l'une que l'autre, alors qu'une confrontation des acteurs aurait été possible. La vérité ne semble pas dans ce cas avoir été réellement recherchée par le gouvernement burundais.

- A la fin de juillet 1996, des tueries ont lieu en commune de Giheta, à la suite du massacre de Bugendana. En fait des représailles militaires. Cette fois, on assiste à une guerre de chiffres qui a été soulignée par des journalistes de *Libération* et du *Soir* venus sur place. Un total de 4050 victimes leur est répété par certains informateurs manifestement «informés» par une association liée au Frodebu, *SOS-génocide*. Ce même chiffre est diffusé ensuite par *Amnesty international*. Une enquête minutieuse menée sur place par la ligue *Iteka* donne un total d'environ 400. Mais le chiffre dix fois supérieur va en quelque sorte bénéficier de son label international.

Une nouvelle fois on constate que les enquêtes de terrain ne sont pas réellement encouragées, surtout si leurs auteurs sont des nationaux. Cela soulève le problème de la conception que les associations internationales de droits de l'homme ont de leurs relations avec les ligues qui œuvrent sur place. *Iteka* par exemple n'est jamais citée dans les appels à action urgente d'*Amnesty*. Or les enquêtes étrangères, si elles ont leur place et leurs mérites, peuvent aussi être des caricatures sur un plan scientifique. Je ne reviendrai pas ici sur le fameux rapport Gersony, du nom d'un expert américain du HCR, rapport que nombre de journalistes ont cité et que personne n'a vu et dont l'auteur, sans connaître au préalable le Rwanda, aurait en cinq semaines enquêté dans cinq camps de réfugiés et dans 41 communes du pays auprès de 300 personnes.

Mais si on prend, plus sérieusement, le premier document livré par le rapporteur spécial de l'ONU sur les Droits de l'homme au Burundi, on constate qu'il est rédigé après une première visite de 12 jours dans ce pays (dont une demi-journée passée à sillonner quelques faubourgs de la capitale et un jour en hélicoptère aux chefs-lieux de Ngozi et de Muyinga). Quelles que soient les qualités intellectuelles et humaines de l'auteur, l'organisation de telles enquêtes pose un problème méthodologique. Et pourtant au fil de cette quarantaine de pages, on trouve mention d'incidents ayant éclaté dans de nombreuses communes de l'intérieur. Cela signifie que ces renseignements, notés souvent au conditionnel, ne sont pas le fruit d'une enquête, mais d'une information reçue d'autres organisations (autorités du Burundi, organes internationaux, associations, partis ?). Scientifiquement on attendrait donc des références de sources, permettant d'apprécier la documentation. On peut comprendre l'anonymat de simples personnes du pays, éventuellement menacées. Mais cette opacité n'est pas concevable pour des organisations, compte tenu de l'enjeu proprement politique que constitue aujourd'hui la question des Droits de l'homme. Ici la science et la déontologie se rencontrent.

Conflits de perceptions

- Les mémoires sur le terrain

Le Burundi n'est pas malade de son histoire, il est malade de l'ignorer ou de la simplifier en termes d'origines sans cesse revécues, Il faut rappeler la différence entre l'analyse historique qui souligne la complexité des processus de continuités et de ruptures et les remodelages de la mémoire collective, plus ou moins manipulée par des courants idéologiques. Il y a les faits et la perception des faits, qui est aussi une réalité, l'histoire revécue et exploitée par les forces sociales : les enjeux en sont visibles. On pouvait lire le mois dernier [2] dans l'hebdomadaire rwandais *Imvaho* que «rien n'est plus difficile que de trouver un compromis autour des problèmes tels que la détermination des héros nationaux et les dates commémoratives des grands moments de l'histoire du Rwanda».

La «perception» ne doit pas être négligée, mais elle n'autorise pas à nier la réalité du passé dans sa complexité. Dans le cas qui nous occupe, faudrait-il, pour mieux comprendre les problèmes, se situer en quelque sorte au cœur des haines ? On sait combien par exemple les crises décisives d'octobre 1965 et mai-juin 1972 au Burundi donnent lieu à des lectures unilatérales. Pour aller vite, ou bien on va souligner les massacres initiaux de Tutsi, ou bien on va réduire les faits à la répression des Hutu. Mais même les équilibres les plus diplomatiques ne sont pas des garanties d'objectivité, car la vérité ne se réduit pas à une sorte de balance entre les deux références politico-ethniques, un coup à gauche, un coup à droite. Elle consiste à comprendre réellement les processus, mis en perspective dans leur contexte et leur succession. Il faut en identifier les aspects les plus significatifs à l'époque : octobre 1965 n'est pas le premier moment de violence au Burundi, mais il représente la première fois où des populations civiles paysannes ont été prises globalement en otage d'une politique et massacrées en fonction de leur naissance selon le modèle rwandais de Gikongoro en 1963-64 (je veux parler des paysans tutsi de la province de Muramvya). De même, 1972 représente pour l'essentiel la chute du Burundi dans le piège de l'ethnisme, la fuite en avant dans un véritable génocide des élites hutu. Le Burundi a suivi le cours rwandais, mais à sa façon et tous les Burundais devraient pouvoir reconnaître ces réalités incontournables.

[2] C'est-à-dire en novembre 1997 (NDLR).

- Les jugements de valeur : Droits de l'homme et impasses politiques

Ce qu'on a appelé l'afropessimisme s'est surtout joué dans les regards extérieurs sur l'Afrique, dans l'émotion humanitaire médiatisée à outrance, dans le paternalisme caritatif et moralisant de la nouvelle philanthropie, dans le retour au mimétisme du milieu du XIXe siècle (l'Afrique n'aurait qu'à imiter), et enfin et surtout dans l'amnésie ou la cécité politique.

On est ici à l'intersection d'un débat sur les valeurs qui a une portée universelle et engage donc à juste titre des solidarités internationales. Pourquoi donc ce malaise si souvent ressenti au Burundi comme au Rwanda face aux interventions des grandes associations internationales des Droits de l'homme ? Pourquoi tant de quiproquos dans l'analyse des situations et l'impression que nombre de ces associations sont parties prenantes, non entre les abus et le droit, mais entre des camps dont l'un se sent soutenu et l'autre dénoncé ? Pourquoi entend-on résonner si souvent au niveau disons humanitaire une langue de bois aussi pénible que celle des chancelleries ?

Il serait à mon avis trop simple d'opposer la barbarie des actions perpétrées localement à l'humanisme a priori éclairé des conseilleurs. Il faut aussi savoir s'interroger sur la mauvaise gestion des interventions extérieures, sur leurs effets pervers, sur leurs rapports spécifiques à l'opinion, j'allais dire à l'émotion, des pays donateurs du nord, donc aux médias et à l'argent, enfin sur la grille culturelle, trop souvent ethniste au premier degré, à laquelle participent des acteurs, soit installés dans leurs secrétariats internationaux, soit néophytes envoyés sur le terrain, comme tant de journalistes qui font plus autorité que les chercheurs dans les perceptions européennes de l'Afrique.

Après le génocide de 1994 au Rwanda, précédé par les actes de génocide qui ont meurtri le Burundi en 1993, l'engagement sur les valeurs dans cette région d'Afrique ne peut plus continuer, comme cela avait été généralement le cas auparavant, à contourner la question du racisme qui s'est installé dans cette région d'Afrique depuis plusieurs décennies. La connaissance historique n'est pas là pour mettre des bâtons dans les roues du char des Droits de l'homme, mais bien au contraire pour ouvrir les yeux sur la nature du défi moral auquel nous sommes confrontés. De la même façon que l'Afrique avait été le banc d'essai du racisme institutionnel au début du XXe siècle, comme l'avait très bien mis en valeur Hannah Arendt, elle représente aujourd'hui encore un terrain de banalisation des concepts de races et des pratiques génocidaires – le négationnisme a fleuri pour le Rwanda et le Burundi avec une rapidité et une bonne conscience déconcertantes –, donc une réalité à laquelle nous ferions bien de prendre garde. Le virus du sida n'est pas le seul à être devenu mondial.

La faiblesse des analyses venues des instances des Droits de l'homme tient manifestement à une clarification insuffisante entre deux approches : celle de l'*Habeas corpus*, du droit des personnes en justice, complétée éventuellement par des positions caritatives, qui d'une certaine façon est au-dessus de la politique, et d'autre part l'analyse critique des régimes politiques. La navigation à vue entre le comptage d'exécutions extrajudiciaires, éventuellement complété par la prise en considération des meurtres commis par des oppositions armées, ne suffit pas. Il est plus difficile d'identifier les logiques de la barbarie que de condamner et de mobiliser rapidement selon l'émotion du jour. Or nous sommes en présence d'une nouvelle donne historique liée à la fin de la guerre froide : jusqu'aux années 80, face à des monstres totalitaires, stalinien ou militaire sud-américain, le mal est clairement du côté de l'État. Aujourd'hui, face à l'éclatement de crises régionales marquées par des déchirements entre communautés et par la montée des intégrismes, la boussole des droits de l'homme s'affole, compte les victimes, tente d'identifier des mauvaises politiques, mais la compréhension des situations et des enjeux reste souvent bloquée. En particulier (voir mon ouvrage sur le *Défi de l'ethnisme*), la caution, ouverte ou insidieuse, du caractère naturel et incontournable du clivage hutu-tutsi et des adhésions sur cette base de naissance, conduit en fait à vouloir culpabiliser ou innocenter globalement ces catégories en tant que telles au lieu d'identifier les idéologies et les groupes effectivement responsables du racisme. On connaît mes polémiques à ce sujet avec *Amnesty international*, qui a été jusqu'à prendre en charge l'ancienne ministre de la justice du gouvernement génocidaire de 1994, Agnès Ntamabyariro, comme une simple opposante en exil.

Débats historiques et citoyenneté : responsabilités scientifiques et politiques

En novembre 1990 le fameux périodique raciste rwandais *Kangura* s'en prenait aux historiens de l'Université du Rwanda (notamment à Emmanuel Ntezimana) qui remettaient en cause la vulgate officielle des trois peuples (Twa, Hutu, Tutsi) arrivés en conquêtes successives : «Pourquoi veut-on changer notre histoire» ? écrivait ce journal. En fait, il défendait l'histoire bricolée par la première génération de colons. Pas d'école historique du convoyeur devenu journaliste Hassan Ngeze, mais une faction politique. L'histoire est certes la propriété de tous et peut être récupérée de différentes façons, mais en tant que métier, elle a ses règles. Le pragmatisme sociologique ou politique dans l'appréciation du discours historique peut conduire à mon avis à un nouvel obscurantisme, où la forme du nez de l'auteur ou sa biographie personnelle vont compter plus que ce qu'il écrit. Il faudrait aussi s'interroger sur les objectifs réels de ceux qui entretiennent ce courant et qui veulent absolument imposer l'idée d'un conflit atavique ancestral entre Hutu et Tutsi.

Invoquer l'histoire n'est pas garantie de rigueur historique. Les positions sur le passé, on l'a vu, ne sont pas forcément des courants scientifiques, même s'ils sont des courants idéologiques ou politiques. Pour ne pas susciter ici de polémiques inutiles, je ferai un détour : quand le docteur al-Turabi, penseur de l'islamisme soudanais, interrogé par un journaliste français (Lattès, 1997, *Islam, avenir du monde*) dit que l'islam est l'avenir du monde, c'est son droit et l'historien constatera ce courant des années 1990, mais quand il écrit que Marseille a été fondé par les Arabes, car Marsa veut dire port, que la conquête arabe des VIIe et VIIIe siècle fut une exportation d'idées par des voyageurs paisibles, victimes ensuite d'un génocide à Poitiers en 732, ou que le *Contrat social* de J.J. Rousseau est directement dérivé de la pensée arabo-islamique, on peut observer qu'il s'agit d'une série d'âneries sur le plan scientifique sans être pour autant un valet de l'impérialisme américain ou du laïcisme français.

La région des Grands Lacs a été le théâtre, je l'ai écrit, d'un véritable safari idéologique : les modèles médiéval, gobinien, marxiste voire maoïste, tiers-mondiste, ethno-exotique, sud-américain, nazi, parlementaire à l'occidentale, ont fonctionné. Selon les moments surgissent une seigneurie de l'Albigeois médiéval, des rêveries tibétaines, la Longue marche, les koulaks russes, des regards de grands chasseurs de fauves dans les réserves, les favellas du Brésil, Auschwitz. Toute comparaison peut donner des idées encore faut-il en fonder la pertinence ou en mesurer les distorsions.

Soyons sérieux : une série de grandes questions sont posées aux historiens en ce qui concerne le Burundi, avec chaque fois apparemment des interpellations d'actualité :

- l'histoire du peuplement : ses étapes, la position de la question hutu-tutsi par rapport à cette histoire.
  - rapport à l'actualité ? la politique en dépend-elle ? et si oui, est-ce la faute des historiens, de l'histoire ou de la volonté de récupérer ce passé ?
- l'analyse des structures sociales précoloniales : que ce soit un système ethno-féodal ou patriarcal et clanique.
  - rapport à actualité ? les errements de la politique contemporaine (injustices et conflits) relèvent-ils de la responsabilité des anciens ? des historiens ? ou s'agit-il de fonder des justifications de conservatisme ou de revanche ?
- le rôle de la colonisation ? la part du respect de l'ancienne société et la part des manipulations sociales et culturelles ?

- rapport à actualité ? les errements contemporains sont-ils signés de la main du colonisateur ? ou s'agit-il d'évacuer préférentiellement les responsabilités sur le colonisateur et de jouer d'une corde nationaliste, ou au contraire d'évacuer ces responsabilités sur une partie des Burundais et de faciliter l'appel à la compréhension occidentale ?

- le rôle des politiques d'après l'indépendance : les jeux complexes de responsabilités.
  - rapport à l'actualité évident.

Il est normal que les considérations fondées sur les sources et des analyses rigoureuses se heurtent aux volontés de propagande et de simplification des acteurs. Le problème est d'assumer les différents débats, les différents aspects, d'apporter peut-être une meilleure qualité aux options politiques, en rappelant la complexité des processus, des situations au sens profond de ce terme, et aussi les ignorances, les incertitudes pour les périodes anciennes (au risque, sinon, de tomber dans des scénarios anachroniques). L'histoire est toujours à mieux écrire, elle n'est pas à «réécrire».

LES VOIES DE LA DÉMOCRATIE FACE A L'IMPUNITÉ

La place des ligues des droits de l'homme dans la société civile burundaise : des principes qui sous-tendent les positions de la ligue SONERA

Juvénal Ngorwanubusa

Introduction

La société civile, au Burundi comme sans doute ailleurs, renferme une notion fuyante et fluide. Cette nébuleuse compte en son sein des organisations se réclamant de valeurs très variées, allant de la théocratie à la démocratie, en passant par des associations corporatistes, lobbies et *caucus* divers.

Sous l'appellation d'organisations de la société civile, se trouvent rangés les confessions religieuses, les Ligues des Droits de l'Homme, le Barreau, la Presse, les Associations de Développement communal et Provincial, les Associations culturelles et sportives, les Associations des jeunes et des femmes et, plus conjoncturellement et consécutivement à la crise d'octobre 1993, les Associations en faveur des déplacés et des victimes de guerre, etc.

Toutes peuvent aisément se couler dans le moule de la classification que propose notamment Maître Degoumois. [1] Certaines poursuivent la défense et la promotion d'un idéal de type philosophique, culturel ou éthique, comme par exemple la Fondation Martin Luther King pour la Non-violence. D'autres s'organisent parallèlement à des structures étatiques de façon à jouer un rôle complémentaire, parmi lesquelles nous pourrions citer les diverses Associations ou

[1]. Degoumois (Philippe), avocat, membre d'Amnesty International et alors Secrétaire Général des Amitiés Suisse-Burundi. Il a parlé plus généralement des Organisations non-Gouvernementales à l'occasion du *Colloque sur les Droits de l'Homme pour une dynamique de Paix*, tenu à Bujumbura du 7 au 12 octobre 1989 avec la participation de l'UNESCO.

Amicales de développement communal ou provincial et enfin plusieurs associations qui s'attachent à la défense et à la protection des intérêts de groupes déterminés comme les femmes, les jeunes, les enfants, les handicapés, les réfugiés, les déplacés de guerre. Dans cette dernière catégorie, il convient de mentionner entre autres IGAA : *Ishirahamwe ryo guteza imbere abakenyezi n'abana* (Association pour la promotion des femmes et des enfants) et Solidarité Jeunesse pour la Défense des Minorités (SOJEDEM), parmi les plus dynamiques.

Les Ligues des Droits de l'Homme, en vertu de leur compétence générale synthétisent les préoccupations et les aspirations des trois groupes et constituent à cet égard les représentants-types de la société civile burundaise.

Mais à quelque dominante qu'elles appartiennent, toutes ces associations ont en commun d'être perçues comme des contre-pouvoirs qui, à défaut d'être contre le pouvoir, sont des «Chiens de garde», des freins et des contrepoids (*checks and balances*) gênants, jouant pleinement leur rôle de porteuses de forte opinion, de censeurs et de ciseleurs de mœurs politiques, de modérateurs, d'aiguillonneurs du pouvoir, ce qui n'a pas manqué d'inquiéter ce dernier qui s'empressa lui aussi de créer, dans ses rouages, des structures similaires. Le gouvernement s'est en effet offert un Ministère ayant les Droits de l'Homme dans ses attributions ; un centre gouvernemental des Droits de l'Homme a été créé, tandis que l'Assemblée Nationale s'est dotée d'une Commission des Droits de l'Homme parmi les cinq qui la composent.

Une éclosion récente

Aussi paradoxal que cela puisse paraître, c'est le pouvoir qui engendre le contre-pouvoir. S'il est vrai que le Gouvernement de la Deuxième République (1976-1987) organisa, ou à tout le moins, permit l'organisation des *Journées d'Etudes Juridiques* en juin 1987, animées par l'ancien Vice-Premier Ministre libéral belge Jean Gol, avec une orientation affichée en faveur de la défense des libertés à un moment où l'Église et l'État entretenaient des rapports exécrables, il était impensable d'envisager la création, dans une atmosphère aussi pesante, d'Associations de défense des Droits de l'Homme.

Cela requiert en effet un cadre démocratique et un système libéral minimum, une assiette assez solide où les idées, même opposées à celles du gouvernement, puissent s'exprimer sans trop de risques.

Aussi faudra-t-il attendre l'année 1989, année à forte charge symbolique s'il en fut, puisqu'elle coïncide avec le bicentenaire de la Révolution française dont on sait qu'elle est directement associée à «la Déclaration des Droits de l'Homme et du Citoyen» du 26 Août 1789, pour que le Gouvernement accorde un soutien ferme à l'initiative de créer une *Ligue Nationale des Droits de l'Homme* au Burundi, à l'occasion de l'ouverture du «Colloque sur les droits de l'Homme pour une dynamique de paix» tenu à Bujumbura du 7 au 12 octobre 1989. [2]

Le climat politique d'alors semble en effet se prêter à une certaine libéralisation. Les mots d'ordre de tolérance, de dialogue, de concertation et de transparence sont sur toutes les lèvres et Mikhaïl Gorbatchev n'y est probablement pas étranger. Le Président Pierre Buyoya, peut-être tirant les leçons des récents événements de Ntega et Marangara (Assomption 1988) et de la lettre ouverte de 24 intellectuels Hutu qui s'ensuivit, nomme, le 19 octobre 1988, un Premier Ministre issu d'une ethnie et d'une région différentes des siennes, un Premier Ministre qui n'est pas cosmétique du tout, contrairement à ce que se plaisait à dire une certaine presse à sensation de l'époque. Le Gouvernement qu'il compose reflète tous les horizons ethniques et régionaux.

C'est donc dans cet environnement politique favorable que le Colloque d'Octobre 1989 se tient et aboutit à la *Déclaration de Bujumbura* qui reconnaît explicitement «l'opportunité d'une Association non-gouvernementale pour la protection et la promotion des Droits de l'Homme au Burundi».

L'élaboration a été pénible puisque le débat sur la question de savoir si cette association devait être gouvernementale, [3] privée ou mixte (c'est-à-dire privée mais recevant des subventions de l'État) avait été fort nourri, la peur d'une association susceptible de s'inscrire dans une confrontation antagoniste avec le pouvoir subsistant.

Les Assises de Bujumbura marquent en tout état de cause le point de départ d'une réflexion qui aboutira à l'agrément, le 6 Février 1991, de la Ligue Burundaise pour la Défense et la Promotion des Droits de l'Homme (plus tard dénommée *SONERA*) et de la Ligue Burundaise des Droits de l'Homme (plus tard dénommée *ITEKA*) et depuis lors, on ne compte pas moins de 400 organisations se réclamant de la société civile, enregistrées au Ministère de l'Intérieur.

« A pouvoir fêlé, contre-pouvoir fêlé »

De même que la guerre débuta entre la langue et les dents dans la bouche du nouveau-né, les débuts de la société civile burundaise baignent dans une ambiance caractérisée par une guerre d'escarmouches entre les ligues *Iteka* et

---

2. Discours d'ouverture du Colloque par le Premier Ministre et Ministre du Plan Monsieur Adrien Sibomana, le 7 octobre 1989.

3. Ligue gouvernementale : Les deux mots hurlent de se trouver ensemble dès lors que les Ligues sont justement créées généralement sinon «contre» en tout cas à côté du Gouvernement.

Sonera, qui s'anathématisent, se disputent l'orthodoxie, se présentent devant les instances internationales toujours entre deux chamailles.

1. *Une guerre de préséance d'abord*

L'idée de la création d'une Ligue «nationale» des Droits de l'Homme avait été lancée par un Colloque organisé notamment par la Faculté de Droit de l'Université du Burundi. Ce sont les professeurs de cette Faculté, associés à d'autres professeurs de l'Université du Burundi, mais également à d'autres intellectuels de la place, avocats, religieux, etc., sans pour autant exclure personne, qui sont les promoteurs de la Ligue *Sonera*, ce qui lui a valu d'être baptisée «Ligue des Professeurs».

Dans son appellation même, elle insiste sur la **promotion** que l'on retrouve du reste dans la Déclaration de Bujumbura déjà évoquée, puisqu'elle parle de «protection et de promotion» des Droits de l'Homme.

Les initiateurs de la Ligue *Iteka*, eux ne l'entendent pas de cette oreille. La Revue *Remesha*, organe d'expression du Comité de Solidarité pour la Paix au Burundi, à laquelle collaborent des fondateurs de la Ligue *Iteka*, titre à la Une dans sa première livraison de mai-juin 1991, «Le vrai combat et la Magouille», un article tendant à faire accréditer l'idée selon laquelle seule la Ligue *Iteka* travaillerait dans la ligne de ses objectifs de contre-pouvoir (le vrai combat) et qu'en réalité, la Ligue *Sonera* ne serait qu'un produit et un instrument du pouvoir, créé de toutes pièces par le Gouvernement pour mettre les bâtons dans les roues de la «vraie» ligue afin de la contrecarrer dans ses dénonciations du pouvoir (magouille).

2. *Une guerre sur la neutralité ensuite*

Dans «une société segmentée» (comme l'on dit aujourd'hui) où la division, certes artificielle mais réelle, entre les deux principales composantes de la nation burundaise à savoir les Hutu et les Tutsi, rythme la vie politique et sociale, il eût été difficilement évitable que les deux ligues ne s'achoppent pas sur cette question.

Répondant à une interview au journal bruxellois *Le Soir* du 31 octobre - 1er novembre 1991, le Président de la Ligue *Iteka* déclara à l'époque tout net que sa Ligue défendait surtout les Hutu, l'ethnie principale du pays, censée en avoir le plus besoin. Cette déclaration n'a jamais été démentie malgré les promesses expresses de l'auteur suite à l'indignation qu'elle suscita à Bujumbura. La Ligue *Sonera* ne se fait d'ailleurs pas faute de le rappeler notamment lorsqu'il s'est agi de convaincre la Fédération Internationale des Droits de l'Homme (FIDH) de l'admettre en son sein comme membre affilié ou de s'opposer à la candidature de la Ligue *Iteka* à l'adhésion à l'union Interafricaine des Droits de l'Homme. [4]

Il en est de même sur le chapitre de la neutralité politique. Là aussi, la Ligue *Sonera* ne se prive pas d'épingler certains faits qui rapprochent la Ligue *Iteka* du Front pour la Démocratie au Burundi (FRODEBU), parti qui recrute préférentiellement dans la communauté Hutu. Dans son dossier de candidature à la FIDH, la Ligue *Sonera* note opportunément que le Président et le Secrétaire Général de la Ligue *Iteka* d'alors appartiennent au FRODEBU.

3. *Une guerre sur les méthodes de travail et les priorités enfin*

Les méthodes d'approche des deux ligues sont aussi divergentes. Alors que la Ligue *Sonera* privilégie l'amiable, la conciliation, visant à informer d'abord l'autorité sur la violation des droits de l'Homme pour qu'elle se ressaisisse, le linge sale se lavant en famille, la ligue *Iteka* est plutôt encline à dénoncer, à porter les faits dont elle a connaissance à la face du monde, comme pour chercher des témoins prestigieux (Amnesty International, FIDH...). Ceci a d'ailleurs pu être à la base du refus par les autorités judiciaires de donner aux Ligues l'accès aux dossiers des prévenus dans la phase pré-juridictionnelle : cette propension à la divulgation ne sied pas à leur goût dans une phase qui requiert une discrétion sans failles.

Concernant les priorités, si les deux ligues et autres organisations apparentées sont unanimes pour défendre l'ensemble des Droits de l'Homme, en commençant par le plus fondamental à savoir le droit à la vie, des sensibilités, des nuances quant aux priorités dans la lutte et aux mots pour le dire subsistent et ont presque toujours comme arrière-fond *ce véritable chancre de notre société qu'est l'ethnisme*.

Ainsi, même si dans la bouche de certains responsables ecclésiastiques, le pardon mutuel rime avec impunité voire avec encouragement du crime, l'ensemble de la société civile burundaise combat l'impunité par principe. Mais selon que l'on sera d'un bord ou d'un autre, on l'illustrera par l'impunité des putschistes d'Octobre 1993 ou des auteurs du génocide immonde qui s'ensuivit. Autant la Ligue *Iteka* était active pour la défense des prévenus des événements de Novembre 1991, autant la Ligue *Sonera* jettera son dévolu sur les prévenus du Putsch du 3 juillet 1993. [5]

Il en sera de même lorsqu'il sera question de plaider en leur faveur en dénonçant l'amnistie discriminatoire qui les excluait de ce geste de magnanimité

---

4. Finalement les deux Ligues ont été à l'époque membres correspondants (donc pas affiliés) de la FIDH et membres effectifs de l'UIDH, la Ligue Sonera étant fondatrice de l'UIDH.

5. On se demande d'ailleurs s'il fallait parler ici de putsch, puisqu'il n'était pas dirigé contre le Président Pierre Buyoya et que Melchior Ndadaye ne devint officiellement Président que le 10 juillet 1993.

que fit le nouveau Président à l'endroit d'autres catégories de prisonniers, en particulier de ceux qui étaient accusés d'avoir trempé dans les événements de Ntega et Marangara en 1988 et ceux de Cibitoke en 1991.

La Cour Constitutionnelle devait d'ailleurs par après reconnaître le caractère discriminatoire de la mesure et ainsi donner raison à la Ligue *Sonera.* On verra par exemple la Ligue *Iteka* prendre comme cheval de bataille la lutte contre la corruption, impliquant les militaires et les gendarmes s'adonnant au rançonnement des transporteurs sur la voie publique et soupçonnés d'être de mèche avec les jeunes voleurs de véhicules, tandis que la Ligue *Sonera* sera la première à dénoncer les Ambassades et consulats occidentaux qui refusaient des visas d'entrée dans leurs pays à certaines catégories de personnes sans motif apparent.

Même si la Ligue *Iteka* défendait un des principes de la gestion de l'État moderne, ou mieux, de la «bonne gouvernance» comme il est convenu de dire aujourd'hui, à savoir la proscription de la corruption, une certaine opinion se fit fort de l'accabler en y décelant l'allergie collective et cultivée de ses adhérents, présumés opposés aux Forces de l'ordre.

La Ligue *Sonera* avait beau s'insurger contre la *violation du droit élémentaire d'aller et de venir* qu'est la liberté des voyages et la libre circulation des hommes et des idées, [6] ses détracteurs ricanèrent en fustigeant une tendance à défendre les droits des privilégiés, ce qui n'était guère étonnant selon eux pour une Ligue déjà qualifiée d'élitiste.

Une collaboration malgré tout

Dès sa naissance, la société civile burundaise a compris le parti qu'elle pouvait tirer d'une action commune en faveur de la paix dans le cadre du processus de démocratisation alors en cours. C'est ce qui transparaît dans une déclaration du 10 Avril 1993, signée par six associations et réaffirmant la ferme volonté de calmer le jeu dans ce débat qui se présentait «chaque jour plus passionnel et plus conflictuel».

Déjà auparavant, les Ligues *Sonera* et *Iteka*, mettant momentanément en sourdine leurs scènes de ménage, avaient pris l'habitude d'organiser ensemble les missions de sensibilisation aux droits de l'Homme, les visites des prisons, les séminaires de formation à l'intention de certains corps de l'État plus souvent exposés aux problèmes de violation des droits de l'Homme comme l'armée, la justice et la police. Les marches à la chandelle en faveur de la paix furent organisées

6. Ce droit a été reconnu entre autres par la Conférence d'Helsinki du 1er Août 1975, sur la revendication des intellectuels russes, polonais, yougoslaves, etc.

ensemble. Les enquêtes sur les événements de Cibitoke en 1991 avaient été menées en commun, même si chaque partie rédigea son propre rapport.

Depuis, les Associations de la société civile, regroupées essentiellement au sein du Cadre des Associations des Droits Humains et de Développement (CADH) travaillent de concert même si la Ligue *Iteka* s'est abstenue de signer la Déclaration de la Société civile du 4 Mai 1994 sur le génocide des Tutsi et des Hutu de l'opposition au Burundi et au Rwanda et plus récemment ne s'est pas associée au retrait par l'ensemble de la société civile burundaise de la confiance à l'ex-Président Julius Nyerere de Tanzanie, dit médiateur dans la crise burundaise, dès lors que ce dernier imposait un féroce blocus au Burundi, mettant en danger la vie des plus vulnérables de la société.

Des relations d'amour-haine avec le gouvernement

Comme partout ailleurs l'Union fait la force et le Gouvernement devait désormais tenir compte de cette nouvelle donne. Mais il adopte à l'égard de la Société civile une attitude de *mère acariâtre*, entretenant avec elle des *relations d'amour-haine*, la sollicitant aujourd'hui comme adjuvant, la rabrouant demain comme opposant.

Ainsi la société civile fut directement associée à la Commission électorale qui devait organiser les élections de Juin 1993, qu'elle supervisa parmi les autres observateurs neutres. Puis, pendant les temps forts de la crise d'octobre 1993, le pouvoir civil démissionnaire s'étant retiré à l'Ambassade de France à Bujumbura, tandis que l'armée était dépassée par les événements, confrontée aux tentatives de division orchestrées par son propre ministre, il sera fait appel à la société civile pour démêler l'imbroglio. Celle-ci prendra une position claire, ferme et sans équivoque dont l'Histoire se souviendra, en faveur du retour à la légalité constitutionnelle.

De même, au moment où la classe politique se lançait à corps perdu dans la redistribution des postes politiques, n'ayant cure du génocide des Tutsi et des Hutu de l'UPRONA qui s'enclenchait à travers le pays, la société civile mettre en place le *Groupe d'Associations pour la Paix et le Secours* (GAPS), pour venir en aide aux sinistrés. Grâces soient rendues à ce GAPS qui est aujourd'hui si connoté péjorativement par certains jeunes qui ne le connaissent généralement pas, l'assimilant à des conservatismes de tout acabit, mais qui fut créé à un moment crucial où les plaies des corps et des cœurs étaient très béantes.

Plus tard, le Gouvernement s'en remettra à la Société civile pour mener le processus qui devait aboutir à la *Convention de Gouvernement*. C'est elle qui présida les pourparlers et qui installa officiellement les institutions issues de la Convention. On notera que la Société civile burundaise renonça aux dividendes de son action, en n'exigeant pas de «manger» à la table du Gouvernement. C'est une chose tellement rare au Burundi qu'il n'est pas superflu de le souligner ici. Cela l'honore et la crédibilise dans son rôle d'arbitre.

C'est également à la société civile qu'il sera confié la présidence du *Cadre de concertation*, un organe de la Convention de Gouvernement, qui n'a jamais fonctionné convenablement hélas, victime de manœuvres secrètes des politiciens, des coups conjugués de la mouvance présidentielle et de l'opposition, étonnamment à l'unisson pour le torpiller.

Par intervalles réguliers, notamment à l'occasion de certains moments graves pouvant mettre en péril la Convention de Gouvernement, comme les génocides continués des camps de déplacés, la contestation des syndicats en février 1996, les rumeurs persistantes de coups d'Etat, etc., le Président et le Premier Ministre rencontreront la société civile, souvent concurremment pour s'en concilier les faveurs l'un contre l'autre.

A d'autres occasions, le Gouvernement se méfiera comme de la guigne de la Société civile, l'accusant de pêcher dans ses propres eaux, de s'immiscer dans les affaires de son ressort. Ainsi, au cours de l'enquête déjà citée, menée en province de Cibitoke, pour faire l'état des lieux sur les droits de l'Homme à la suite des événements survenus au mois de novembre 1991, les délégués des Ligues *Iteka* et *Sonera* s'entendront dire par le Gouverneur de la province qu'ils seraient mieux inspirés de défendre plutôt les droits de l'Administration et quand, en juillet 1996, la Société civile, derrière la Ligue *Sonera*, se leva pour faire reconnaître à l'opinion, tant nationale qu'internationale, le génocide d'Octobre 1993 mais aussi pour combattre l'idéologie du génocide sous toutes ses formes et manifestations, le Parti FRODEBU, dont était issu le Président de la République, parla avec dédain de cette «pseudo société civile».

Mal lui en prit d'ailleurs puisque, quelques jours plus tard, comme pour donner raison à la Société civile, *la Commission Internationale d'Enquête sur le Burundi*, instituée par le Conseil de Sécurité des Nations Unies, rendait public un rapport établissant la responsabilité des militants du FRODEBU dans le génocide des Tutsi et des Hutu de l'UPRONA, suite à la mort du Président Ndadaye.

Une Communauté Internationale partisane

On observe, du point de vue de la Communauté Internationale une appréciation manichéiste de la société civile burundaise. Alors que la Ligue *Iteka* fait figure de «disciple qu'elle aime» puisqu'elle la gratifie de dons – et ici ce n'est un secret pour personne que la Ligue *Iteka* est financée par le collectif d'ONG belges flamandes regroupées au sein du NCOS – la Ligue *Sonera* ne récolte que des récriminations et des menaces à peine voilées pour des raisons qui sont loin d'être neutres.

Pour avoir dénoncé le déploiement des troupes étrangères au Burundi à la demande du Gouvernement en 1996, la Ligue *Sonera* s'est vue retirer l'appui dont elle commençait à bénéficier de la part du Gouvernement norvégien par l'intermédiaire de la Représentation permanente des Nations Unies au Burundi ; pourtant, le refus de l'invasion étrangère correspond à la défense d'un droit fondamental des peuples : celui des peuples à disposer d'eux-mêmes.

L'implication de la Ligue *Sonera* dans la lutte contre l'idéologie du génocide et en faveur de la levée du blocus imposé au Burundi l'expose à des menaces émanant tant de l'Union Interafricaine des Droits de l'Homme que de la Fédération Internationale des Droits de l'Homme. [7] Mais quoi de plus naturel pour une Ligue des Droits de l'Homme que de s'ériger contre la violation massive du droit à la vie et contre la strangulation de tout un peuple par un moyen de pression comme le blocus ?

Positions de la Ligue SONERA sur certaines questions

1. *La démocratie*

«Ce n'est pas du bosquet que l'homme a peur, mais du fauve qu'il y a rencontré» dit un proverbe burundais que l'on pourrait paraphraser en parlant de la démocratie multipartiste. Ce n'est pas cette dernière en effet qu'une partie de la population redoute, mais l'expérience qu'elle en a connu pendant ces quatre dernières années. Avalée sans avoir été mâchée, cette démocratie-là ne pouvait que provoquer des indigestions.

Déjà pendant la campagne électorale qui précéda les élections de juin 1993, le discours politique est à l'intolérance, à l'invective. Les jeunes des partis d'opposition d'alors, assoiffés d'une revanche décisive contre ce qu'ils appellent «L'État UPRONA» (*Leta mporona*), ne reculent devant aucune humiliation à l'encontre des membres de ce parti, tandis que des assassinats sélectifs sont observés partout dans le pays, dans l'indifférence totale du pouvoir.

A la victoire du Frodebu, acquise après une campagne pan-ethniste explicite, la chasse aux sorcières ne s'arrête pas là. Les membres du Parti UPRONA, surtout dans les régions du Nord du pays sont molestés et lynchés, accusés, c'est le cas de le dire, de sorcellerie.

---

7. Finalement, la Ligue *Sonera* se fera radier de la Fédération Internationale des Droits de l'Homme à l'occasion de son congrès de 1997.

Cette *démocratie-avalanche* (*isegenya*), annoncée au demeurant par le candidat Ndadaye pendant la campagne électorale, emporte sur son passage tout ce qui n'est pas perçu comme ethniquement ou politiquement favorable au Frodebu.

Dans un mémorandum adressé au Président Ndadaye en septembre 1993, la Ligue *Sonera* dénonce la mainmise des militants du Frodebu sur la fonction publique. A titre d'exemple, elle fait remarquer que 67% des directions des écoles secondaires ont changé de titulaires et ont été confiées à des propagandistes du Frodebu sans qu'il soit tenu compte des exigences de moralité, de probité et d'exemplarité que ces fonctions requièrent. L'on ne s'étonnera dès lors pas qu'au déclenchement des événements d'octobre 1993, le Directeur du Lycée de Kibimba (Centre-Ouest) se distingua particulièrement dans le génocide en immolant ses propres élèves au bûcher.

Cette *démocratie bulldozer*, qui écrase tout son passage, s'empara également des terres de paisibles paysans. Avoir une carte du Frodebu donnait aux récents rapatriés hutu de Tanzanie le droit de s'approprier les terres d'autrui dans les provinces de Bururi et de Makamba (sud) et, fait sans précédent dans l'Histoire du Pays, l'on a vu des paysans assiéger la Présidence de la République à Bujumbura, exigeant de recouvrer leurs propriétés. Au déclenchement des troubles d'Octobre 1993, la démocratie multipartiste se *transmua en démocratie sanguinaire et génocidaire* car, au moment où les négationnistes étaient encore légion dans le pays, même au sein de certaines associations de défense des Droits de l'Homme, pour la Ligue *Sonera*, le génocide n'a jamais fait l'ombre d'un doute, qu'il s'agisse de sa préparation ou de son exécution.

Cette démocratie, où l'ethnie et/ou le parti majoritaires anéantissent physiquement l'ethnie et/ou le parti minoritaires, est évidemment contraire aux principes élémentaires des Droits de l'Homme, notamment ceux relatifs au droit à la vie, à l'égalité politique et à l'égalité des Droits et des chances pour les minorités et la Ligue *Sonera* ne pouvait s'en accommoder, que cela plaise ou non au pouvoir et à ses supporters.

2. *La sécurité pour tous*

Ceux qui connaissent le Burundi des années 1980 et du début des années 1990 savent que ce pays fait tellement confiance en sa sécurité qu'il renonce même au contrôle de routine des papiers. Le port de la carte d'identité est facultatif et celle-ci n'est même pas exigée dans les banques, qui servent sur présentation du permis de conduire ou d'autres documents.

Ce laxisme a favorisé des pratiques dangereuses à la sécurité, tels le déplacement et l'implantation désordonnés des populations, l'auto-naturalisation de certains étrangers, etc. La police municipale, qui est de création récente, n'est pas en mesure de rassurer toute la population, puisqu'elle n'est pas répandue dans toutes les communes. Le Gouvernement a le devoir d'assurer une distribution équitable des forces de l'ordre à travers le pays. C'est une de ses prérogatives cardinales et cela aura l'avantage non seulement de protéger efficacement la population, mais aussi d'asseoir l'autorité de l'État.

Mais que l'on nous comprenne bien. Il n'est pas dans notre intention de préconiser l'instauration d'un «Etat policier»; Disons simplement que ceux qui en Occident fustigent «les Etats policiers» en Afrique, sont ceux-là mêmes qui réclament à cor et à cri le déploiement des forces de l'ordre à chaque coin de rue, dans les gares, le métro, les aéroports, les supermarchés, etc, pour protéger la population contre les attentats de tous genres et s'accommodent fort bien des contrôles réguliers des papiers d'identité, les étrangers étant sous ce rapport les plus sollicités.

Nous ne reviendrons pas sur certaines revendications relatives au recrutement des forces de l'ordre sur des critères ethniques. Convenons-nous-en, cela procède de l'irresponsabilité puisque l'on s'est rendu compte, sous l'éclairage de ce qui s'est passé au Rwanda en Avril 1994, que celui *qui ethnicise les forces de l'ordre prépare le génocide.* En bonne règle, les forces de l'ordre n'ont pas d'ethnie et ne peuvent être constituées que sur des critères universels de *volontariat*, de *patriotisme* et de *neutralité.* Parallèlement, on veillera à stopper la prolifération des armes dans le pays. Au moment où les politiciens perdaient leur temps précieux à discuter pour savoir s'il fallait désarmer physiquement la population civile ou simplement «désarmer les esprits», certains essayant même de donner des raisons prétendument objectives qui poussaient la population surtout hutu à s'armer, la Ligue *Sonera* n'a eu de cesse de recommander vivement **le désarmement des civils sans conditions**, car si une arme à feu est introduite dans la population, elle finira par tuer quel que soit le motif par ailleurs : antagonismes ethniques, vol de vaches ou de véhicules.

De plus, le désarmement des populations civiles correspond à une notion du droit moderne, celui des individus à être libérés de la peur. [8]

3. *La justice*

S'il y a un secteur qui a particulièrement ressenti les contrecoups de la crise pendant ces quatre dernières années, c'est bien celui de la justice. Elle a été bafouée,

---

[8]. Voir les «4 libertés» de Roosevelt dans son discours du 4 janvier 1941 : la liberté de parole et d'expression, la liberté religieuse, le droit des individus à être libérés à la fois du besoin et de la peur. Il est vrai qu'il parlait ici de la réduction mondiale des armements. La déclaration Universelle des Droits de l'Homme (1948) s'inspirera de ces idées.

manipulée, harcelée, écartée de ses prérogatives à telle enseigne qu'elle-même, découragée et intimidée, a préféré démissionner à bien des égards.

La Cour Constitutionnelle a été la cible privilégiée du pouvoir. Dès le 10 janvier 1994, le Ligue *Sonera* dénonça «la démarche du parti au pouvoir visant à dénaturer la constitution pour l'assujettir à ses propres intérêts dans l'ignorance totale de la Cour constitutionnelle», à propos d'un amendement hâtif pris pour justifier l'investiture de Cyprien Ntaryamira à la tête du pays, d'autant plus que l'article 182 stipulait qu'«aucune procédure de révision ne peut-être engagée ou poursuivie lorsqu'il est porté atteinte à l'intégrité du territoire ou en cas de troubles internes graves».

Comme décidément la Cour constitutionnelle gênait, le pourvoir procéda à la révocation du mandat de ses membres qui, aux termes de l'article 150 de la constitution était pourtant de «six ans renouvelables». La Ligue *Sonera*, alliée à d'autres associations de la société civile s'y opposera avec bonheur, puisque quelques temps après, la Cour Constitutionnelle reprenait ses fonctions sans qu'elle puisse pour autant vaincre la méfiance du pouvoir ; ainsi, elle fut écartée des cérémonies d'investiture du Président consensuel Ntibantunganya qui coïncidèrent, comme par hasard, avec un attentat au domicile du Président de la Cour Constitutionnelle.

La Ligue *Sonera*, dans un communiqué du 19 juillet 1994, dénonça le cas de violation flagrante de l'indépendance de la magistrature par un dignitaire du régime, en l'occurrence l'Administrateur Général de la Documentation et des Migrations, qui, ayant fait irruption au Parquet Général le 14 juillet 1994, avait reconnu «avoir intempestivement coupé court à l'instruction d'une affaire judiciaire et tenté d'en faire disparaître toute trace».

Plus tard, dans l'irrespect total des valeurs culturelles de notre peuple, notamment de la prestigieuse institution des Bashingantahe qui protégeait impartialement et équitablement tous les citoyens, riches ou pauvres, qui procédait par conciliation et non par humiliation, qui refusait la loi du talion et la loi de la jungle (*kwihanira, kwihora*), qui régulait les pouvoirs du monarque, lui aussi étant soumis à l'arbitrage des bashingantahe, le Président de la République déclara sans ambages que la justice, personnifiée ici par l'*Intahe* (symbole des Bashingantahe) ne faisait que baver (*Intahe icira inkonda*), ce qui provoqua l'indignation générale des magistrats et de la société civile.

Pourquoi donc la justice était-elle devenue la bête noire du pouvoir ? Toujours en vertu des poncifs, stéréotypes, idées reçues à la vie dure, qui voulaient que la justice soit majoritairement Tutsi et qu'elle ne pouvait donc pas être impartiale, surtout quand la pomme de discorde était de nature ethnique.

Ici aussi, il importe de mettre en avant les critères universels d'impartialité, de compétence et d'équité pour apprécier le travail des juges qui disent le droit en dehors d'autres considérations.

Pour qu'ils soient protégés contre les manœuvres d'intimidation, les magistrats à tous les niveaux devraient être désignés et promus sur des bases transparentes et leur carrière mise à l'abri des caprices du pouvoir exécutif.

Et maintenant, que faire ?

Nous faisons généralement chorus avec les autres pour appeler de tous nos vœux une démocratie repensée, appropriée aux réalités burundaises et s'inspirant des valeurs positives intrinsèques de la nation. Et comme ce colloque est l'initiative des Burundais et des Français, qu'il nous soit permis d'invoquer les propositions émises par le Général de Gaulle, une personnalité-bannière française, dans son discours de Bayeux, prononcé le 16 juin 1946, à propos d'une Constitution adaptée aux réalités du moment en France. [9]

Des Grecs, jadis, demandaient au sage Solon : «Quelle est la meilleure Constitution ?» Il répondit : «Dites-moi d'abord pour quel peuple et à quelle époque» et de Gaulle d'ajouter : «Aujourd'hui c'est du peuple français et des peuples de l'Union française qu'il s'agit et à une époque bien dure et bien dangereuse».

Après le désastre de 1940-1945 en France, bien des points de comparaison avec la situation engendrée par la crise d'Octobre 1993 au Burundi sautent aux yeux.

En effet, de Gaulle est excédé par la rivalité des partis dont le caractère fondamental mettait tout en question et sous lequel s'estompaient trop souvent les intérêts du pays. Parlant plus spécialement de l'Unité du Gouvernement, il se pose cette question : «Comment cette unité, cette cohésion, cette discipline seraient-elles maintenues à la longue (...) si chacun des membres du Gouvernement, lequel est collectivement responsable devant la représentation nationale tout entière, n'était à son poste que le mandataire d'un parti ?».

Quant au chef de l'État, naturellement placé selon lui au-dessus des partis, il devait être élu par un collège, englobant le Parlement à base élargie puisqu'on aura pris le soin d'y introduire «les représentants des Organisations économiques, familiales et intellectuelles pour que se fasse entendre, au-dedans même de l'État, la voix des grandes activités du pays».

---

[9]. «La Constitution Française du 4 octobre 1958 - Documents d'études» : Droit constitutionnel et institutions politiques, n°1.04. édition 1995, *La Documentation Française*, 1995 p.22-23.

Malgré le prix qu'il attachait à cette nouvelle constitution, de Gaulle considérait cependant qu'«une réussite quelque peu différée vaut mieux qu'un achèvement rapide mais fâcheux». [10]

La situation telle qu'elle se présente au Burundi est, *mutatis mutandis*, semblable à celle qui prévalait en France en 1946.

Après la mort du Président Ndadaye et le déclenchement du génocide subséquent, nous assistons, d'abord dans le cadre des négociations de Kigobe-Kajaga, puis avec la Convention de Gouvernement, à un putsch en règle des partis. Le Gouvernement s'ouvre à ceux qui crient le plus fort pour qu'on les entende, mus plus par l'appât du gain et «la *manducation* politique» que par l'idéal patriotique. La société civile aura l'occasion de stigmatiser à plusieurs reprises l'échec des partis et réclamera une plus grande moralisation de la vie politique, allant même jusqu'à souhaiter la mise en veilleuse des partis politiques.

Le Président de la République était également l'otage de son parti et le Premier Ministre du sien, en vertu de cette cohabitation *sui generis* à la burundaise qui instituait officiellement le bicéphalisme et la confrontation à la tête de l'État. Là aussi la conception que le Général de Gaulle avait d'un Président au-dessus des Partis et élu par un collège d'électeurs présente des avantages pour le Burundi. Ce collège serait constitué des Bashingantahe, ces notables patentés qui avaient naguère instauré une gestion démocratique du pouvoir avant la lettre, et compterait en son sein les représentants de la société civile, faite d'intellectuels, de femmes, de jeunes, d'opérateurs économiques, un peu comme le Général de Gaulle le souhaitait pour la France en 1946.

Cependant, ici encore, il faudra éviter la précipitation. Un débat national patient mais systématique devrait précéder la mise sur les rails d'une **démocratie burundisée**. «L'erreur ne dure qu'un temps. La raison et le débat ne tardent pas à rétablir les choses, aussi mal qu'elles aient pu commencer» disait Thomas Paine. [11]

Le Débat National devra poser les questions de coexistence des communautés dans les vrais termes, évitant les propos édulcorés que l'on retrouve dans le Rapport de la Commission Nationale chargée d'étudier la question de

---

[10]. L'achèvement de la Constitution Française est permanent, puisqu'elle doit tenir compte de nouvelles réalités comme l'évolution des mentalités, l'effritement de l'Empire, l'Union européenne. Ainsi, il faudra attendre la loi du 6 novembre 1962, modifiant la constitution de la V° République promulguée le 4 octobre 1958, sous la rubrique de l'élection du Président de la République (art.6 et 7), pour que soit consacrée l'élection du Président de la République, non plus par Collège, mais au suffrage universel direct.

[11]. Paine (Thomas) : *Les Droits de l'Homme*, préface d'Yves Jouffa, traduit de l'anglais et présentée par Bernard Vincent, Ligue des Droits de l'Homme (France), Presses Universitaires de Nancy, 1991 (soit deux siècles après la publication originale 1791-1792).

l'Unité Nationale, publié à Bujumbura en Avril 1989 ou dans son émanation, *La Charte de l'Unité Nationale*, adoptée par référendum.

En particulier, derrière de beaux principes se cachent les stratagèmes pour ouvrir grande les avenues du pouvoir et des avantages qu'il confère, qu'ils soient acquis sous le label de l'unité ou de la démocratie.

Cette nouvelle alliance entre Burundais devra donc être pensée en termes plus simples, pour ne pas dire «terre à terre» : Les mécanismes instituant le principe du partage équitable du pouvoir politique, la rotation à certains postes de responsabilité, la cogestion du pouvoir matérialisée notamment par le contreseing obligatoire de toutes décisions engageant le pays, la sonnette d'alarme au Parlement pour qu'une ethnie ne phagocyte pas l'autre, etc., voilà qui doit être mis sur la table, sans faux-fuyants.

A titre d'exemple, ne nous faisons pas d'illusions, une démocratie qui réinstaurerait, dans l'état actuel des choses, le vote au suffrage universel, exclurait automatiquement encore pour longtemps – nous ne savons pas ce qui nous empêche de dire «pour de bon» – un Tutsi ou un Twa à la tête du pays, consacrant ainsi **une démocratie héréditaire** hutu, ce qui est contraire à la Déclaration française des Droits de l'Homme et du citoyen du 26 Août 1789 (enrichie par la Déclaration universelle des Droits de l'Homme de 1948) qui stipule, à l'article 6, que «tous les citoyens étant égaux (...) sont *accessibles à toutes dignités, places et emplois publics*, selon leur capacité et sans autre distinction que ceux de leurs vertus et de leurs talents».

Voilà très sommairement les quelques propositions que nous tenions à faire, étant entendu que la société civile, qui doit d'abord s'entendre sur l'essentiel, devra prendre une part active dans ce processus.

La justice de droit écrit : lutte contre l'impunité au Burundi et dans la région des Grands Lacs

Stanislas Makoroka

Depuis plus de quatre ans, les médias nationaux et internationaux, à l'instar des rapports de diverses missions de coopération et d'observation internationales, font largement état de l'impunité qui a cours dans la sous-région des Grands Lacs en général, et au Burundi en particulier.[1] Les faits peuvent être évoqués de manière tendancieuse; mais ils demeurent tenaces et extrêmement graves.

Point n'est besoin de reprendre, dans les détails, la situation qui prévaut dans la sous-région pour comprendre le désarroi des populations. Il suffit de relever que de toutes les périodes troublées de l'histoire récente du Burundi, la crise de 1993 est certainement la plus grave. Elle est la plus généralisée, la plus longue, la plus meurtrière et la plus paralysante pour l'ensemble des services de l'État, y compris le service de la justice.

---

[1]. Pour le Burundi à titre d'exemple : Collectif des partis d'opposition, *Le génocide d'octobre 1993*, Bujumbura 1993, 120p. Parti Sahwanya--Frodebu, *La crise d'octobre 1993 ou l'aboutissement tragique du refus de la démocratie au Burundi*, Bujumbura 1994, 411p. Des associations de la société civile, *Burundi-génocide d'octobre 1993*, Bujumbura, 1996, 919p. S. Ake, M. Huslid et autres, *Rapport de l'envoyé spécial chargé d'étudier la possibilité de créer au Burundi une commission de la vérité ou une commission d'enquête judiciaire*, New-York, 1995, 19p. (S.1995/631 du 28 juillet 1995). E. Razafindralambo et autres, *Commission d'enquête internationale des Nations-Unies pour le Burundi, Final report*, New-York, 23 juillet 1996, 71p. (diffusion par le Conseil de sécurité, le 22 Août 1996). P.S. Pinheiro, *Premier rapport sur la situation des droits de l'homme au Burundi* (conformément à la résolution 1995/90 de la commission des droits de l'homme, Genève, 14 novembre 1995, 39p. (GE.95-14420); *Additif du 27 février 1996*, Genève, 1996 (G.96-10751, 20p. P.S. Pinheiro, *Rapport intérimaire sur la situation des droits de l'homme au Burundi*, du 21 octobre 1997, A/52/505 (97-28121F). Africa Watch, FIDH et autres, *Commission internationale d'enquête sur les violations des droits de l'homme au Burundi, depuis le 21 octobre 1993, Rapport final*, 1994, 200p. Pour le Rwanda voir R. Degni-Ségui, *Rapports sur le Rwanda de la commission des droits de l'homme des Nations-Unies et proposant la création du Tribunal international pour le Rwanda* (S.1994/1157) et ses annexes.

Il existe certainement une relation globale, complexe et nécessaire entre la gestion d'un État et le service de la justice, dans la sauvegarde des droits individuels et collectifs des citoyens et en définitive dans la construction d'un État de droit.

La justice publique présuppose en effet l'existence d'un État. Celui-ci ne peut, en revanche, trouver racine que grâce au bon fonctionnement de la justice qui, en même temps qu'elle protège la personne et les biens du citoyen, restitue la confiance en l'autorité et dans l'ordre étatique. De même, la justice ne peut avoir un cours normal et satisfaisant que dans une société tant soit peu ordonnée, ne fût-ce que pour lui conférer la persuasion et la force nécessaires à son respect. [2]

En ce qu'elles déstabilisent la quasi-totalité des facteurs de cohésion sociale, les crises socio-politiques majeures, comme il s'en est produit dans les pays des Grands Lacs, ne sont guère favorables au fonctionnement régulier du service de la justice. Celui-ci peut, en effet, se trouver paralysé comme, au demeurant, toute administration ou service public. Dans ce cas, des conditions de reprise de l'activité étatique peuvent remettre à flot les services judiciaires.

Il arrive cependant que l'action de la justice soit uniquement freinée, désorientée ou même désorganisée par d'autres organes de l'État qui, dans leur entreprise totalitaire, refusent à la justice son rôle d'arbitre dans les conflits individuels ou collectifs inévitables dans toute société. La règle de droit est alors absente dans le règlement des conflits. Il s'ensuit le recours généralisé à la force, le refus ou la négation de la loi et, au bout, l'impunité qui conduit à la spirale de la violence. [3]

L'objet de cette réflexion est d'analyser comment et à quelles conditions le service de la justice de droit écrit peut contribuer à l'instauration et à la consolidation d'un État de droit dans des situations de tourmente, comme celle du Burundi, la crise socio-politique actuelle et celles qui l'ont précédée. Il ne restera plus qu'à projeter par extrapolation certaines des propositions identifiées sur les autres pays des Grands Lacs.

Dans cette démarche, trois étapes peuvent être marquées. D'abord, il importe de préciser comment la justice de droit écrit a été introduite dans la sous-région des Grands Lacs en général et au Burundi en particulier. Cette évolution sera envisagée sous le double aspect de l'identification de la règle de fond applicable et de l'instauration du système judiciaire de droit écrit.

Ensuite, il conviendra d'examiner le fonctionnement de la justice de droit écrit en matière pénale, à des moments de fortes crises politiques, des moments tests

---

2. J. Rawls, *Théorie de la justice*, Paris, NH., Editions du Seuil, 1987, p.90 et s. et p. 495 et ss.

3. Voir les divers rapports déjà cités à la notice 1, notamment P.S. Pinheiro (Rapport du 14 novembre 1995, n°26), qui parle d'inertie et de paralysie de la justice.

de la crédibilité d'un système judiciaire, en même temps que seront identifiés les principaux faits et gestes d'impunité qui peuvent être reprochés au service de la justice.

Enfin, seront suggérées des solutions et des réformes à opérer pour aider l'administration de la justice à contenir de tels bouleversements ou à rétablir l'équilibre des rapports sociaux tels que chaque citoyen reçoive réparation du préjudice subi.

Bref historique de l'instauration de la justice de droit écrit dans la région

La justice de droit écrit, par opposition à la justice traditionnelle, est d'origine européenne. La sous-région la doit à la «colonisation» belge, le protectorat allemand sur les royaumes du Burundi et du Rwanda n'ayant exercé aucun impact réel sur le fonctionnement de la justice.[4] Lors de la colonisation du Congo belge, du mandat et de la tutelle sur le Ruanda-Urundi et progressivement après l'indépendance, la justice de droit écrit s'installera dans le système judiciaire des États de la région.

Pour faciliter la compréhension des systèmes judiciaires de la sous-région, il sied de repérer les mécanismes d'introduction du droit écrit de fond et de forme, en distinguant trois périodes au cours de l'évolution :

- la période coloniale et l'introduction de la justice pénale,
- la période postcoloniale et l'unification du système judiciaire,
- la période de la démocratisation et l'adoption des instruments internationaux protecteurs des droits de l'homme.

A. *L'introduction de la justice pénale en période coloniale*

Parmi les disciplines juridiques, le droit pénal semble le plus révélateur du système d'organisation sociale recherché par un État. L'incrimination sélectionne les valeurs morales et sociales à protéger. L'échelle des peines indique la hiérarchisation de ces valeurs. Il est dès lors compréhensible que le colonisateur, nanti d'une mission civilisatrice,[5] ait voulu imposer son système pénal aux populations dominées.

---

4. S. Makoroka et alii, *Etude relative au fonctionnement du système judiciaire burundais*, Bujumbura, Fondation pour l'Unité, la Paix et la Démocratie, Août 1996, p.10 et ss.

5. Article 4 et 5 de la loi du 18 octobre 1908 sur le gouvernement du Congo belge, dite la Charte coloniale, *Bulletin officiel du Congo belge 1908*, p.65, Article 1 de la loi du 21 Août 1925 sur le gouvernement du Ruanda-Urundi, *Bulletin officiel du Congo belge*, 1925, p.443.

Le premier code pénal prévoyant des incriminations élémentaires mais inspiré de la civilisation du colonisateur est adopté pour l'État indépendant du Congo, par l'arrêté du Secrétaire d'État du 19 décembre 1896 complété par le décret du 24 décembre 1923. Il sera relayé par une coordination découlant du décret du 30 janvier 1940.[6] Celui-ci continue à régir le Congo-Zaïre, en dépit de quelques modifications intervenues ultérieurement, alors qu'au Rwanda et au Burundi ce sont de nouveaux codes pénaux qui ont cours.[7] Aucun, cependant, ne prévoit directement et de manière indépendante le crime de génocide et ses succédanés.

Comme loi d'ordre public par excellence, le code pénal du Congo belge était évidemment applicable à tous les habitants de la colonie et des territoires occupés, les Européens, les assimilés et les indigènes. En outre, les juridictions de droit écrit avaient en matière pénale, compétence à la fois sur les européens et les indigènes et appliquaient le code pénal pris par l'autorité coloniale. [8]

Cependant, en marge de cette répression, des juridictions indigènes, sous le contrôle des parquets, jugeaient les indigènes et appliquaient la coutume dans la mesure où celle-ci n'était pas contraire à l'ordre colonial.[9] Ne jugeant que des infractions mineures, les juridictions indigènes avaient, somme toute, une compétence très réduite.

Le législateur colonial fit donc, en matière pénale, l'offensive la plus déterminante en faveur du droit moderne, notamment en opérant une métamorphose dans les incriminations, dans la fixation des peines et du régime de responsabilité, en introduisant des procédures nouvelles applicables devant les tribunaux répressifs, en construisant les prisons.

---

[6]. Voir le décret du 30 janvier 1940 portant code pénal du Congo belge, *Bulletin officiel du Congo belge* 1940, p.193. Ce texte a reçu quelques modifications ultérieures mais il reste valable pour la République Démocratique du Congo (ex Zaïre). Décret du 24 décembre 1923 apportant certains compléments au code pénal, *Codes et lois du Congo belge* 1930, p.707. Arrêté du Secrétaire d'État du 19 décembre 1896, *Codes et lois du Congo belge*, 1930, p.683.

[7]. Décret-loi n°1/6 du 4 avril 1981 portant réforme du code pénal, *Bulletin officiel du Burundi*, n°6, 1981p. 248 et s. Décret-loi n°21/77 du 18 Août 1977 portant code pénal, *Journal officiel du Rwanda 1978*, n°13 bis p.1 et s.

[8]. Article 4 de la Charte coloniale. F. Dellicourt, « Droit pénal congolais », *Novelles, Droit colonial*, vol. I, 1931 p.210. A. Gohr, « Organisation judiciaire du Congo belge », *Novelles, Droit colonial*, Vol. I, 1931, p.90-174.

[9]. Décret du 15 avril 1926 sur les juridictions indigènes, *Bullletin officiel du Congo belge* 1926 p.437. Ordonnance-loi du 5 octobre 1943, *Bulletin administratif du Congo belge*, 1943 p.1498 A. Gohr, « Organisation judiciaire du Congo belge », *Novelles, Droit colonial*, Vol. I, 1931 p. 90-174. J. Vanderlinden, *Essai sur les juridictions de droit coutumier dans les territoires d'Afrique centrale*, Bruxelles, 1959 p.135-184.

B. *L'unification du système pénal après l'indépendance*

L'offensive en faveur du droit répressif moderne fut davantage accentuée depuis l'accession à l'indépendance des États de la région, grâce au renouvellement ou tout au moins à la modification des codes pénaux et de procédure pénale ainsi que l'unification des juridictions pénales dans un même système judiciaire. [10]

Sans doute, quelques particularités existent en matière d'organisation judiciaire dans le Congo ex-Zaïre [11] par rapport aux deux autres États, le Rwanda et le Burundi ; mais, partout, les institutions judiciaires qui nous intéressent répondent globalement au même schéma :

1° Le dualisme des juridictions en matière pénale a été en général supprimé partout. Les juridictions de droit écrit et les juridictions indigènes ont fusionné dans une même organisation judiciaire d'allure moderne, même si quelques vestiges des juridictions indigènes subsistent, au bas de l'échelle de cette organisation.

2° Le code de procédure pénale également assez moderne et résultant d'une adaptation aux territoires occupés de la procédure pénale belge s'applique à l'ensemble des juridictions. [12]

3° A l'heure de l'indépendance, il a été créé devant toutes les juridictions un corps de magistrats distinct de celui des fonctionnaires territoriaux qui, auparavant, interféraient dans la répression pénale.[13] Le ministère public et les corps de police judiciaire ont été consolidés en tant qu'éléments essentiels de l'action répressive.

---

[10] .Pour ne citer que les premiers textes pris après l'indépendance : loi du 26 juillet 1962 portant code de l'organisation de la compétence judiciaires, *Bulletin officiel du Burundi*, 1962, p.64. Loi du 24 Août 1962 portant code de l'organisation et de compétence judiciaires, *Journal officiel du Rwanda*, 1962 p.307. Loi du 23 février 1963 portant code du procédure pénale, *Journal officiel du Rwanda* , 1963 p.98. Voir aussi, le décret du 6 août 1959 portant code de procédure pénale, *Bulletin officiel du Congo belge 1959*, p.1934 encore en vigueur au Burundi et au Congo-Zaïre.

[11]. Voir l'ordonnance-loi n°68-248 du 10 juillet 1968 portant code de l'organisation et de la compétence judiciaires. Elle prévoit un remplacement progressif des juridictions indigènes par les tribunaux de paix.

[12]. Pour le Burundi et le Congo, le décret du 6 Août 1959 portant code de procédure pénale, *Bulletin officiel du Congo belge*, 1959, p.1934 ; Pour le Rwanda, la loi du 23 février 1963 portant code de procédure pénale, *Journal officiel du Rwanda*, 1963 p.98.

[13]. Voir les textes cités à la notice 10. Ajouter pour le Congo, le décret-loi du 19 septembre 1965 portant statut des magistrats abrogé par l'ordonnance-loi n°68-248 du 10 juillet 1968 citée à la notice 11.

Bon an mal an, tous ces services, sauf pour la police judiciaire, sont occupés par des diplômés en droit ou tout au moins par du personnel ayant bénéficié d'une certaine formation professionnelle.

En dehors des juridictions inférieures qui nous intéressent peu, l'organisation judiciaire de chaque pays comprend des tribunaux de première ou de grande instance, plusieurs cours d'appel et une cour suprême de justice souvent divisée en trois chambres traditionnelles ou sections, la chambre judiciaire et de cassation, la chambre administrative et la chambre constitutionnelle. Parfois, la dernière chambre, est érigée en juridiction séparée de la cour suprême. [14]

Il s'agit donc d'un même ordre de juridictions qui jugent en matière pénale, depuis la base jusqu'au sommet, des juridictions répressives auprès desquelles fonctionne un ministère public assisté par la police judiciaire. Parfois, on le verra pour le Burundi, les infractions les plus graves sont déférées devant une juridiction dotée d'un jury.

C. *L'adoption des instruments internationaux protecteurs des droits de l'homme*

En matière de justice pénale, dans les pays des Grands Lacs, il sied de centrer l'analyse sur la répression des récents crimes de génocide et contre l'humanité et de poser la question de l'applicabilité des conventions internationales en la matière et du concours d'un tribunal pénal international. Si, à cet égard, la situation du Rwanda paraît clarifiée avec la création à Arusha du Tribunal pénal international pour le Rwanda, [15] au Burundi, le système des Nations-Unies hésite à admettre les crimes de génocide commis lors des événements de 1993 [16] et à créer un tribunal pénal spécifique ou à étendre la compétence du tribunal international d'Arusha à ce pays.

En effet, le Rwanda se trouve avoir ratifié, par décret-loi n°8/1975 du 12 février 1975, la convention internationale du 9 décembre 1948 pour la prévention et la répression du crime de génocide et la convention internationale du 26 novembre 1968 sur l'imprescriptibilité des crimes de guerre et des crimes contre l'humanité.

---

[14]. Exemple pour le Burundi, voir le décret-loi n°1/08 du 14 avril 1992 portant organisation et fonctionnement de la cour constitutionnelle ainsi que la procédure suivie devant elle, *Bulletin officiel du Burundi,* 1992, p.263. La cour suprême du Rwanda comprend 4 sections : la cour constitutionnelle, la cour de cassation, le conseil d'Etat, la cour des comptes.

[15]. Créé par la résolution 955/1994 du Conseil de sécurité en date du 8 novembre 1994 - (94-43749F).

[16]. Le rapport, E. Razafindralambo et autres, *Commission d'enquête... pour le Burundi, Final report,* déjà cité est assez explicite sur les actes de génocide contre les Tutsi en 1993. Déposé le 23 juillet 1996, il sera publié un mois plus tard. Jusqu'aujourd'hui, il ne paraît pas encore exploité.

Ces deux conventions font partie de l'ordre législatif interne du Rwanda.[17] Au surplus, en vertu de la résolution n°95 de l'assemblée générale des Nations-Unies en date du 9 décembre 1946, le «droit de Nuremberg» reflété par le Statut du Tribunal militaire international fait partie de la coutume internationale et est applicable aux États membres des Nations Unies. [18]

Les deux instruments internationaux ont prévu les incriminations de crimes de génocide et contre l'humanité et leur imprescriptibilité.

S'agissant de la répression à mener par le Tribunal pénal international pour le Rwanda, il faut se référer au statut du tribunal et à son règlement de procédure qui, en matière de pénalités, renvoie au code pénal rwandais et indique par ailleurs que toute personne reconnue coupable par le tribunal est passible de l'emprisonnement pouvant aller jusqu'à l'emprisonnement à vie. [19]

Le Burundi, en revanche, n'avait pas, en 1993, formellement ratifié comme État indépendant la convention pour la prévention et la répression du crime de génocide et encore moins celle sur l'imprescriptibilité des crimes de guerre et des crimes contre l'humanité. La Belgique cependant, comme puissance tutélaire, avait ratifié la convention sur le génocide pour ses anciennes colonies. [20]

Depuis l'indépendance, le Burundi a reconnu formellement la validité des engagements souscrits par la Belgique tout au moins jusqu'au 1er juillet 1970. Selon sa note verbale du 25 juillet 1968, le Burundi n'avait formulé de réserves qu'à l'égard des engagements qui ne seraient pas toujours d'actualité quant à leur projet.[21]

Si la convention sur le génocide n'a pas fait l'objet de confirmation expresse mais n'a pas été non plus dénoncée par le Burundi, on peut estimer que son applicabilité va bien au delà de juillet 1970. Mais l'argument le plus déterminant dans ce contexte est que la convention relative au crime de génocide

---

17. Les deux conventions ont été ratifiées par le décret-loi n°8/75 du 12 février 1975, *Journal officiel du Rwanda*, 1975, p.230.

18. J.B. Heerzog, « Les principes juridiques de la répression des crimes de guerre », *Revue juridique suisse*, 1946, p.277. R. Legros, « Domaine et méthode du droit pénal international », *Revue de droit pénal et de criminologie*, 1953-54, p.843-857, (spéc. p.853 & ss.). P. Mertens, « L'imprescriptibilité des crimes de guerre et contre l'humanité », *Etudes de droit international et de droit pénal comparé*, Bruxelles, 1974, 230 p. E. David, *Eléments de droit pénal international*, Bruxelles, 1995.

19. Article 23 du statut du Tribunal International pour le Rwanda. Annexe à la résolution 955/1994 du conseil de sécurité du 8 novembre 1994 (94-43749 F).

20. Adhésion du Congo belge et du Rwanda-Urundi à la convention pour la prévention et la répression du crime de génocide notifiée le 13 mars 1952, *Bulletin officiel du Congo belge*, 1952 p.2403.

21. Note diplomatique n°CAB/0132/A.E. du 25 juillet 1968 portant déclaration du gouvernement burundais sur les conventions souscrites avant l'indépendance, in *Codes et lois du Burundi* par R. Bellon et P. Delfosse, Bujumbura, Bruxelles, 1970 p.11.

fait partie de la coutume internationale et que, de ce fait, elle est applicable à tout Etat membre des Nations Unies. [22]

Au demeurant, la constitution du 13 mars 1992, en intégrant dans le droit interne du Burundi, la charte internationale et les pactes internationaux sur les droits de l'homme a créé une dynamique et a impliqué l'acceptation de la convention de prévention et de répression du crime de génocide comme applicable au Burundi.[23] L'équivoque est d'ailleurs levée, à cet égard, depuis le dépôt des instruments de ratification en juillet 1996. [24]

Au surplus, le Burundi s'est toujours considéré comme engagé par ladite convention puisqu'il a commandé une enquête internationale sur le génocide commis en 1993, à la suite de l'assassinat du Président Melchior Ndadaye. [25]

Si donc on considère l'évolution du système pénal des pays de la sous-région des Grands Lacs, en général, et du Burundi, en particulier, on peut affirmer que ce sont des institutions judiciaires d'allure moderne qui fonctionnent dans cette région. Les instruments légaux sont relativement modernes ; les hommes, pour appliquer la loi, ont bénéficié d'une formation appréciable. On peut donc soutenir que les hommes et les institutions existent pour mener une lutte appréciable contre l'impunité.

Malgré toutes ces données positives, les systèmes judiciaires de la région ont connu et connaissent beaucoup de problèmes. L'ampleur des massacres a désaxé toutes les sociétés ; des courants nouveaux ont parfois heurté de front certaines valeurs qui faisaient la cohésion de la société. Les institutions ont été ébranlées, la méfiance règne partout.

Dans ce contexte, il n'est pas surprenant que le fonctionnement du système judiciaire fasse l'objet d'intenses critiques. Encore faut-il que ces critiques soient menées de la manière la plus objective possible pour trouver une juste solution au problème posé. Pour cela, l'analyse s'intéressera au fonctionnement du service de la justice au Burundi tel que prévu et vécu dans la réalité avant de se faire une idée sur les principales failles du système.

---

[22]. Voir les références de la notice 18.

[23]. Article 10 et s de la constitution du Burundi du 13 mars 1992, *Bulletin officiel du Burundi 1992*, n°4 , p.95. A propos des arguments de la légalité, de la non rétroactivité et de la non prescription du crime de génocide, voir D. de Beer, *Les poursuites pour crime de génocide et crimes contre l'humanité : fondements juridiques,* Rwanda, Kigali, Edition RCN, 1995, p.36 et s.

[24]. Loi n°1/09 du 22 juillet 1996 portant adhésion du gouvernement de la République du Burundi à la convention pour la prévention du crime de génocide adoptée à New-York le 9 décembre 1948. Il est en outre à signaler que le gouvernement du Burundi s'active à préparer un projet de loi portant répression directe du génocide et les autres infractions connexes.

[25]. Voir la référence de la notice 16.

Fonctionnement de la justice de droit écrit

A considérer les structures mises en place, aucun doute ne devrait être émis sur les réelles possibilités des institutions judiciaires à mener à bien la répression des principales infractions commises dans les États considérés. Les procès pénaux se déroulent normalement devant les juridictions. L'action publique est conduite par le ministère public qui bénéficie du concours de la police judiciaire dans la recherche des infractions. [26]

Sur le terrain, cependant, la lutte contre l'impunité indique encore des lacunes à combler.

Au cours de cette analyse du fonctionnement de la justice pénale, il convient d'abord de présenter brièvement le déroulement du procès pénal, rechercher ensuite quelques éléments d'évaluation du système pénal des États de la sous-région, avant d'épingler les manifestations de l'impunité qui a cours dans les pays des Grands Lacs.

A. *Le déroulement du procès pénal*

a) **L'enquête**

Lorsqu'une infraction est portée à la connaissance de l'autorité, l'enquête judiciaire est généralement menée par la police judiciaire sous la supervision du Parquet qui donne les orientations nécessaires.

La mission essentielle de la police judiciaire est en effet de rechercher les auteurs des infractions, de réunir les indices sérieux de culpabilité à leur charge et de les mettre à la disposition du ministère public. Elle a le pouvoir de procéder à l'arrestation provisoire des inculpés, à la perquisition de leur domicile, à la saisie de leurs biens, aux explorations corporelles, le tout dans les limites déterminées par la loi et sous le contrôle du ministère public.

Les polices judiciaires sont sans doute diversifiées dans les pays de la région. On note surtout la présence de la gendarmerie et de la police judiciaire des parquets. Cependant le personnel n'est pas suffisamment implanté dans les zones reculées et n'a pas toujours la formation professionnelle exigée d'un bon enquêteur.

26. Voir notamment, A. Rubbens, *Le droit judiciaire congolais*, t.III, *Instruction criminelle et procédure pénale*, Bruxelles, Larcier, 1965. R. Kint, *Abrégé du cours d'organisation judiciaire répressive et de procédure pénale*, Bujumbura, Université Officielle du Burundi, 1969.

Les devoirs commis laissent parfois à désirer. Or, c'est au sérieux de l'enquête qu'est souvent suspendue la réussite d'un dossier pénal.

b) **L'instruction.**

Avant d'être déféré devant la juridiction compétente, le dossier pénal est instruit par le Parquet. La mission primordiale du ministère public est de rechercher les infractions, de recevoir les dénonciations, faire tous les actes d'instruction et de saisir les juridictions. En cas de besoin, l'officier du ministère public peut décerner contre le suspect un mandat d'arrêt provisoire ; il requiert la décision du juge, s'il y a lieu à détention préventive.

Dans les circonstances ordinaires, les préventions du ministère public à charge des prévenus sont généralement bien libellées lorsque du moins les constats de la police judiciaire sont suffisamment circonstanciés. Au demeurant, le ministère public est hiérarchisé et le contrôle est une garantie de la bonne qualité du travail.

En revanche, le fait que le ministre de la justice ait le droit de donner des injonctions au ministère public est de nature à perturber l'indépendance de celui-ci, particulièrement lorsqu'il s'agit d'instruire ou de poursuivre des infractions politiques ou dites sensibles. [27]

Suivant une longue tradition d'origine coloniale, il n'existe pas, dans la procédure des trois pays, de véritable juge d'instruction. Les devoirs d'instructions sont assumés par le ministère public qui met, également, en mouvement l'action publique en saisissant la juridiction.

c) **Le jugement.**

Contre le délinquant ordinaire, le procès pénal a lieu devant la juridiction ordinaire et devant la juridiction militaire dans le cas d'infraction commise par un militaire. Particulièrement au Burundi, la plupart des infractions d'atteinte à la sûreté de l'État, les massacres et les pillages ont été également, en leur temps, jugés par des juridictions militaires, compte tenu du régime militaire et d'exception décrété à la suite de troubles graves, notamment entre 1965 et 1976. [28]

---

27. Article 20 de la loi du 24 août 1962 portant code de l'organisation et de la compétence judiciaires telle que modifiée à ce jour, voir F. Reyntjens et J. Gorus, *Codes et lois du Rwanda*, Bruxelles, Butare, 1980, vol. II p.259. Article 11 de l'ordonnance-loi n°68-298 du 10 juillet 1968 portant code de l'organisation et de la compétence judiciaire au Zaïre. Article 180 de la loi n°1/004 du 14 janvier 1987 portant réforme du code de l'organisation et de la compétence judiciaires, *Bulletin officiel du Burundi*, 1987, n°4, p.87 et s.

28. Arrêté-loi n°001/795 du 21 octobre 1965 portant règles applicables au régime militaire et d'exception, *Bulletin officiel du Burundi*, 1965 p.841.

Les infractions les plus graves sont déférées, au Congo ex-Zaïre et au Rwanda, devant les tribunaux de première instance, du moins au premier degré.

Au Burundi, les crimes passibles de la peine de mort ou de la servitude pénale à perpétuité sont jugés par les chambres criminelles près les cours d'appel. Il s'agit d'un vestige de la cour d'assises qui puise ses racines dans le premier procès politique du Burundi indépendant.

La chambre criminelle [29] est composée d'un juge de la cour d'appel et de quatre jurés dont un assesseur magistrat de la cour d'appel et trois autres choisis au sein des tribunaux de résidence du ressort. Ils siègent suivant une procédure apparentée à celle de la cour d'assises. La juridiction décide en premier et dernier ressort. Ses arrêts ne sont donc pas susceptibles de recours, sauf le recours en cassation pour violation de la loi ou des formes substantielles.

En dehors de cette hypothèse et de celle de privilège de juridiction, tout jugement pénal est susceptible d'appel.

En outre, la collégialité est le principe de fonctionnement des juridictions pénales dans les divers pays. Le procès a lieu devant trois juges au moins, assistés d'un greffier. Le prévenu est cité par le représentant du ministère public ; il a droit d'être et il est, en général, assisté d'un avocat, le cas échéant commis d'office. La procédure appliquée lui permet, pour organiser sa défense, de prendre préalablement connaissance du dossier à charge. L'audience est publique, sauf huis clos prononcé pour des raisons de sécurité publique ou pour préserver l'honneur des parties au procès.

En résumé, suivant la procédure, les procès pénaux ont lieu dans la région des Grands Lacs comme ils se dérouleraient dans n'importe quel pays doté d'institutions judiciaires comparables. Sans doute, à cause du contexte différent et de la disparité des moyens mis à la disposition de la justice, il n'y a pas de comparaison à établir entre les performances des services judiciaires des anciennes métropoles et de ceux de la région; mais la constitution de dossiers, la qualification des faits et le jugement recourent partout, ou sont censés recourir, aux mêmes procédés.

En réalité, les critiques le plus souvent formulées à l'égard du service judiciaire semblent concerner moins le procédé que le résultat auquel il aboutit, encore que la procédure elle-même accuse un certain nombre de lacunes. Pour le vérifier, il est proposé de s'arrêter, un instant, à l'examen du fonctionnement de la

---

29. Voir le décret-loi n°1/55 du 19 Août 1980 portant création et organisation d'une chambre criminelle de la Cour d'appel, *Bulletin officiel du Burundi* 1980, n°11. Depuis, 3 chambres criminelles fonctionnent sur l'ensemble du Burundi, à Bujumbura, à Gitega et à Ngozi.

justice pénale dans un des pays de la région, lors des moments de fortes crises socio-politiques.

B. *Essai d'évaluation du système pénal en période de crise socio-politique grave : le cas du Burundi*

A la suite d'importantes dissensions sociales, le Burundi a connu, depuis l'indépendance, de nombreux procès politiques.[30] Ce ne sont pas, en effet, les événements sanglants qui ont manqué au cours de la période.

Dans la plupart des cas, la justice pénale burundaise a confectionné un dossier. Les résultats ont été divers ; mais ils sont systématiquement dans le collimateur des critiques.

Même s'il est rare que la justice des États remette en entente parfaite le bourreau et la victime – telle n'est d'ailleurs pas sa mission –, compte tenu de la ténacité des critiques formulées à l'endroit la justice pénale burundaise, il sied de s'interroger sur la situation pour essayer d'identifier les vrais problèmes et leur trouver une solution.

a) **Identification de quelques affaires politiques importantes**.

Nombreux ont été les procès politiques au Burundi, depuis son indépendance. Dans la plupart des cas, il s'est agi de juger des auteurs de coups d'État suivis de massacres généralisés de population et de circonscrire des faits de la plus haute criminalité, ayant provoqué des victimes en quantité innombrable. Les procès ont conduit à de multiples condamnations mais parfois aussi à des relaxes de prévenus et des abandons de poursuite faute d'éléments à charge, des exécutions capitales mais aussi la grâce des condamnés. Bien des fois, les faits ont été également amnistiés.

Pour illustrer ce constat, il sied de se référer à quelques dossiers judiciaires pertinents.

1° *Le dossier à charge des assassins du Premier Ministre P. Ngendandumwe*

Le Premier Ministre P. Ngendandumwe est assassiné le 15 janvier 1965. Cette tragédie survient après une très vive tension entre les deux ailes du parti UPRONA, «*Casablanca*» sympathisé par la J.N.R. et «*Monrovia*» appuyé par des éléments pro-occidentaux. L'auteur matériel est identifié, Monsieur Mulenzi, un

30. A la liste identifiée «infra», ajoutons sans être exhaustif, le procès des assassins du P.L. Rwagasore, l'affaire Katariho et autres.

Rwandais qui travaille à l'ambassade des États-Unis d'Amérique. Avec lui, sont arrêtées plusieurs personnalités du courant «*Casablanca*» et de la J.N.R. [31]

L'affaire tournera cependant court. L'assassin a pu s'évader de prison. Les autres prévenus seront mis en liberté provisoire, faute de preuves tangibles. Le procès, finalement tenu trois ans plus tard, aboutira à la relaxe des prévenus qui avaient comparu.

Les victimes, en l'occurrence la veuve et les enfants, percevront néanmoins, à charge de l'État, une indemnité pour essayer de compenser le préjudice subi.

2° *Le procès Nyangoma et consorts et les événements de 1965*

Le putsch du 18 octobre 1965 contre le roi Mwambutsa IV échoue. Mais beaucoup de militaires tutsi sont tués par des mutins hutu. A Muramvya, des paysans tutsi sont également exterminés par des milices entraînées dans la Kibira par P. Mirerekano, revenu de son asile du Rwanda. Le procès contre les putschistes démontra une importante ramification des comploteurs et aboutit à des condamnations capitales d'un certain nombre de hautes personnalités dans les rouages de l'État.

L'affaire Nyangoma et consorts révéla un mouvement insurrectionnel important à relent génocidaire, bien que le ministère public se soit contenté des seules condamnations du chef d'atteinte à la sûreté intérieure de l'État. La question de l'indemnisation des victimes fut à peine évoquée. Seuls les militaires et gendarmes victimes du coup ont bénéficié d'une indemnité.[32] Les familles des paysans tués ne reçurent pas d'assistance.

3° *L'affaire J. Ntungumburanye et consorts*

Le 5 juillet 1971, quelques ministres et quelques officiers de l'armée en vue, originaires de la province de «*Muramvya*», sont arrêtés et inculpés de complot contre le Chef de l'État. A leur charge, on monte en épouvantail un témoin principal qui ne voudra pas comparaître devant le conseil de guerre. Au cours de l'instruction juridictionnelle, un avocat des prévenus est également inculpé.

---

[31]. Affaire Mulenzi et autres, R.M.P. 34312/MB.
J.N.R est le sigle de la «Jeunesse Révolutionnaire Rwagasore», un mouvement affilié au parti «de l'Union pour le Progrès National (UPRONA)» dirigé par le P.L. Rwagasore, vainqueur des élections de l'indépendance. Le groupe «Casablanca» du nom de la ville marocaine regroupait des députés à majorité tutsi dits révolutionnaires. Le groupe «Monrovia» du nom de la capitale de Libéria regroupait des députés à majorité hutu dits pro-ocidentaux. Nous sommes au cœur des rivalités Est-Ouest sur l'Afrique. Les deux villes font échos à des résolutions de l'Organisation pour l'Unité Africaine qui y avaient été prises en 1964.

[32]. RMP 35317/MC, Conseil de guerre n°3, 25 octobre 1965, inédit.

Malgré un réquisitoire plutôt clément envers les prévenus, la juridiction prononce plusieurs condamnations capitales, des peines d'emprisonnement à perpétuité et d'autres condamnations à temps. Parmi les condamnés, se trouvent de jeunes officiers de l'armée qui n'avaient été cités que comme témoins dans le procès. [33]

La pression de l'opinion publique amena le Président M. Micombero à gracier tous les condamnés à mort et à la remise des peines pour les condamnés à la servitude pénale.[34] Tous les condamnés sortiront plus tard de prison.

4° *Le procès à charge des auteurs des massacres d'avril 1972*

En date du 29 avril 1972, à 20h20, des bandes armées attaquent l'ensemble du pays dans le but de renverser les pouvoirs établis et de massacrer toute personne Tutsi. Les attaques les plus meurtrières ont lieu sur toute la longueur de la côte du Lac Tanganyika. D'autres attaques sont menées à Bujumbura, Gitega et Bururi. La sélection des victimes, les documents trouvés sur les rebelles indiquent à suffisance le caractère génocidaire des tueries.

Le jugement du conseil de guerre en date du 6 mai 1972 prend notamment appui sur la convention internationale sur le crime de génocide. Une importante liste de prévenus est condamnée à la peine capitale. [35]

De plus, beaucoup de Hutu trouvèrent la mort à la suite d'une chasse à l'homme organisée pour débusquer tous les rebelles. En l'absence d'une autorité policière et judiciaire assez forte pour diligenter l'arrestation des seuls criminels, certaines personnes s'improvisent en officier de police judiciaire ou en officier du ministère public pour procéder à des exécutions sommaires, dans la capitale comme dans certaines villes de l'intérieur et même en milieu paysan. Ce dérapage retiendra davantage l'opinion internationale pendant que très peu de publicité était faite au jugement des rebelles.

5° *Les dossiers de la crise d'août 1988 de Ntega et de Marangara*

La rébellion hutu animée par le PALIPEHUTU attaqua, avec le soutien médiatique du régime rwandais, deux communes dans le Nord du pays, Ntega et Marangara. Les populations tutsi furent exterminées et leurs biens pillés. La riposte de l'armée permit le rétablissement de l'ordre et l'arrestation d'un certain nombre de criminels, quelques meneurs et beaucoup d'exécutants. Mais la plupart des commanditaires du crime trouvèrent refuge au Rwanda voisin.

---

33. RMP 46.608/NDU, Conseil de guerre du 24 janvier 1972 (en Kirundi).

34. Décrets présidentiels n°1/40 à 42 du 25 février 1972, *Bulletin officiel du Burundi*, 1972, n°3, p.174 et 175.

35. RMP 48.229/0C, Conseil de guerre du 6 mai 1972, inédit.

Contrairement aux autres affaires déjà citées, les dossiers pénaux constitués furent gérés plus politiquement, de telle manière que l'ensemble des auteurs des massacres furent tous amnistiés progressivement.[36] Certains parmi eux seront d'ailleurs très actifs lors de la campagne électorale de 1993.

6° *Le putsch d'octobre 1993 et le «massacre» des populations tutsi*

La nuit du 20 au 21 octobre 1993, le palais présidentiel est investi par un groupe de mutins qui opèrent en véhicules blindés. Les mutins s'en prennent à la vie du Président M. Ndadaye et d'un certain nombre de dignitaires du nouveau régime.

Entre-temps, des messages sont envoyés par le pouvoir FRODEBU aux autorités locales et aux populations les appelant à «*la résistance*». Cela se solde par une chasse à l'homme et à la mort de tout Tutsi pour le seul fait de son appartenance ethnique. L'armée n'intervient que trop tard.

Presque partout, le génocide recourut à la même stratégie meurtrière : des barrages routiers sont posés et des prises d'otage effectuées d'abord, ensuite des exécutions ont lieu à l'arme blanche, des bébés sont pilés dans les mortiers, etc. [37]

Des pressions intenses eurent raison de la volonté manifeste du pouvoir FRODEBU d'empêcher les poursuites judiciaires. On finit par accepter l'intervention de l'autorité judiciaire. Certains exigent surtout le jugement des auteurs du putsch de 1993 et le démantèlement de l'armée accusée globalement de ne pas avoir réussi à protéger son chef, le Président de la République, en l'occurrence. D'autres réclament le châtiment en premier lieu des auteurs du génocide aujourd'hui avéré à l'égard des Tutsi.

Les procès ont déjà été entamés, l'instruction d'un certain nombre de dossiers est en cours. Mais il est évident que l'action judiciaire est rendue extrêmement difficile par des pressions exercées de toute part, à l'intérieur comme à l'extérieur du pays. Le recours à la justice est un des éléments qui pèsent lourdement sur le règlement de la crise socio-politique burundaise.

b) La gestion politico-judiciaire des diverses crises

Il ne nous appartient pas d'apprécier la justesse des décisions prises par les juridictions amenées à intervenir dans le jugement des affaires identifiées. Néanmoins, avec l'objectif essentiel d'empêcher le trouble social et de contribuer au

---

[36]. Décret-loi n°1/034/90 du 30 août 1990 portant mesure d'amnistie en faveur de prévenus ou condamnés de certaines infractions, *Bulletin officiel du Burundi*, 1990, n°10-12, p.287.

[37]. Collectif des partis d'opposition, *Le génocide d'octobre 1993*, Bujumbura 1993, 120p.
Des associations de la société civile, *Burundi génocide d'octobre 1993*, Bujumbura, mai 1996, 919p. Razafindralambo et autres, *Commission d'enquête internationale des Nations Unies pour le Burundi*, Final-report 1996, 71 p.

rétablissement de la paix sociale, le rôle du service de la justice est notamment de dire le droit en appliquant une sanction appropriée au délinquant et en exigeant de lui la réparation du préjudice porté à la victime.

Dans cette optique, les décisions judiciaires n'interviennent que suivant des règles de l'art qui sauvegardent à la fois les droits des prévenus et des victimes et permettent la répression des seuls coupables. Il sied dès lors de relever les défaillances majeures de l'action judiciaire de l'époque considérée et de catalyser les éléments importants qui ont pesé sur le cours de la justice afin d'envisager une meilleure lutte contre l'impunité.

1° *Une application relative de la loi par les tribunaux*

Dans la plupart des dossiers recensés, les faits ont été correctement identifiés. Même dans les cas les plus récents, la chronologie des événements a été faite et les enquêtes internationales peuvent y contribuer, le cas échéant.[38] Il s'agit d'un résultat remarquable lorsque, dans ce genre d'affaires, on se rend compte des diverses pressions exercées par l'opinion et le pouvoir et de l'épais mur de silence de solidarités négatives ainsi que la campagne de désinformation agissant en sens divers, qu'il faut briser, tous des éléments qui se coalisent pour occulter les faits.

De même, dans beaucoup de dossiers examinés, l'imputabilité a été relativement bien faite dans la mesure où le fait infractionnel a pu être relié juridiquement à son auteur.

Cependant, la précipitation avec laquelle les arrestations ont été opérées dans l'affaire de l'assassinat du Premier Ministre P. Ngendandumwe et le manque de soin dans la citation des prévenus dans le dossier à charge de J. Ntungumburanyi et consorts [39] peuvent susciter des interrogations sur la sérénité avec laquelle les enquêtes et l'instruction ont pu être menées dans certaines affaires. On note également une certaine défaillance technique dans les préventions à charge des auteurs «*des massacres généralisés*» de 1972, dans la mesure où elles auraient dû être individualisées dans chaque cas. [40]

2° *La non maîtrise de l'aspect génocidaire des divers crimes*

L'appréciation des résultats de l'action judiciaire menée dans les cas indiqués prête évidemment à controverse. Mais en dehors de toute polémique, il est possible d'identifier un certain nombre de facteurs qui pèsent sur le cours de la justice dans les moments de grandes crises socio-politiques. En se limitant à un des

---

[38]. Voir par exemple E. Razafindralambo, *op.cit.*, la chronologie des faits en rapport avec l'assassinat du Président Ndadaye.

[39]. Voir notice n°31 et 33.

[40].Voir notice n° 35

éléments-clé du problème, on peut se poser la question de savoir si la justice des diverses importantes crises du Burundi a pu appréhender dans toute sa dimension le genre de criminalité à laquelle elle a dû, devait et doit faire face.

Un mouvement insurrectionnel s'attaque aux institutions établies. Il est mâté. Mais les véritables enjeux de l'insurrection nonobstant l'évidence des faits ne sont pas considérés.

Ainsi, le coup d'État contre le Mwami Mwambutsa IV a été jugé comme une simple atteinte à la sûreté intérieure de l'État alors que, manifestement, le crime de génocide était constitué, à considérer déjà la sélection des victimes par les mutins mais surtout à partir du moment où l'instruction démontra qu'une milice [41] avait été créée pour exterminer une partie de la population pour le seul fait de son ethnie et qu'elle avait exécuté le plan des comploteurs.

De même, lorsqu'en 1972, le jugement des rebelles fait une description des horreurs commises, il les identifie comme un crime de génocide.[42] Mais il ne tire pas les conséquences de son analyse. Il n'est pas notamment fait de publicité nécessaire pour rendre compte à l'opinion publique de l'extrême gravité des faits et par suite infliger une peine appropriée aux condamnés. L'opinion internationale n'est pas suffisamment interpellée alors qu'il s'agit de juger des faits portant atteinte à l'ordre international et au genre humain.

Cette dimension des crimes commis à l'occasion des diverses crises que vivra le pays sera toujours occultée même lors du récent génocide de 1993, en dépit de son ampleur. [43]

3° *Une mise en responsabilité défaillante et l'individualisation manquée de la répression de 1972*

On vient de noter que le conseil de guerre du 6 mai 1972 ne s'est pas octroyé toute la publicité nécessaire à sa crédibilité. Bien plus, en rapport avec «les événements d'avril 1972» l'autorité judiciaire de l'époque s'est laissé déborder facilement par la vengeance privée, des usurpateurs se présentant en qualité d'officier de police judiciaire ou d'officier du ministère public pour opérer des arrestations ou se livrer à des exécutions extra-judiciaires, sans qu'aucun parmi eux ne soit inquiété.

---

41. Voir RMP 35317/Mc, Conseil de guerre n°3, 25 octobre 1965, 8ᵉ et 9ᵉ feuillet, inédit. Une milice dénommée «jeunesse Ruhengeri».

42. Voir RMP 48.229, conseil de guerre du 6 mai 1972 déjà cité. En rapport avec les événements de Ntega et de Marangara voir L. Kagabo et autres, *A propos des récents événements de Ntega et Marangara, une réflexion critique*, Bujumbura, septembre 1988, 21 p.

43. Les chambres criminelles condamnent principalement du chef des articles 419 et ss. du code pénal burundais relatifs à la participation à des bandes armées ou à un mouvement insurrectionnel. Elles n'envisagent pas les incriminations de crime de génocide.

Beaucoup d'innocents Hutu disparurent dans ces circonstances. Il est vrai que l'ampleur de la rébellion indiquait qu'un nombre important de Hutu était impliqué dans le génocide. Il n'empêche que la «globalisation» aura été une grande marque de faiblesse de la justice de cette époque, précisément au moment où on attendait qu'elle protège tout le monde. Les innocents et les criminels seront confondus dans une action répressive de grande ampleur. Ce qui entretiendra beaucoup de rancœur.

Rappelons cependant que le pays était sous un régime d'exception instauré depuis le 21 octobre 1965 et que la justice, en la circonstance, était militaire.

4° *L'indemnisation symbolique des victimes*

Si on s'intéresse aux victimes des diverses tragédies qu'a vécues le Burundi, on est frappé par le délaissement enduré par elles, nonobstant le fait que la confiscation de certains biens des criminels ait été prononcé et exécuté.

Comme la plupart des victimes n'étaient pas formées, qu'elles pouvaient difficilement faire valoir leurs droits et que de surcroît elles étaient généralement nombreuses, rarement une indemnité leur fut octroyée.

En 1972, un fonds a été constitué par la saisie et la vente de certains biens des criminels, encore que toutes les saisies ne furent pas régulières. Il convient de noter que les fonds récoltés n'ont bénéficié qu'à une infime partie des victimes et encore sous forme d'indemnité symbolique.

En 1988, la situation aura été encore plus déplorable puisque, dans un mouvement de réconciliation, les victimes et les criminels seront logés à la même enseigne en bénéficiant de la même aide à la reconstruction des habitations. Il est vrai que, parmi les criminels appréhendés, peu possédaient des biens saisissables. Mais il est anormal que ce volet de la réparation ne fut pas envisagé.

En réalité, les crimes commis ont été compris essentiellement comme des atteintes à la sûreté intérieure de l'État et accessoirement comme des atteintes à la personne humaine et à ses biens. D'où le manque d'attention pour les victimes des divers massacres.

5° *L'interférence entre la justice et l'amnistie*

La justice burundaise, depuis sa trentaine d'années d'indépendance, a eu souvent recours à l'amnistie et au classement sans suite des affaires pour inopportunité des poursuites, pour régler un certain nombre d'affaires politiques. L'amnistie ou la grâce amnistiante a pour conséquence, en droit burundais, d'effacer les faits infractionnels et à charge du prévenu, toute prévention en ne laissant subsister que la responsabilité civile. Cette technique a été parfois utilisée concomitamment à la remise des peines.

En 1972, la grâce amnistiante fut octroyée en faveur des conjurés de juillet 1971 qui sont tous sortis de prison au fur et à mesure, pour réoccuper des postes importants dans l'administration. [44]

Les auteurs des massacres de 1988 à Ntega et à Marangara et plus tard à Cibitoke ont bénéficié des diverses lois d'amnistie. [45]

L'amnistie octroyée par le Président Ndadaye en septembre 1993 est caractéristique de la manière étriquée de l'utilisation de cette technique pour résoudre les conflits ethniques et sanglants. Cet acte fut d'ailleurs jugé anticonstitutionnel et redressé en admettant, sans distinction, à l'amnistie toutes les infractions politiques antérieures. [46]

Le procédé de l'amnistie ou de la grâce amnistiante, lorsqu'il est systématisé, est préjudiciable à une bonne justice, en particulier lorsqu'il a pour effet d'éviter l'identification des faits et la personnalisation des responsabilités. Certes l'amnistie intervient pour amener l'oubli d'une période marquée par des divisions politiques graves. Mais lorsqu'elle est d'un usage trop fréquent, elle risque d'émousser le caractère délictueux de certains faits, en l'occurrence les plus graves, et au delà de compromettre le cours normal de la justice.[47] Les criminels qui ne passent pas en jugement à la proximité des faits peuvent espérer un élargissement pur et simple.

6° *Le recours fréquent à la peine capitale*

Il n'est pas exagéré de dire qu'au Burundi, ce sont des solutions extrêmes qui sont appliquées à la répression des crimes commis lors de graves crises socio-politiques. On vient d'évoquer la problématique de l'amnistie. En dehors de celle-ci, la peine de mort est souvent prononcée et exécutée à l'encontre des criminels particulièrement lorsque la répression s'exerce à la proximité du crime.

Il n'est pas question de prendre parti dans ces lignes pour ou contre la peine de mort, une matière aussi controversée. Il importe de noter cependant que parmi les éléments en discussion, il sied de prendre en compte la réaction sociale à l'encontre de la peine de mort, à un certain moment de l'évolution d'une société.

Il semble qu'en l'état actuel de l'évolution de la société burundaise, la peine de mort doive être gardée et réservée aux crimes les plus graves et aux criminels les plus «tarés». Elle devrait toutefois être évitée pour les criminels exécutants qui

---

[44]. Voir notice 34.

[45]. Voir notice 36.

[46]. Loi n°1/001 du 9 septembre 1993 portant mesure d'amnistie. Arrêt de la cour constitutionnelle, RCCB 54 rendu en audience publique du 5 octobre 1995, inédit.

[47]. Voir A. Grosser, *Le crime et la mémoire*, Paris, 1989, p.137-140.

peuvent bénéficier de circonstances atténuantes et des excuses absolutoires, compte tenu des circonstances d'exécution de l'infraction.

De toute manière, au lieu d'intimider le criminel, la peine de mort trop fréquente conduit à la banalisation du crime, puisqu'elle est prononcée et exécutée sans discernement, même pour des cas peu graves. La justice est absente là où la peine n'est proportionnée ni à la gravité des faits ni au degré de responsabilité du délinquant.

Ainsi donc, l'ensemble des éléments retenus pour caractériser l'action judiciaire autorise une rapide appréciation du fonctionnement de la justice. Les verdicts prononcés à l'encontre des criminels des graves crises du Burundi et la gestion politico-judiciaire des dossiers constitués donnent de la répression exercée le sentiment global d'une justice tronquée et biaisée, quelle qu'ait été l'issue des procès. Ce qui accrédite l'idée d'une certaine impunité envers le crime.

Il sied, à présent, d'envisager quelques solutions susceptibles d'aider l'administration de la justice à sortir de l'impasse.

Quelques propositions en vue d'une lutte efficace contre l'impunité

Beaucoup de griefs, qui peuvent être redressés, sont faits à l'endroit de la justice burundaise dans les moments de crises socio-politiques. Sans doute, l'amélioration du système judiciaire passe par l'édiction d'un ensemble de mesures de réforme. Il faudrait changer les structures, améliorer la procédure, procurer des moyens matériels et financiers en suffisance, renforcer les qualités professionnelles et morales des magistrats et des auxiliaires de justice, agir sur le comportement des justiciables, etc. [48]

Mais il sied dans cette analyse, de se centrer sur certaines propositions de nature à réactiver l'administration de la justice dans des moments de fortes crises. La plupart rencontrent le besoin immédiat d'enrayer la persistance de l'impunité. D'autres, dans une prophylaxie générale, s'emploient à redonner de la confiance entre les partenaires de la justice.

A. *La répression directe du crime de génocide*

Il faut relever d'emblée qu'en dépit du nombre important des exécutions capitales, les décisions judiciaires sont en porte à faux avec la réalité du crime. Sans doute, les incriminations les plus évidentes concernent les atteintes à la sûreté de l'État – et en ce sens la justice a respecté le principe de la légalité de l'infraction – ;

---

48. Voir S. Makoroka et autres, *op.cit.*, p.107 et s.

mais il est paradoxal que l'aspect génocidaire des massacres cycliques n'ait jamais été proclamé par aucune décision judiciaire. En cas de concours idéal d'infraction, on retient l'incrimination la plus grave. Encore faut-il que ce concours soit stigmatisé.

L'État-nation est sans doute une des premières valeurs sociales à protéger pour des entités qui sortent fraîchement de la colonisation. Toutefois, obnubilés par les atteintes à l'organisation politique de l'État, les pouvoirs d'alors ont été dans l'incapacité d'identifier le caractère génocidaire des massacres organisés par les politiciens extrémistes Hutu contre les Tutsi. L'autorité judiciaire a préféré inculper les divers accusés de crime d'atteinte à la sûreté de l'État. Bien plus, une certaine confusion s'installe aujourd'hui entre le besoin de réconciliation nationale et l'impunité, à l'égard d'une certaine classe de criminels. [49]

L'équivoque provient de l'inexacte qualification des crimes qui ont lieu sous le couvert de lutte politique. Le génocidaire parvient à se faire considérer comme un militant politique et son crime comme un moyen de lutte politique.[50] Pourtant, l'enjeu primordial de la répression est la protection du droit à la vie, la protection de l'individu ou de groupes d'individus en tant que tels. La meilleure lutte contre l'impunité, dans ces circonstances, est d'identifier le génocide et l'ensemble de ses acteurs et les punir en tant que tels et non sous le couvert d'infraction politique, quelle que soit sa gravité. [51]

On ne peut pas, en effet, oublier que le génocide est un crime contre le genre humain, qu'il est imprescriptible et qu'il doit être poursuivi partout. *Il ne peut en aucun cas être banalisé comme une simple atteinte aux institutions établies ou à un quelconque procédé de lutte pour le pouvoir politique.*

Parce qu'on est absolument assuré que le crime de génocide ne peut sous aucun prétexte échapper à la répression, il devient dès lors possible de réprimer les autres crimes et délits commis en périphérie. Sinon on court, en permanence, le risque de la vengeance privée à cause de la persistance de l'impunité.

B. *Le respect des simples règles de procédure*

Sous l'aspect procédural, la répression n'atteint son but d'intimidation et de rétribution sociale que lorsque le procès est conduit selon certaines formes qui

---

49. Voir J.P. Chrétien, *Le défi de l'ethnisme*, Paris, Karthala 1997, p.286 et s. Voir aussi le communiqué conjoint émis par le cinquième sommet régional sur le conflit burundais, tenu à Dar-es-Salaam le 4 septembre 1997 demandant la suspension des procès en cours.

50. Voir J.P. Chrétien, *op.cit.*, p.307 à 342. Il est à noter que le génocide s'exécute sur fond de quiproquos de conflits de pouvoir. Voir l'auteur, op.cit., p.337.

51. Voir supra, I.,C., les développements relatifs à l'adoption des instruments internationaux protecteurs des droits de l'homme.

protègent le délinquant et la victime. Il importe, autant que possible, que le délinquant puisse être convaincu de sa culpabilité, qu'il soit jugé. Cela ne peut avoir lieu que dans un procès qui respecte les droits de la défense ou de l'inculpé, de telle manière à être régulièrement arrêté, cité, bénéficier d'une instruction publique du procès et ne supporter que la seule responsabilité personnelle, en un mot, être jugé selon une procédure régulière.

Les crimes qui ont alimenté les graves crises socio-politiques du Burundi ont été, pour la plupart, jugés par des conseils de guerre. Compte tenu du caractère généralisé des massacres et de l'urgence à ramener l'ordre, la répression s'est souvent déroulée sous un régime militaire et d'exception. Ce procédé donne de la rapidité aux jugements mais il émousse leur crédibilité qui se trouve liée notamment à la publicité des débats.

Pour une meilleure lutte contre l'impunité, il importe que même ces crimes soient jugés devant les tribunaux de droit commun, dans le respect des règles de procédures ordinaires.[52] Une bonne administration de la justice ne constitue-t-elle pas la meilleure arme contre le crime !

C. *La résistance à la pression politique et à la globalisation*

Le schéma de répression proposé a ses propres exigences. La qualification rigoureuse de l'infraction et le débat contradictoire requièrent du magistrat de très hautes qualités intellectuelles. Pour avoir raison de l'impunité, le magistrat doit également avoir de la force morale; il doit résister à des pressions diverses, les unes plus intenses que les autres.

Le magistrat doit résister d'abord à la pression politique. Le crime de génocide est généralement organisé par le personnel politique, quand il ne l'est pas par le pouvoir tout court. Tant que le pouvoir génocidaire est encore en place ou que le personnel politique commanditaire exerce une parcelle de pouvoir, il devient pratiquement impossible de mener une action judiciaire tant soit peu efficace. La justice pénale ploie sous le poids du pouvoir politique qui utilise, contre toute pertinente initiative judiciaire, toutes les manœuvres dilatoires ou d'obstruction nécessaires.

Beaucoup d'actes du pouvoir ultérieurs au génocide d'octobre 1993 illustrent cette pression exercée sur la justice jusqu'à en arriver à la «*diabolisation*» de l'ensemble du corps de la magistrature.[53] De même, on a pu noter la pression

---

52. Au Burundi, depuis la crise de 1988, ce sont les tribunaux de droit commun qui jugent au lieu des conseils de guerre, du moins lorsque parmi les prévenus il ne se trouve pas de militaire. Auparavant, ce sont des tribunaux d'exception qui statuaient. Il sied d'éviter également la justice des «commissions».

53. Voir J.P. Chrétien, *op.cit.*, p.279. C'est le même argumentaire de l'impossibilité pour un

exercée par certains membres du personnel politique de l'opposition pour éviter les poursuites à charge d'exécutants des actes de vengeance privée. Or, *l'impunité ne peut être combattue que si les uns et les autres des criminels sont poursuivis en justice.*

Un autre important obstacle à vaincre pour ce genre de crimes commis massivement est la solidarité négative entre les génocidaires. Il s'agit d'abattre le mur de silence installé entre les diverses hiérarchies des auteurs et complices, comme dans tout crime organisé. En effet, si les prévenus refusent la collaboration à l'instruction des dossiers, à cause de l'idéologie reçue, le concours des victimes n'est pas davantage assuré, compte tenu du traumatisme vécu. Le génocide parfait, en effet, conduit la victime à accepter sa mort ou celle des siens comme une fatalité. A l'égard de l'auteur ou du complice, il magnifie le crime en recourant à la propagande qui justifie les massacres. [54]

Même lorsqu'on connaît le commanditaire, il est toujours difficile de rassembler les éléments pertinents de passage à l'acte et susceptibles d'atteindre tout le monde, particulièrement les auteurs moraux. En outre, à moins de céder à la «globalisation» qui est une autre manière d'alimenter l'impunité, la mise en responsabilité personnelle et la détermination du degré de culpabilité de chaque prévenu est une tâche extrêmement ardue. C'est pourtant la voie obligée pour réussir une justice sereine.

D. *La hiérarchisation légale ou judiciaire des responsabilités*

Il ne suffit pas d'éviter la «globalisation» en séparant en l'occurrence les criminels des innocents. Une saine justice requiert également que, parmi les criminels, chacun reçoive la peine qu'il mérite, selon le degré de responsabilité assumée dans le crime.

Le crime de génocide est l'un des crimes organisés. Même si chaque acteur emporte, à sa manière, toute la responsabilité de ses actes, les exécutants, auteurs matériels, ne peuvent pas être tenus, sur le même pied d'égalité que les «patrons» du crime, commanditaires, idéologues, auteurs intellectuels et moraux.

A cet égard, le Rwanda s'est efforcé dans sa nouvelle loi de hiérarchiser les responsabilités. A défaut de loi explicite, cette hiérarchisation peut être obtenue en exploitant, selon le cas, les faits justificatifs, les circonstances aggravantes ou atténuantes de l'exécution du crime. [55]

---

magistrat tutsi de rendre justice à un justiciable hutu.

54. L'entreprise d'extermination est une guerre populaire, pour la défense de la démocratie, menée par un peuple «opprimée» voir J.P. Chrétien, op.cit., p.307 et s.

55. Loi n° 8/96 du 30 Août 1996 portant dispositions organiques sur le crime de génocide (au Rwanda). Au Burundi, solliciter, le cas échéant, les articles 17 à 22 du code pénal sur les faits

Certains ont conçu, planifié et donné des ordres pour le crime. Ils mériteront la peine la plus grave. D'autres ne sont que de simples exécutants. A leur égard, ne peut-on pas faire valoir certaines circonstances atténuantes ? En effet, le délire criminel collectif n'est-il pas une forme de démence ? La préparation idéologique des populations analphabètes au génocide ne peut-elle pas transformer l'ordre criminel donné en un ordre juste de l'autorité légitime ? Ne faut-il pas considérer les éléments personnels de l'inculpé comme l'âge, la formation intellectuelle ? Ce sont tous des éléments qui rendent possible une meilleure appréciation de la responsabilité pénale des délinquants.

E. *La volonté politique d'éradication de l'impunité*

En rapport avec la crise actuelle, la part du magistrat dans la lutte contre l'impunité, pour essentielle qu'elle soit, ne portera ses fruits que s'il existe une volonté inébranlable des pouvoirs en place de mettre un terme à l'impunité en se désolidarisant notamment de l'ensemble des criminels, particulièrement les auteurs du génocide et les assassins du Président Ndadaye et de ses collaborateurs.

Il a suffi, en effet, que le régime de transition issu du mouvement du 25 juillet 1996 ne contrecarre plus les initiatives de la police et des parquets pour que l'impunité diminue sensiblement d'intensité. Les assassinats politiques ont disparu à Bujumbura, les auteurs du génocide et de l'assassinat du Président Ndadaye sont poursuivis tant bien que mal.[56] On s'attaque progressivement aux crimes économiques ayant accompagné la période des troubles et ceux générés par l'actuel embargo.

F. *La compétence et la capacité professionnelles du magistrat*

Il reste à réussir l'instruction des dossiers et à obtenir la condamnation de tous les criminels, selon le niveau de responsabilité qu'ils ont assumée dans les divers crimes. Pour cela, il faut de la perspicacité et de la fermeté dans l'ouverture et la conduite des dossiers. Les affaires les plus complexes doivent être confiées aux meilleurs des magistrats, agissant en équipe d'instructeurs pour les magistrats des parquets, les plus intègres et les plus impartiaux pour les présidents des diverses

---

justificatifs et les circonstances atténuantes ou aggravantes ainsi que les articles 434 et 437 sur les atteintes à la sûreté intérieure de l'État.

[56]. Au Burundi, on dénombre 158 arrêts des diverses chambres criminelles et 5 de la cour suprême en 1996 ; 256 arrêts des chambres criminelles et 5 de la cour suprême en 1997. Six exécutions à mort ont déjà eu lieu. Le dossier des présumés putschistes et assassins du Président M. Ndadaye est en instruction juridictionnelle devant la cour suprême, depuis quelques mois [en 1997]. Voir aussi S. Pinheiro, *Rapport intérimaire sur la situation des droits de l'homme au Burundi* , 21 octobre 1977, (A/52/505; 97-28121F).

chambres criminelles fonctionnant auprès des cours d'appel. Seuls des magistrats de très haute qualité morale et intellectuelle peuvent venir à bout des possibles pressions du politique sur le judiciaire et avoir raison de la complexité des dossiers.

G. *Une assistance judiciaire étrangère*

L'assistance judiciaire du Centre des Nations-Unies pour les Droits de l'Homme apporte également une contribution positive pour la lutte contre l'impunité, nonobstant les quelques malentendus essuyés dans ses rapports avec le gouvernement et quelques uns des milieux judiciaires de Bujumbura, qui lui ont reproché un peu plus de compréhension à l'égard des prévenus qu'à l'égard des victimes.

Quoi qu'il en soit, en fournissant l'assistance judiciaire aux prévenus, le Centre contribue à la dissipation de la méfiance entretenue par l'idéologie génocidaire à l'égard du juge qui ne serait pas de la même ethnie que le justiciable. Il contraint les partenaires de la justice à une instruction plus sérieuse des dossiers, à un meilleur respect de la loi et aiguise la sagacité du juge. Ce faisant, il aide à la stabilisation du système judiciaire burundais.

Conclusion

Pour avoir une idée exacte du fonctionnement de la justice de droit écrit dans la région des Grands Lacs, il aurait été nécessaire de mener des investigations approfondies dans l'ensemble des pays de la région, le Congo-Zaïre, le Rwanda et le Burundi. Néanmoins, ce qui a été dit du Burundi, compte tenu de l'ampleur et du caractère cyclique de ses crises socio-politiques, peut être assez révélateur du comportement de la justice de droit écrit en période de fortes crises socio-politiques.

Le système judiciaire de droit écrit a l'avantage, dans ce pays, d'avoir toujours continué à fonctionner. Malgré la persistance des crises et même si une certaine paralysie a affecté les services étatiques, aucune véritable rupture de l'administration de la justice n'a été constatée au Burundi, contrairement à l'Est du Congo-Zaïre actuellement en léthargie et au Rwanda où tout a dû être recommencé.

Le Burundi, comme l'ensemble des pays de la région des Grands Lacs, se trouve à la croisée des chemins. Il s'agit de sociétés complètement déstructurées. Les valeurs sociales qui soutenaient l'organisation de ces sociétés ont été battues en brèche. Le génocide qui a frappé ces régions les a complètement bouleversées. Il est question de réconcilier les composantes de la nation et de reconstruire les États. La part de la justice de droit écrit paraît essentielle, même si on ne peut pas minimiser le rôle de la justice traditionnelle dans le règlement des conflits sociaux.

La justice et principalement celle de droit écrit joue un rôle déterminant dans la bonne gouvernance et la gestion d'un État de droit. Elle est le meilleur outil de retour à la paix et une voie obligée pour une gestion responsable de toutes les crises. Menée avec satisfaction, elle a pour résultat de restituer l'individu et la collectivité dans leurs droits et de rendre possible la cohabitation pacifique des membres de la communauté.

Les quelques éléments identifiés dans l'analyse permettent, on peut l'espérer, de réactiver le système judiciaire et de juguler avec un certain succès l'impunité. Il s'agit notamment de la volonté politique d'éradication de l'impunité, de la répression effective du crime de génocide et des crimes contre l'humanité qui accompagnent la situation de guerre civile, de l'exploitation intelligente et efficiente de l'ensemble des outils légaux existants pour une justice sereine et équilibrée, de la suppression des entraves à l'indépendance de la magistrature. Mais il est évident qu'une sensible amélioration du système passe par l'édiction d'un ensemble de mesures de réformes, certaines touchant à la modification des structures et de la procédure, d'autres à l'acquisition des moyens matériels et financiers, d'autres encore portant sur le changement de comportement des hommes, les magistrats comme les justiciables.

La démocratie à réinventer : Pouvoirs et contre-pouvoirs au Burundi

Melchior Ntahobama

Position du problème

Il y a des expressions que l'on entend depuis que l'Afrique des partis uniques a commencé à adopter le multipartisme. On dit que la démocratie a échoué, que la démocratie est piégée, que la démocratie a conduit à la guerre civile, qu'il faut réinventer une démocratie adaptée aux réalités de chaque pays.

Plus spécifiquement au Burundi, on entend dire que les partis politiques sont ethnicisés ; que les élections de 1993 n'ont été qu'un dénombrement ethnique qu'il ne faut pas refaire ; que le pouvoir issu des élections de juin 1993 était le pouvoir d'une ethnie ; que les coalitions électorales qui ont formé ce qui a été appelé «la mouvance présidentielle» étaient ethniques. On a décrié la dictature du nombre pour prétendre que, dans une démocratie pluraliste, c'est l'ethnie majoritaire qui sera toujours au pouvoir. On va jusqu'à se demander s'il faut laisser le droit de vote aux paysans (99% de la population qui, en 1961, a voté massivement pour l'indépendance) pour ne le réserver qu'aux seuls grands électeurs instruits.

Les tenants de ces idées qui se véhiculent par des discours publics, par des journaux et même par des tracts, sont les anciens tenants du pouvoir sous les partis uniques et ceux qui les soutenaient comme les milieux d'affaires et qui ont perdu les premières élections démocratiques qu'ils ont eux-mêmes organisées.

D'autres adeptes des partis uniques qui, jadis, organisaient des scrutins lors desquels les urnes débordaient de bulletins de vote (il y avait plus de votants que d'électeurs inscrits sur les listes électorales) et qui gagnaient les élections à 99%, ne veulent, plus sous le multipartisme, organiser des élections qu'ils sont sûrs de perdre (cas du Zaïre de Mobutu, du Rwanda de Habyarimana).

Comme tout se simplifie en divisions ethniques et en ethnocentrisme, comment concilier le vote démocratique dans une société sensible à l'ethnicité ? Quelles institutions politiques et administratives faut-il adopter pour que toutes les ethnies s'y reconnaissent ?

Tel est, à mon entendement, le sens du colloque d'aujourd'hui qui suit la rencontre organisée à Paris au siège de l'UNESCO les 26-28 septembre 1997 sur le thème «construire l'avenir pour le Burundi». *Faut-il une rencontre de plus ou faut-il aider à la mise en vigueur des multiples résolutions émises sur ce sujet dans des rencontres antérieures ?*

Évolution politique du Burundi depuis 1993

A. *Les élections de juin 1993*

Le processus de démocratisation du Burundi a été jugé précipité aussi bien par les partis vainqueurs que par les partis vaincus. L'opposition de l'époque des élections voulait une période de transition durant laquelle aurait été organisé un débat national sur les causes du conflit hutu et tutsi. C'est l'époque des longues conférences nationales en Afrique : Bénin, Congo, Zaïre, etc... Le pouvoir avait peut-être peur du déballage.

Le pouvoir croyait aussi qu'il allait gagner les élections face à une opposition naissante et faible ; il les a organisées dans un ordre déterminé par lui contre l'avis de l'opposition qui, consciente du danger de dérapage, voulait commencer par les communales puis les législatives pour terminer par les présidentielles.

Le scrutin présidentiel eut lieu le premier juin 1993 au *scrutin uninominal à deux tours* conformément à l'article 62 de la constitution. Il fut gagné au premier tour par le président du parti d'opposition Sahwanya Frodebu coalisé avec d'autres partis qu'on appellera «les partis de la mouvance présidentielle». Le candidat Melchior Ndadaye a été proclamé par la cour constitutionnelle Président de la République du Burundi, le 10 juin 1993, pour un mandat de 5 ans.

Les militants de l'ancien parti unique manifestèrent et déclarèrent à qui veut les entendre que le vote a été ethnique. Ils déchirèrent leurs bulletins de vote à la pensée que même les législatives ne seraient pas gagnées.

Le premier ministre en fonction était membre du parti unique. Il comprit le caractère ethnique des manifestations et tenta de calmer les esprits. Il déclara : «si demain on organisait une autre élection, qu'un candidat Tutsi gagne et que les Hutu se mettent dans les rues pour protester, qui dirigerait le Burundi» (cité de mémoire).

Les élections législatives furent organisées le 29 juin 1993. En vertu de l'article 103 de la constitution, elles se déroulèrent suivant *le scrutin de liste bloquée à la représentation proportionnelle*. Elles furent de nouveau perdues par l'ancien parti unique. La cour constitutionnelle proclama élus 65 députés pour le parti Sahwanya FRODEBU et 16 députés pour l'ancien parti unique.

La passation de pouvoir eut lieu le 10 juillet 1993, lors des cérémonies d'investiture du premier président élu du Burundi, en présence de trois chefs d'États de la sous-région (Rwanda, Tanzanie, Zaïre).

Un journal de l'opposition se réjouissait tout de même que les Hutu accèdent au pouvoir sans faire la guerre.

B. *Tentative de récupération du pouvoir et assassinat du Président de la République et des autres autorités de l'État*

Le complot du 21 octobre 1993 qui a emporté la vie du chef de l'État était le 3e. Il y en avait eu deux avant même l'investiture ; le premier n'a connu aucune arrestation ; le second a connu l'arrestation de quelques militaires.

L'état de grâce n'a duré que 3 mois. Le 21 octobre 1993, le Président démocratiquement élu, son excellence Melchior Ndadaye a été tué dans un camp militaire où il avait été conduit par des militaires qui avaient lancé des obus sur son palais. Le communiqué du haut commandement militaire annonça que toute l'armée s'est coalisée pour renverser le pouvoir constitutionnel. L'expression «toute l'armée» sera modifiée au fur et à mesure de l'évolution de la situation de façon à adopter l'expression : «*une partie de l'armée*» et même : «*quelques militaires*». Le comité de salut public mis en place par les mutins pour gérer le pays avait à sa tête un dignitaire de l'ancien parti unique de l'ethnie hutu, jugé moins extrémiste que les amis du président renversé, et pour le motif inavoué de faire créditer le coup d'État par la communauté nationale et internationale (l'élément ethnie revient encore). On se demande pour combien de temps les mutins et leurs commanditaires allaient mettre leur *confiance* dans le nouveau président qui ne géra la situation que durant 48 heures.

A l'annonce par radio Rwanda du coup d'État et de la mort du président Melchior Ndadaye, *la guerre* a commencé entre les populations hutu et tutsi en province. Certains parlent de *génocide* commis sur la composante tutsi et sur des Hutu de l'Uprona. La répression militaire et la vengeance de la composante tutsi sur les Hutu ont suivi.

Pour la première fois, la société civile a été sollicitée comme médiateur. Elle a demandé, avec l'ensemble des partis politiques agréés, le retour à la légalité constitutionnelle. Mais plus tard, elle a mobilisé les foules dans les grèves qu'on a appelées «villes mortes» et dans la désobéissance civile.

Les mutins ont remis le pouvoir aux autorités légales le 23-10-1993 après avoir vainement négocié l'amnistie. Le gouvernement en débandade et réfugié à l'ambassade de France a repris les affaires pour commencer, dans la peur, la pacification du pays à feu et à sang.

C. *L'exercice du pouvoir intérimaire*

Au sein du gouvernement légal, il a été difficile de parler le même langage. En effet, l'article 85 de la constitution prévoyait que : «En cas de *vacance pour cause de démission, de décès*, ou de toute autre cause de cessation définitive de ses fonctions, l'intérim est assuré par le président de l'assemblée nationale ou, si celui-ci est à son tour empêché d'exercer ses fonctions, par le gouvernement ; l'autorité intérimaire ne peut pas former un nouveau gouvernement».

Le Président de l'assemblée nationale ayant été tué par les mutins, on a eu un pouvoir intérimaire diffus dans le gouvernement, dont le premier ministre issu de l'ancien parti unique n'avait le soutien ni de la majorité à l'assemblée nationale ni du Parti Sahwanya Frodebu vainqueur des élections.

Le scrutin pour l'élection du nouveau Président de la République n'a pas pu être organisé *dans le délai imparti* par l'article 85 de la constitution (3 mois) du fait de la guerre qui a suivi la mort du Président M. Ndadaye.

D. *Premier accord entre les partis politiques pour le partage du pouvoir*

Le Parti FRODEBU a été accusé par les partis d'opposition d'avoir planifié le génocide contre les Tutsi et les Hutu membres de l'ancien parti unique et que, par conséquent, il ne pouvait pas seul gérer la crise pour ramener la paix. D'autres voix ont clamé que le Parti FRODEBU devait être disqualifié et ne plus exercer le pouvoir. D'autres encore ont réclamé la dissolution du Parti FRODEBU.

Les accords de Kajaga ont consacré la participation du FRODEBU au pouvoir à raison de 60% des postes au gouvernement. La question de remplacement du Président de la République n'était pas encore résolue. Le gouvernement démissionnaire présenta à l'assemblée nationale un projet d'amendement de l'article 85 de la constitution pour permettre l'élection du Président de la République par l'assemblée nationale sur une liste de candidats présentée par le Parti FRODEBU. Ainsi fut élu le successeur du Président M. Ndadaye en la personne de Monsieur Cyprien Ntaryamira qui, le 5 février 1994, prêta serment devant l'Assemblée nationale.

La cour constitutionnelle fut aussitôt saisie en inconstitutionnalité de l'amendement, mais elle ne rendra son arrêt qu'après la mort du Président C.

Ntaryamira, le 7 avril 1994, pour dire que celui-ci n'a jamais été un Président élu constitutionnellement.

Le pouvoir intérimaire a été exercé conformément à la constitution par le Président de l'Assemblée nationale en la personne de Monsieur Sylvestre Ntibantunganya.

E. *Les accords de Kigobe ou la pratique de la démocratie consensuelle*

Le successeur du Président C. Ntaryamira a été élu conformément à un accord intervenu entre les partis politiques autres que le Parti PARENA de l'ancien Président Jean Baptiste Bagaza, agréé entre temps en juin 1994. Cet accord prévoyait des candidatures multiples, *un corps électoral composé des hommes sages* désignés par consensus, des membres dirigeants des partis politiques et de la société civile.

Monsieur Sylvestre Ntibantunganya a été préféré à tous les candidats et élu président de la République en octobre 1994. Cet accord appelé «convention de gouvernement» a consacré le partage des postes entre les partis politiques. On a même parlé de «partocratie» en vertu de laquelle les dirigeants des partis politiques ont siégé au gouvernement. Les postes importants ont été *dénombrés* et *partagés* entre les partis politiques.

Le système politique institué par la convention de gouvernement a consacré *la règle non écrite selon laquelle le président de la République et le premier ministre ne doivent pas être de la même ethnie*. Le contreseing du premier ministre était obligatoire pour la plus part des actes du président de la République. Pour les actes de nominations sur propositions des ministres, le conseil national de sécurité recomposé pour les besoins de la cause devait donner son accord.

Le système exigeait beaucoup de *confiance* entre le président de la République et le (et non «son») premier ministre. Au lieu de collaborer pour l'exécution du programme convenu entre les partis, le premier ministre et le Président de la république se sont épiés mutuellement, allant jusqu'à participer ensemble à certains sommets régionaux.

F. *Création du Conseil National de Défense de la Démocratie et de sa branche armée « les Forces de Défense de la Démocratie »*

Avec la mort du premier président du Burundi élu par l'ensemble de la population, il a été impossible de procéder aux élections présidentielles. La guerre civile qui a suivi a fait perdre le leadership au parti vainqueur des premières élections présidentielles démocratiques. Il a été accusé d'avoir planifié la guerre ; ses cadres et militants en ont payé les frais : assassinats, destructions des maisons et des champs, emprisonnements, exil. Affaibli, le FRODEBU a dû malgré lui consentir au partage du pouvoir à travers les accords de Kajaga, de Novotel-Kigobe. Mais certains membres dirigeants et militants n'ont pas accepté de perdre le pouvoir de cette manière ; ils ont opté pour la reprise du pouvoir par *la lutte armée* en créant le CNDD et le FDD. Au début, le FDD s'attaquait à tout ce qui s'identifie au pouvoir spolié : l'ethnie tutsi et l'armée ; ce qui vaut l'appellation de bandes génocidaires ; puis il s'est attaqué à toute personne de la composante sociale hutu qui refuse d'adopter son idéologie. Sur le terrain l'armée nationale et le FDD se disputent la confiance de la population, conscients qu'une guérilla ne se gagne pas si la population n'adhère pas et que l'armée nationale gagne toujours quand la population est derrière elle.

G. *Le coup d'État du 25 juillet 1996*

Avec la démocratisation des institutions, on avait cru que le coup d'État était définitivement banni des modes d'acquisition du pouvoir ; mais en pleine journée du 25 juillet 1996, on a déchanté ; le coup d'État a été exécuté pour le motif déclaré de refuser la désintégration de la nation burundaise, ce qui est une bonne chose, avant de concevoir une démocratie qui n'exclut pas la société burundaise divisée, ethnicisée, une démocratie qui n'exclut définitivement aucune composante sociale, une démocratie de paix. Le changement est apparu à la longue comme un mal nécessaire même s'il est en contradiction avec l'article 2 de la constitution qui dispose que : «La souveraineté nationale appartient au peuple qui l'exerce, soit par ses représentants, soit directement par la voie du référendum. Aucune partie du peuple, aucun individu ne peut s'en attribuer l'exercice».

Le coup d'État n'a pas arrêté la poursuite des combats entre l'armée légale et les F.D.D. avec son cortège de massacres, de déplacements, des regroupements des populations dans des camps de fortunes. Les *accords* de Rome intervenus le 10 mars 1997 *entre le gouvernement de fait et les F.D.D.* ont suscité des espoirs pour les uns et des contestations pour les autres. Le coup d'État n'a pas non plus changé la conception ethnique du pouvoir; il a été perçu comme l'élimination du pouvoir d'une ethnie par une autre. Sur le plan politique, il a entraîné le remplacement de toutes les autorités mises en place par le FRODEBU (ministres, gouverneurs de provinces, administrateurs communaux, chefs de zones, chefs de secteurs, etc.), confirmant ainsi le remplacement de ce parti par l'ancien parti unique qui avait perdu les élections en juin 1993.

Conception du pouvoir sur le plan national

A. *Le pouvoir est perçu d'abord comme le pouvoir d'une ethnie*

Comme dit précédemment dans l'introduction, *l'opposition comme le pouvoir s'identifie à une ethnie.* Après les élections de juin 1993, on considérait que l'ethnie hutu était montée au pouvoir. Même le paysan hutu le plus humble, qui n'attendait aucun poste, était content. Après le coup d'État, on considère que l'ethnie tutsi a récupéré le pouvoir et que la composante sociale hutu est dans l'opposition. Et le paysan tutsi le plus humble, qui n'attend aucun poste, ne cache pas sa satisfaction. Cette conception de pouvoir d'ethnie n'est pas limitée aux frontières nationales comme on le verra plus loin. Sur toutes les chaînes de radio et de télévision du monde, on parle du pouvoir tutsi de Bujumbura, de l'opposition armée hutu.

B. *Le pouvoir est perçu comme une source de revenu*

Aussitôt installé, le Chef de l'État élu démocratiquement ou venu par coup d'État signe un impressionnant arsenal de textes de nominations que nous appelons de distributions des faveurs : ministres, ambassadeurs, conseillers, directeurs généraux des entreprises publiques, etc., si pas tous de son ethnie, en tous cas la plupart, ou au moins dans les postes juteux. Cela se vérifie au Zaïre où c'est l'ethnie Ngbandi qui a détenu les meilleurs postes depuis l'arrivée au pouvoir de feu Mobutu en 1965 ; au Rwanda de Habyarimana où les Hutu avaient presque tous les postes ; au Burundi de Micombero, de Bagaza; de Buyoya I où la composante sociale tutsi a détenu les meilleurs postes ; au Burundi de Ndadaye où la composante sociale hutu a détenu des places de choix.

Ainsi le président et le premier ministre et les ministres, qui proposent de temps en temps les personnes à nommer, se créent une clientèle politique grâce aux nominations.

L'équilibre entre les ethnies, entre les régions aurait évité des conflits meurtriers.

Ces postes sont censés procurer des revenus importants à leurs détenteurs et, dans un pays où le secteur privé est embryonnaire, celui qui n'a pas ce genre de postes meurt de faim.

Le gâteau à partager étant encore petit pour tous les membres d'une ethnie, le distributeur des faveurs le réserve à sa région administrative (Équateur, Gisenyi, Bururi). Même à l'intérieur de cette division administrative, il choisit les membres de son clan, de sa colline, de sa famille.

C. *Le pouvoir, moyen pour arriver aux fonds secrets*

Malgré tout, on se rend compte que l'État n'accorde pas de gros salaires et que ne travaille pour l'État que celui qui n'a pas trouvé autre chose. Alors, à se demander ce qui fait courir les hommes au pouvoir. Mieux que le salaire, le pouvoir donne accès aux fonds incontrôlables tels que ceux des services de renseignements, des intendances présidentielles, de représentations etc. que le titulaire du poste utilise pour son profit personnel ou dans l'intérêt de l'État où contre l'intérêt de l'État pour nuire aux membres de l'autre ethnie, de l'autre parti politique, de l'opposition qui a perdu le pouvoir. On reproche aux patrons de la documentation sous le pouvoir FRODEBU d'avoir financé les bandes armées hutu du Burundi. Mais il n'est pas dit que ceux qui ont géré ce service avant ont mieux fait qu'eux. Tous sont de puissants hommes d'affaires dont la provenance licite du capital de départ ne peut pas être établie. Nous ne parlons pas des commissions et dessous de tables pour signer tel ou tel marché.

D. *Le pouvoir, occasion pour tisser des relations*

Le pouvoir ne procure pas de gros salaires, mais des relations : avec les autres dignitaires, avec les missions diplomatiques et consulaires, avec les représentants des organismes internationaux, avec les hôtes de marque. Ce sont ces relations qui peuvent faire propulser un ancien dignitaire à l'ONU, à l'OUA, ou dans des organismes internationaux et là il y a de gros salaires. L'ancien dignitaire se fait rendre des services multiformes sur un simple coup de téléphone.

Perception du pouvoir sur le plan sous-régional

Comment les composantes sociales du Burundi perçoivent-elles le pouvoir qui s'exerce dans la sous-région ?

Les composantes sociales du Burundi transposent dans la sous-région la perception qu'elles ont du pouvoir, celle d'un pouvoir d'une ethnie.

Lorsque en 1986, les rebelles ougandais de la NRA combattaient le gouvernement légal, le gouvernement du Burundi dirigé par le colonel J.B. Bagaza a fourni des uniformes militaires non encore payés à ce jour. On y a vu un soutien à un frère d'ethnie. En effet, à Bujumbura, pour la composante sociale hutu, le président de l'Uganda est un Tutsi. Il a bon déclarer qu'il a déjà dépassé ce genre de cliché, on ne le croit pas. Même les milieux tutsi savent qu'ils ont un allié d'ethnie. L'on comprend alors la déception ressentie à Bujumbura quand l'Uganda soutient l'embargo contre le Burundi.

Lorsque les rebelles du FPR combattaient le gouvernement de Habyarimana, les milieux tutsi de Bujumbura se réjouissaient à chaque bataille gagnée. L'arrivée du FPR au pouvoir en 1994 a été saluée par les Tutsi de la sous-région, de Bujumbura, de Kinshasa, de Kampala... comme une grande victoire des Tutsi sur les Hutu ; elle a été considérée comme une humiliation des Hutu du monde entier. L'on comprend alors la déception ressentie dans les milieux tutsi de Bujumbura quand le Rwanda de Paul Kagame soutient l'embargo contre le Burundi.

Lorsque les rebelles Banyamulenge de l'Est du Zaïre ont sonné le glas du régime de Mobutu, les milieux tutsi de la sous-région étaient aux anges ; l'hypothèse de soutien s'est confirmée par la suite. La chasse à l'homme qui s'est aussitôt déclenchée à Kinshasa visait aussi bien les Tutsi du Rwanda que du Burundi. Voilà ce que l'on peut appeler la régionalisation du problème hutu-tutsi.

Les politiciens de la sous-région ont développé dans leurs populations une conscience ethnique très aiguë et même une idéologie de la haine de l'autre, de l'extermination de l'autre, du génocide. Le n°25 du 31 octobre 1997 du journal *Burundi scope* notait pertinemment que les crises du Burundi et de l'ex-Zaïre ont montré que l'idéologie génocidaire a dépassé les frontières des États et que le combat contre celle-ci nécessitera la conjugaison de nombreux efforts et la mise en place d'une synergie entre États. On parlait des génocides qui se sont opérés au Burundi et au Rwanda ; actuellement on parle d'une commission des Nations-Unies chargée d'enquêter sur le génocide commis dans l'ex-Zaïre sur les réfugiés hutu du Rwanda. Il y a lieu de constater qu'une main amie, celle de Kabila, a commis le forfait sur une population étrangère pour rendre service à un gouvernement.

Utilisation du pouvoir sur le plan des comportements individuels dans la vie quotidienne

On constate que la «guéguerre» Hutu-Tutsi se manifeste à chaque occasion. Un membre de chaque composante sociale se fait le devoir «civique» de gêner l'avantage de l'autre, de ne pas lui donner ce à quoi il a droit, bref de ne pas lui rendre justice. :

- refuser une inscription dans un établissement scolaire où l'on est directeur,
- refuser un emploi dans une société dont on a la direction,
- refuser un dossier constitué pour une bourse d'étude,
- refuser ou retarder un avancement de grade à telle personne de l'autre ethnie,
- refuser l'enrôlement dans l'armée à tel différent.

Le degré auquel les compatriotes s'acquittent de ce singulier devoir civique de nuire dépend des enjeux et du sens plus ou moins élevé de leur appartenance à l'ethnie ou à la nation. Il manque une *amitié civique entre Hutu et Tutsi* d'un même État, à fortiori entre Hutu et Tutsi de la sous-région.

Dans le Zaïre de Mobutu, la communauté tutsi était confondue avec les ressortissants du Kivu. Il était impossible à un réfugié hutu du Burundi d'avoir un emploi dans une entreprise où il y avait un cadre zaïrois d'ethnie tutsi malgré la législation qui assimile un réfugié à un national en matière d'embauche.

Depuis 1990 quand le FPR combattait, des volontaires Barundi se sont fait enrôler ; durant les années 1994-1995-1996, les anciens du FPR démobilisés ou déserteurs ont été utilisés pour commettre impunément des assassinats sur les cadres hutu du Burundi.

Les jeunes Banyamulenge de nationalité zaïroise de droit se sont faits enrôler dans les rangs du FPR pour combattre le régime hutu du Rwanda.

Durant l'année 1994, quand les Hutu du Rwanda commettaient le génocide sur l'ethnie tutsi, les réfugiés hutu du Burundi se sont montrés très actifs.

Les réfugiés tutsi installés au Burundi depuis 1959 se sont montrés très actifs dans les répressions cycliques qu'ont connues les Hutu du Burundi.

Les Hutu de Masisi et de Rutshuru au nord-est du Zaïre ont participé à la chasse à l'homme tutsi du Zaïre en connivence avec les ex-FAR et les milices Interahamwe récemment sorties du Rwanda.

On est donc parti pour une internationale hutu et une internationale tutsi qui s'affrontent non pour le contrôle du pouvoir mais pour l'autoextermination. Au niveau de l'Afrique, on caresse un conflit entre Bantous et Nilotiques, une amitié entre Bantous, une autre entre Nilotiques.

Perception du contre-pouvoir

A. *Perception ethnique de l'opposition politique*

Nous avons précédemment montré la perception ethnique du pouvoir. L'opposition étant formée d'hommes et de femmes issus des mêmes milieux que les hommes et les femmes au pouvoir, elle porte les mêmes tares ethniques.

On parle aujourd'hui de l'opposition armée hutu du Burundi (FDD-CNDD) et du Rwanda ; hier on parlait de l'opposition armée tutsi du FPR.

Le caractère ethnique se remarque dans le recrutement des membres des partis politiques. Si le FRODEBU au pouvoir jusqu'au 25 juillet 1997 est perçu comme un parti de Hutu (ce qu'il dément), l'UPRONA est perçu comme un parti de Tutsi (ce qu'il dément également) ; les coalitions de l'opposition sont perçues comme des alliances ethniques à l'image de la mouvance présidentielle.

Par simplification, on va jusqu'à dire qu'il y a une ethnie au pouvoir et une autre dans l'opposition. L'idéologie hutu soutient que la composante sociale tutsi est au pouvoir depuis la formation de la nation (18è siècle) et qu'en conséquence la composante sociale hutu est dans l'opposition, mis à part l'intermède de 1993-1996. Cette perception est partagée entre l'élite et le paysan.

B. *Perception patrimoniale des partis politiques*

Les partis politiques de l'opposition, organes constitutionnels de limitations de pouvoir, sont perçus, pour utiliser une expression en vogue, comme des «ventriotes» qui pratiquent non une opposition responsable mais la politique de «Ôte-toi de là que je m'y mette». Au Zaïre on parlait de partis alimentaires, formés sans ambitionner le pouvoir au sommet mais dans l'intention d'avoir un poste au gouvernement. Au Burundi, nous avons connu un président de parti politique qui a juré sur les antennes de la radio nationale que, s'il n'est pas au gouvernement, l'équipe qui venait d'être mise en place n'allait pas fonctionner. On a dû le nommer et il s'est tu. *Les méthodes de travail de l'opposition* ne sont pas encore civilisées ou pas intériorisées ; on organise des grèves, des villes mortes, etc.

Au Burundi, certains se demandent si les partis politiques ne devraient pas être supprimés pour **institutionnaliser les composantes sociales hutu et tutsi** pour le motif que la création d'un parti ne se résume qu'à cette répartition.

C. *L'Assemblée nationale comme contre pouvoir*

La constitution de mars 1992 avait prévu la séparation de pouvoir en instituant une Assemblée nationale ; elle avait également prévu un domaine de la loi et un domaine du règlement. Cette hiérarchisation des normes législatives et réglementaires est considérée comme une limitation des pouvoirs (4).

L'Assemblée nationale élue le 29 juin 1993 a été taxée de monoethnique malgré les 20 députés de l'ancien parti unique sur les 61 députés du FRODEBU. La situation matérielle des députés a fait dire aux uns que l'Assemblée nationale était un ramassis de va-nu-pieds ; leur faible *niveau de formation* a fait dire aux autres que cet organe était une assemblée d'analphabètes. L'absence de tradition parlementaire et d'esprit de compromis n'a pas permis aux députés de régler les petits problèmes de fonctionnement. Le coup d'État du 25 juillet 1996 avait suspendu cette institution qui n'a été rétablie que sous la menace de l'embargo. Aujourd'hui, elle est la seule institution dans laquelle se reconnaît la composante sociale hutu mais elle n'a plus jamais été saisie d'une quelconque loi, le gouvernement de fait préférant recourir aux décrets-lois même quand l'assemblée nationale est en session et, pis est, sans autorisation de l'Assemblée nationale, violant ainsi l'article 104 du décret-loi n°1/001 du 13 septembre 196 portant organisation du système institutionnel de transition. *Le respect des lois* est évidemment un préalable à une démocratie. C'est pour cette raison que l'institution d'*une Cour constitutionnelle* est une garantie du respect de la légalité dans la démocratie à réinventer. Les modalités de désignation devraient être repensées.

Si une composante sociale nationale peut virtuellement se reconnaître dans une assemblée nationale, elle peut être instituée pour l'avenir démocratique quitte à inventer une autre chambre pour virtuellement se reconnaître.

D. *La société civile, comme contre-pouvoir*

Le concept «société civile» a des contours non encore bien définis. Le professeur Maurice Kamto, du Cameroun, définit la société civile comme étant : «la sphère sociale distincte de la sphère de l'État et des partis politiques, formée de l'ensemble des organisations et personnalités dont l'action concourt à l'émergence ou à l'affirmation d'une identité sociale collective, à la défense des droits de la personne humaine ainsi que des droits spécifiques attachés à la citoyenneté» (Maurice Kamto : « Les rapports État-société civile en Afrique », in *Revue juridique et politique* n°3, octobre-décembre 1994, p.285).

Au Burundi, la société civile exerce publiquement des activités politiques; ce sont les mêmes personnalités qui militent dans les partis politiques qui animent les organisations dites de la société civile.

Monsieur Christophe Sebudandi, de l'Université du Burundi, définit la société civile comme : «une structure à travers laquelle les hommes et les femmes d'une société donnée peuvent s'associer volontairement et promouvoir la constitution d'institutions démocratiques et participatives tout en obligeant leur gouvernement à rendre compte de ses actions». On comprend qu'au Burundi la société civile véhicule les mêmes tares que la société politique dont elle est l'émanation. C'est d'ailleurs la conclusion à laquelle aboutit le professeur C. Sebudandi : «S'il faut reconnaître que certaines associations font des efforts réels d'objectivité et d'indépendance, d'autres plus nombreuses malheureusement, n'échappent pas aux sphères d'influence ethniste (C. Sebudandi : *Le rôle de la société civile dans le développement de la démocratie*, décembre 1994, p.12). Mais nous sommes de l'avis que *le destin de la société civile et celui de la démocratie sont liés* à condition que celle-là soit bien définie.

Conclusion

Nous pensons que l'expérience démocratique n'a pas échoué. Ce n'est pas la démocratie qui a provoqué la guerre car, avant même la démocratisation, des guerres civiles existaient. Seuls ceux qui ont perdu les premières élections qu'ils ont organisées clament que la démocratie a échoué. Ceux qui les ont gagnées disent que l'expérience vaut la peine et qu'elle est à refaire. En effet, *on ne peut pas appeler un peuple aux urnes une seule fois et conclure qu'il ne sait pas bien voter*, qu'il ne sait pas choisir le bon programme électoral. Il faut lui laisser faire l'exercice plusieurs fois avant de tirer la conclusion.

Néanmoins la démocratie n'est pas un prêt-à-porter. Elle doit se remodeler sur chaque société d'hommes et de femmes vivant sur un territoire. Et une démocratie adaptée au Burundi selon trois préalables, avec des lois fondamentales et organiques et une formation à la culture démocratique.

Les trois préalables sont :

1° La fin de l'embargo décrété le 31 juillet 1996 qui tue les populations innocentes qu'il est censé sauver ;

2° La fin de la guerre par tous les moyens : neutralisation des bandes armées ou la négociation entre belligérants qui ne sont pas les Hutu et les Tutsi ;

3° La constitution d'un Tribunal pénal international pour établir les faits qualifiés de génocides et juger les génocidaires de tous bords.

S'y ajoutent :

4° Une Loi fondamentale qui prévoit des modalités de vote qui virtuellement n'excluent aucune composante ethnique (suffrage direct ou indirect), une Cour constitutionnelle pour faire respecter les institutions démocratiques, un certain niveau de formation des animateurs de la vie politique ;

5° Des lois organiques sur les partis politiques ou sur les composantes ethniques nationales entre lesquels doit s'opérer le partage des postes politiques, sur la mission de la société civile et de l'opposition politique responsable ;

6° La formation aux grands principes démocratiques : loyalisme de l'armée légale, amitié civique entre les citoyens d'un même pays, indépendance d'une justice au-dessus des mêlées ethniques et politiques ;

7° Tel qu'elle a été recommandée par le 7e sommet de la francophonie tenu à Hanoï en novembre 1997, une Conférence internationale sur les Grands Lacs pourrait amorcer la réconciliation des ethnies et des gouvernements.

Telles sont les quelques pistes de recherche que nous soumettons à la réflexion commune.

Pouvoir et libertés fondamentales au Burundi

Erick-Bayard Rwantango

Introduction

Le sujet que nous nous proposons de traiter est très vaste, en ce sens que le pouvoir central a toujours existé au Burundi depuis très longtemps. Une analyse plus complète du sujet dépasse largement le cadre du présent ouvrage. Dans notre contribution, nous nous limiterons à la période la plus troublée de l'histoire du Burundi, c'est à dire dès les années 1930 jusqu'aujourd'hui. Comme c'est à l'État burundais que nous voulons imprimer le caractère d'État de droit, nous commencerons par décrire les tristes réalités qui ont caractérisé le pouvoir et les libertés fondamentales au Burundi. Puis nous relèverons les lacunes observées pendant cette période.

Notre aspiration étant de voir apparaître un État de droit dont les principes fondamentaux sont la consécration des libertés fondamentales et la protection de chaque citoyen et non de nous limiter seulement à pleurer sur nos malheurs, nous donnerons certaines suggestions en guise de contribution. Cependant, nous sommes conscients que notre volonté à elle seule ne peut pas suffire.

Enfin nous tirerons des conclusions dans lesquelles nous exprimons notre ferme conviction que des négociations sincères impliquant les différents protagonistes du conflit burundais s'imposent pour convenir sur les bases de l'édification d'un État de droit. Nous estimons que seul celui-ci pourra garantir les libertés fondamentales au Burundi.

Le pouvoir burundais et les libertés fondamentales

Comme nous l'avons souligné, l'effectivité des libertés fondamentales est soumise à une double condition : leur consécration et leur protection. Jusqu'aujourd'hui, la plainte du citoyen burundais ne se situe pas au niveau de la reconnaissance des libertés publiques. C'est plutôt et surtout sur le terrain de la pratique que de nombreux obstacles se dressent. Dans les lignes suivantes, nous relevons les contrastes entre les dispositions constitutionnelles et les libertés fondamentales dans les régimes qui se sont succédés.

1. *Le Burundi monarchique*

Jusque dans les années 60, la monarchie burundaise était de droit divin héréditaire. Elle ne supposait donc pas d'alternance d'autant plus que même les représentants de la Cour étaient issus des familles aristocratiques. Bien que la monarchie ait été généralement acceptée, elle était sujette à des controverses. La colonisation n'a fait qu'exacerber les divisions et tensions sociales [1] en entreprenant des réformes administratives ayant abouti à la destitution des notables hutu et à un favoritisme délibéré de l'élite tutsi. Cette politique d'apartheid anti-hutu aura des conséquences préjudiciables sur les années ultérieures jusqu'à nos jours.

C'est ainsi qu'une révolte éclate en 1934, conduite par une «visionnaire hutu», la sorcière Inamujandi. Cette révolte, juste comme celle de 1923-1924 conduite par le sorcier Runyota-Kanyarufunzo, avait pour objectif de défaire le Burundi de la colonisation et de la suprématie aristocratique ganwa et tutsi. Si en ce moment les Hutu sont mécontents, il en va de même pour les Hima, considérés comme les plus marginaux dans la société burundaise. En effet, ces derniers étaient considérés comme porte-malheur au même titre que les Intouchables en Inde.

La période des années 50 est marquée par une lutte pour l'indépendance malheureusement avec des dissensions internes entres les leaders burundais. Certains préconisaient une indépendance avec monarchie parlementaire. Ils sont représentés par le Prince Louis Rwagasore, fils aîné du Mwami Mwambutsa IV Bangiricenge. D'autre par contre ne cachent pas leur revendication pour plus de justice sociale. On retrouve parmi eux entre autres des leaders de l'Uprona comme

---

[1] En premier lieu, les colonisateurs ont élaboré une anthropologie coloniale faisant des Tutsi des «Européens d'Afrique» avec le sens de responsabilité, contrairement aux Hutu, bons pour exécuter des ordres. C'est aussi vrai que des légendes semblables existaient avant la colonisation..
En second lieu, la colonisation prend des mesures de destitution des chefs hutu dans les années 30 et par sa volonté de s'appuyer sur la minorité ethnique tutsi pour asseoir sa mainmise sur le pays, une erreur qui coûtera cher à des générations de Burundais.

Pierre Ngendandumwe. Ces derniers revendiquent l'émancipation des masses rurales hutu face à la suprématie ganwa et tutsi.

Ce mouvement pluraliste laisse également éclater l'expression des intérêts divergents entre les princes Bezi, descendants du Roi Mwezi IV Gisabo, et les princes Batare, descendants du Roi Ntare IV Rugamba. Le Roi Mwambutsa IV est du premier clan tandis que certains princes qui lui sont opposés appartiennent au second clan. Cette divergence d'intérêts conduits à l'assassinat du Prince Louis Rwagasore et à la pendaison des instigateurs de cet acte criminel.

Le 16 Octobre 1962, le Burundi est doté d'une constitution copiée sur celle de la Belgique. Contrairement aux réformes coloniales des années 50 qui ont apporté des concepts nouveaux comme élections, représentants, ..., cette constitution crée des institutions nouvelles qui bouleversent la monarchie tout en lui préservant des pouvoirs importants. On voit apparaître des «*nouveaux princes*» [2] issus des urnes alors que traditionnellement les princes sont de sang royal. Ces nouveaux princes sont des bourgmestres dont la plupart sont issus de l'ethnie hutu. Un équilibre nouveau se dessine, d'autant plus que l'armée n'étant pas encore politisée, ethnicisée, régionalisée et clanisée ne s'ingère pas dans les affaires politiques. Elle contient presque en proportions égales des membres des 2 principaux groupes ethniques sauf les Twa qui sont les éternels oubliés dans cette lutte de pouvoir.

La Constitution de 1965 installe un ordre encore plus nouveau, avec une nette séparation de pouvoir entre l'exécutif, le législatif et le judiciaire. Le pouvoir exécutif, représenté par le gouvernement, pouvait être soumis aux contrôles par le législatif. Ce dernier pouvoir est partagé entre le roi et les deux Chambres (le parlement et le sénat).

Le rôle de la monarchie devient de plus en plus symbolique dans un contexte où la sagesse ne repose plus sur la descendance, mais sur la formation intellectuelle. De cette démocratie naissante, il naît un problème tout à fait nouveau. Deux tendances se forment. Elles traduisent, non pas des divergences idéologiques, mais des intérêts différents, comme expliqué plus haut. Le Roi Mwambutsa IV ne pourra jamais trancher le différend opposant les politiciens «démocrates et modérés» du groupe Casablanca et ceux, «révolutionnaires et communistes» du groupe Monrovia. Le groupe de Casablanca, qui se trouve conforté par le système des urnes, est en grande partie composé des leaders hutu tandis que celui de Monrovia, craignant les urnes, est dominé par des Tutsi.

Face à la démocratisation du système politique qui entraîne *ipso facto* la perte de l'influence royale dans l'arène politique, on remarque la ruse du vieux roi

[2] On les appelait en kirundi *Abaganwa bashasha*, une expression cachant mal la popularité de ces nouveaux élus qui étaient beaucoup plus proches des masses rurales que les anciens chefs.

illettré. Depuis la mort de son fils Rwagasore, il n'a pas de pivot puissant respecté et sûr pouvant lui garantir ses pouvoirs. Ainsi, il profite des querelles pour consolider son pouvoir et camp en destituant le premier ministre Pierre Ngendandumwe et révoquant son gouvernement en 1962 et en nommant son cousin Léopold Biha (non élu et n'appartenant à aucune formation politique) en 1965, contre toute règle démocratique, à la primature qui revenait de droit aux Hutu après qu'il eussent remporté les élections législatives de 1965. Pour une courte durée, Mwambutsa exerce un contrôle absolu sur les rouages du pouvoir. En effet, le pouvoir exécutif est partagé entre lui et son premier ministre Biha. Il contrôle le pouvoir judiciaire par un secrétariat d'État à la justice dépendant directement de la Cour. Enfin , il a refusé d'investir les deux Chambres issues des élections de Mai 1965 qui pouvaient être une entrave à son pouvoir.

Suite à ces manœuvres les Hutu se sont sentis frustrés.[3] Des officiers hutu organisent un coup d'état qui échoue. Cela conduit à des purges sanglantes en 1965: 86 sénateurs représentants du peuple et ministres sont assassinés, des hauts officiers militaires sont exécutés.[4] Toutes ces exécutions ont eu lieu malgré l'opposition du Roi qui était en Suisse. C'est la fin du groupe Monrovia. Le pouvoir royal en sort considérablement diminué au profit de Micombero, vainqueur de ces tristes événements. Il était conforté par les dissensions qui lui donnaient du poids en tant qu'arbitre entre les factions rivales. Devant cet état de choses, le roi fuit son pays, laissant le pouvoir aux mains des jeunes Tutsi zélés qui contrôlent désormais l'administration, l'armée, la police et la justice. Le pouvoir est à la portée de la main des Tutsi puisque leurs gêneurs sont liquidés (les Hutu) ou en fuite (le roi).

De la Suisse, le Roi Mwambutsa délègue ses pouvoirs à son jeune fils Charles Ndizeye (22 ans) qui commet la maladresse de s'entourer de jeunes Tutsi défendant des intérêts sectaires. De maladresse en maladresse, le jeune Roi suspend la constitution et confirme la destitution du gouvernement Biha qui fut suspendu temporairement par Micombero. Son premier ministre Micombero l'incite à rétablir la Jeunesse Nationaliste Rwagasore qui était interdite après les massacres des syndicalistes hutu à Kamenge en 1961. Le groupe Micombero l'incite encore à destituer son père (le 8 Juillet 1966) et à proclamer le parti Uprona comme le seul

---

[3] Le leader Hutu Gervais Nyangoma va le dire publiquement le 1er Juillet 1965, lors de la journée de l'indépendance. Dans un discours d'une rare expression on ne peut plus de changement, il propose un Etat nouveau, un parti nouveau qui aurait dû unir les leaders des Hutu de l'Uprona et du Parti du peuple. Il sera tué durant les purges de 1965.

[4] Dans Lemarchand (R.), *Rwanda and Burundi*, p.418, on parle de 10 000 tués. Nadine Nyangoma, la veuve du leader du même nom dira dans son article «Que s'est-il passé au Burundi ?» in *Partisan* N° 31, Juil.-Sept. 1966, qu'il s'agissait de deux coups d'État, l'un par des officiers hutu et l'autre par des officiers tutsi.

parti politique 23 Novembre 1966 par l'Arrêté-Loi n°001/34 du même jour. Désormais, l'Uprona inspire l'action de l'État.

En poussant le jeune prince à destituer son père, les leaders tutsi voulaient tout simplement l'imposer à dégrader la monarchie aux yeux des Burundais. En effet, un monarque est intronisé alors que Charles Ndizeye apparaît plutôt comme un monarque «putschiste», une idée étrangère aux Burundais. Cela lui coûtera la légitimité et le caractère sacré auprès des Burundais, jusqu'alors profondément monarchique, qui n'avaient jamais vu l'intronisation d'un roi alors qu'il y a encore un autre en vie.

2. *La 1re République : purges, massacres et génocide.*

Les maladresses du jeune Roi Ntare V ouvrent la voie à une jeune équipe de politiciens de Bururi, réputés purs et durs. L'acte de proclamation de la 1re République est signé le 28 Novembre 1966. L'équipe Micombero-Simbananiye-Shibura-Yanda qui travaillait sous le couvert du monarque se trouve maintenant au pouvoir. Cette équipe commettre un génocide d'intellectuels, après avoir entretenu des divisions et des tensions. Cela tourna douloureusement au génocide de 1972 au cours duquel environ 300 000 citoyens ont péri. Plusieurs centaines d'autres furent contraints à l'exil. Le régime n'a jamais envisagé de mesures pour réhabiliter les victimes, d'autant plus qu'il fit un *black-out* sur tous ces événements. Les criminels ne furent jamais inquiétés.

Il apparaît que le génocide des intellectuels Hutu et de la population (1965, 1969, 1972) se déroule en étapes toujours identiques. Il semble que les intellectuels et l'armée tutsi agissent ainsi car ils ne parviennent pas à asseoir leur légitimité sur la population. En effet, ils sont toujours concurrencés par les élites hutu qui sont plus populaires auprès des masses rurales. Alors, la solution devient la liquidation systématique de ces élites hutu.

Au sortir du génocide de 1972, les institutions de l'État sont «tutsifiés», il n'y a plus d'opposants potentiels. C'est dans ce contexte que le régime républicain, issu du coup d'état du 28 Novembre 1966, s'est doté d'une constitution en 1974, soit deux ans avant sa chute.

3. *La 2e République, ou continuité de l'institutionnalisation de l'intégrisme ethnique.*

Le 1er Novembre 1976, une junte militaire à la tête de laquelle se trouve le Colonel Jean-Baptiste Bagaza, dépose le Lieutenant Général Président Micombero. D'entrée en jeu, des mesures populaires sont prises : abolition de l'impôt de capitation et du contrat foncier *Ubugererwa.* D'autres mesures de développement économiques sont entreprises.

Cette politique est une contradiction car d'une part on voulait développer les masses rurales alors que d'autre part au lieu d'ouverture politique il s'agissait plutôt d'un régime dictatorial. En effet, Bagaza «*confinait les Hutu dans leur rôle de producteurs de café et de coton sans lui ouvrir les portes du pouvoir*» [5] et de l'éducation.

Depuis 1978, Bagaza commence à s'isoler: il supprime le poste de premier ministre et consolide son pouvoir vis-à-vis du Conseil Suprême de la Révolution. Cet organe militaire qui l'avait porté au pouvoir sera supprimé lors du 1er congrès national de l'Uprona (décembre 1979) pour être remplacé par un Comité Central du parti composé de 48 membres dont seulement 4 Hutu. Désormais, les membres des comités de l'Uprona à tous les échelons remplacent les Bashingantahe. Cette notion vient de perdre sa valeur. La dignité d'ubushingantahe, conférée naguère après des cérémonies (que le régime Bagaza a supprimées) appelées *Ukwatirwa* [6] est désormais conférée par simple décision des instances du parti. Au cours de ce 1er congrès, Bagaza entend insuffler à ce parti son idéologie révolutionnaire comme : *l'exploitation de l'homme par l'homme, la souveraineté sur ses ressources naturelles, compter sur ses propres forces, création d'une mentalité nouvelle basée sur l'esprit de justice, de travail et de production.* Des idées qui resteront au niveau discursif.

L'ancien Secrétaire Général de la Jeunesse Révolutionnaire Rwagasore (J.R.R.), Isidore Hakizimana, est promu ministre de l'éducation nationale. Il a notamment la mission de réformer l'enseignement. Beaucoup d'écoles normales, qui donnaient directement accès à l'université sont transformées en écoles de formation des instituteurs (E.F.I). En outre il prend des mesures pour que les élèves soient orientés dans leurs propres provinces pour leur épargner les dépenses de voyage. Or, les EFI sont concentrés dans les provinces la population hutu est particulièrement importantes. A Bururi, aucune E.F.I.!

Le nouveau régime a fait des efforts de rapatriement des réfugiés burundais, mais la mesure prise s'étend seulement sur les réfugiés ayant quitté leur pays suite au génocide de 1972. Les revendications foncières des rapatriés n'ayant pas été satisfaites par une commission créée à cet effet, la Commission Mandi dont les

---

[5] Manirakiza (M.), *Burundi: la déviance d'un pouvoir solitaire. Le pouvoir de Bagaza (1976-1987)*, Ed. de la Longue Vue, 1997, p.11.

[6] La dignité d'ubushingantahe a véritablement perdu sa valeur objective depuis le renforcement du manichéisme ethnique et l'institutionnalisation de la violence comme moyen d'accès au pouvoir. A l'Université du Burundi, une opinion sarcastique et méchante fort bien répandue qualifiait d'Umushingantahe tout personne qui s'occupe des affaires ne le concernant pas (*Umushingantahe ni uwisuka mu bitamuraba*).

décisions étaient irrévocables, et le régime ayant pris des dérives dictatoriales, le rapatriement volontaire s'arrêta. Certains rapatriés ont même regagné leur exil.

En 1981, le régime se dote d'une constitution dans un contexte de parti unique, donnant les principaux pouvoirs au Président de la République qui les exerce en tant que président du parti Uprona, parti-Etat. A l'issu d'une campagne aux élections législatives et présidentielles dont les candidats sont exclusivement du parti Uprona, 52 parlementaires sont élus et 13 autres cooptés. Les Hutu occupent le quart des sièges. Le climat politique reste, malgré les élections, dominées par une sensibilité politico-ethnique. En même temps à l'extérieur du pays, l'opposition s'organise. Un parti d'opposition, le Parti pour la Libération du Peuple Hutu (Palipehutu) est créé par un groupe de rescapés du génocide de 1972, réfugiés en Tanzanie dont le leader était Rémy Gahutu. Il mourra en 1990 dans des conditions douteuses dans la prison d'Ukonga en Tanzanie.[7]

Le début de la fin du régime est fort marqué par les conflits entre l'Église Catholique et l'État. L'État remporte la manche en nationalisant les écoles aux mains des religieux. La seconde manche est remportée par l'église qui fait du lobbying à l'étranger en défaveur du régime, ce qui contribue à l'isolement de ce régime. Le pouvoir est affaibli et marginalisé.

4. *Changement dans la continuité et élections présidentielles*

Le 3 Septembre 1987, Buyoya prend le pouvoir pour la 1re fois et prend des mesures d'assouplissement. Dans son Discours-Programme, il présente les abus du régime précédent, mais refuse de reconnaître le génocide de 1972 et de réhabiliter les différentes victimes des événements sanglants des années antérieures. Une révolution de palais, disaient certains. En 1988, des violences éclatent au nord du pays, la répression est aveugle et emporte la vie d'environ 25 000 citoyens. Le gouvernement refuse toute enquête internationale. Alors que les militaires coupables d'exactions sont connus, aucune action judiciaire n'est entreprise pour punir les coupables.

Ce sera le même comportement en Novembre 1991, lorsque des affrontements entre les maquisards du Palipehutu et l'armée éclatent alors qu'une rencontre entre Buyoya et une délégation du Palipehutu était prévue dans une capitale européenne. On criera haro sur une aile dure du Palipehutu qui aurait voulu saborder ces rencontres. D'autre part, on découvre parmi les assaillants des gens proches du régime, élément de doute d'un sabotage de cette rencontre par des durs de l'Uprona et de l'armée. Et cette rencontre n'eut pas lieu. Néanmoins, des inculpés

---

[7] Des sources proches de ce parti disent que celui-ci a été empoisonné par des agents opérants pour le régime de Bujumbura.

«maquisards» sont appréhendés parmi lesquels un agent du gouvernement,[8] ce qui donnera des doutes quant aux responsabilités de cette attaque. Des exécutions sommaires sont perpétrées, bien que cette fois-ci le pays se trouve dans un contexte d'organisation gouvernementale dans un esprit de parité ethnique comme moyen de résorber les tensions interethniques.

Plus tard, on procède à des campagnes en faveur de l'unité nationale qui aboutissent sur le référendum sur la Charte de l'unité nationale. Quant à la recette, le Burundi reste unique en la matière. Dans la plus grande hypocrisie des deux côtés ethniques, ce fut une véritable déclaration d'amour. Buyoya prend soin que les débats sur l'unité nationale ne touchent pas les vrais problèmes du pays (forces de l'ordre, justice, impunité, ...). En plus, les responsabilités historiques des tragédies sont attribuées aux Hutu, même le génocide de 1972 ! Aucune mesure contre l'impunité des criminels n'est envisagée. On envisage plutôt l'oubli de cette histoire sanglante honteuse.

On aboutit plus tard à la Constitution de mars 1992 qui consacre le multipartisme. L'article 10 de celle-ci (aujourd'hui suspendue) dispose «*les droits et les devoirs proclamés et garantis par la déclaration universelle des droits de l'homme, les pactes internationaux relatifs aux droits de l'homme et des peuples et la charte de l'unité nationale font partie intégrante de la présente constitution*». Les articles 11 et suivants reprennent alors quasi textuellement certaines dispositions des instruments internationaux relatifs à la garantie des droits de l'homme et des libertés fondamentales. Que pourrait penser le citoyen burundais lettré, de plus en lisant dans la loi fondamentale que «*la personne humaine est inviolable : l'État a l'obligation absolue de la respecter et de la protéger*» ? Quelle autre idée peut-il avoir en trouvant dans la constitution écrit noir sur blanc que «*la liberté de la personne humaine est inviolable : toute personne privée de sa liberté est traitée avec humanité et dignité*»[9]? Un banal exercice de style !

Cette constitution aboutit à des élections présidentielles et législatives en Juin 1993. L'opposition fustigeait la précipitation des échéances électorales et proposait une conférence nationale et une transition. Buyoya espérait prendre de court l'opposition naissante en précipitant les élections. C'était sans compter sur l'organisation à la base et l'implantation au sein des masses rurales du parti Frodebu (Front pour la Démocratie au Burundi) d'une part. De l'autre le parti Uprona a vécu dans l'illusion de la popularité. En vérité, ce n'était qu'un parti des fonctionnaires

---

[8] Il s'agit entre autre de Nathan Bararunyeretse, agent secret au service du Secrétariat d'État chargé de la Sécurité Publique, qui était chargé par son service d'infiltrer le parti clandestin Palipehutu. Capturé par l'armée qui le soupçonnait d'être de connivence avec les rebelles, il fut incarcéré à la Prison de Mpimba, d'où il a écrit au Président du Tribunal de Grande Instance pour plaider son innocence. Il fut acquitté au bénéfice du doute.

[9] Source: Constitution du Burundi du 13 mars 1992, article 11.

qui en plus avait la lourde responsabilité d'avoir traversé en tant que parti unique les périodes sanglantes de l'histoire du Burundi indépendant, chose que beaucoup de Hutu ne vont pas tolérer.[10]

Des campagnes électorales dans lesquelles la diabolisation était le cheval de bataille. Pour l'Uprona, quiconque votera pour le Frodebu aura voté pour des massacres, pour la récidive du génocide de 1972. Pour ce parti, tout Hutu membre du Frodebu est un élément dangereux, membre du Palipehutu tandis que tout Tutsi membre de ce même parti était considéré comme un citoyen égaré. En plus, l'opinion de Bujumbura aura retenu que le journal *Carrefour des Idées*, proche de l'aile dure de l'Uprona et actuellement proche du Parena, avait publié un article se voulant scientifique qui démontrait que feu Gilles Bimazubute était Hutu. Pourtant cet ancien baron de la 1ère République est un Tutsi de Bururi. Il est passé à l'opposition sous la 2e et la 3e république. Il est entré au Frodebu, d'où l'article «scientifique» du *Carrefour* le classant dans l'ethnie hutu.

En réponse à cela, le Frodebu ne s'est pas privé d'inviter tous les Hutu de l'Uprona à le rejoindre. Ce dernier parti exploitera avec succès l'histoire sanglante du pays, à la quelle l'Uprona est mêlée de près en tant que parti-Etat, pour gagner la sympathie des Hutu. De ce fait, il est accusé par son adversaire, l'Uprona, de mener une campagne ethnicisante qui jouait sur le discours unitariste. Les fonctionnaires du secteur public militant dans l'opposition proche du Frodebu sont soit intimidés voire chassés. Face à cette situation, certains fonctionnaires n'hésitent pas de *porter la casquette Uprona le jour* pour la changer et *mettre la casquette Frodebu la nuit*. L'Uprona se nourrit d'avantage de l'illusion de popularité.

5. *La courte expérience démocratique*

Le 1er Juin 1993, la vapeur est renversée : les élections présidentielles sont remportées par un opposant du Frodebu, Melchior Ndadaye (le 1er Hutu à accéder à la magistrature suprême au Burundi), le même parti qui remportera les élections législatives du 29 Juin de la même année.

---

[10] On invoque par exemple le génocide de 1972 auquel l'Uprona est mêlé de près. En effet, c'est la jeunesse du parti, juste comme les Gardes Rouges pendant la Révolution Culturelle en Chine, qui opérait les massacres.
En plus, des dignitaires du régime comme le Commandant Albert Shibura (alors Ministre de l'Intérieur et de la Justice), Arthémon Simbananiye (Ministre des Affaires Etrangères) et André Yanda (Ministre de l'Information et Secrétaire Général de l'Uprona) ont été vus le 27 Avril 1972 au Sud-Ouest du pays en train de distribuer des armes à la population Tutsi.
Voir aussi: Ntibazonkiza (R.), *Au royaume des seigneurs de la lance*, Tome 2: *De l'indépendance à nos jours (1962-1992)*, Bruxelles, Bruxelles - Droits de l'Homme Asbl, 1993, p. 143.

Au lendemain de l'annonce par le ministre de l'intérieur des résultats des élections présidentielles, l'opinion tutsi proche de l'Uprona et ses satellites crie à la trahison des Hutu. Les journaux extrémistes tutsi montent au créneau et répandent que *les élections ont été ethnicisées*, que *le vote a été ethnique* et que c'est donc *un coup d'État ethnique* et que *la minorité n'acceptera pas la loi du nombre*. Pour la première fois donc, les Tutsi reconnaissent être numériquement une minorité ethnique. Des manifestations d'élèves d'étudiants et de fonctionnaires téléguidées par l'Uprona et ses partis satellites commencent dans toute la capitale et plus tard dans certains chefs-lieux de provinces. Cette radicalisation de l'ethnisme dans la jeunesse aboutit à la création de la Solidarité Jeunesse pour la défense des Droits des Minorités (Sojedem) par le frère dominicain Déo Niyonzima. Cette association fut qu'agréée dans des conditions aussi louches qu'illégale en tant que milice.

Le Premier Ministre d'alors, Adrien Sibomana, intervient sur les ondes de la radio nationale pour appeler les manifestants à la raison, qu'il faut respecter le verdict populaire. Pour lui, «*entre celui qui a voté Buyoya à cause de son ethnie et celui qui a voté Ndadaye à cause de son ethnie, qui est plus extrémiste que l'autre?*».[11] Cette phrase lui vaudra d'un coup une impopularité soudaine, allant jusqu'à l'accuser de trahison envers son Président. Des rumeurs difficiles à vérifier ont alors couru dans toute la capitale sur son vote au Frodebu. Avec ces manifestations soutenues tacitement par les milieux proches de l'Uprona et de l'armée, le drame sentait déjà à plein nez !

En effet, des militaires tentèrent de renverser l'ordre désigné par les urnes le 2 Juillet, soit 8 jours avant l'investiture. Elément douteux sur la personnalité de Buyoya, le putsch était dirigé par son directeur de cabinet, feu le Colonel Sylvestre Ningaba. Le nouveau Président Ndadaye sera assassiné avec 7 de ses proches collaborateurs [12] après 102 jours d'exercice.

Cent deux jours seulement d'exercice, c'est bien peu pour parler de bilan ! L'on peut juste mentionner la volonté du nouveau régime issu des élections de protéger d'avantage les libertés humaines. A cet effet, une amnistie générale fut

---

[11] Cette phrase mérite une réflexion. Quand on sait que les Tutsi n'atteignent que 14% de la population et le candidat Tutsi Buyoya a eu 33% des votes alors que ses rivaux Hutu Melchior Ndadaye du Frodebu, et Pierre-Claver Sendegeya du Parti pour la Réconciliation du Peuple, ont obtenu respectivement 65% et 1.44% des votes, on voit que l'on est loin de la distribution ethnique dénoncée par les manifestants dont il est question plus haut.

[12] Le vice-président de l'Assemblée nationale Gilles Bimazubute, le ministre de l'intérieur Juvénal Ndayikeza, le chef de la sûreté Richard Ndikumwami. En outre, la femme de l'ancien Président Sylvestre Ntibantunganya et la femme du député Dominique Barumpozako ont payé de leur vie la fuite de leurs maris.

accordée à environ 5 000 détenus.[13] Les cachots de la sûreté ont été démolis, la peine de mort allait être abolie. Une prison fut transformée en école secondaire.

L'on peut également parler des difficultés que le nouveau régime a connues, notamment la gestion des litiges fonciers suite aux rapatriements. Des mesures administratives étaient prises pour réhabiliter les anciens réfugiés de 1972 dans leurs biens et terres, ce qui entraînait le départ de ceux qui les occupaient, et parfois des problèmes habilement exploités par la nouvelle opposition de l'Uprona et ses satellites En plus le régime qui préconisait le recrutement des officiers et des policiers au niveau communal rencontra en la matière la farouche opposition de l'armée et des milieux politiques tutsi proches de l'opposition. En plus, les milieux de la nouvelle opposition n'ont pas accepté que des rapatriés soient incorporés par ordonnance ministérielle à l'école de Formation Postale.

6. *Le début du coup d'État rampant*

Dès l'assassinat du Président Ndadaye, les partis politiques négocient et signent (sous la contrainte de la violence) les accords de Kajaga et de Kigobe qui permettent de partager le pouvoir et de mettre sur pied l'institution présidentielle. Cyprien Ntaryamira est investi nouveau président. Du 5 février au 6 avril 1994, période de sa présidence, il tentera sans succès de se soustraire de l'emprise de l'armée en mettant sur pied une garde présidentielle conformément aux Accords de Kajaga-Kigobe. Son investiture et sa présidence restent marquées par le conflit entre d'une part l'exécutif et le parlement et d'autre part la Commission Constitutionnelle.

En effet, dès le putsch sanglant du 21 octobre, il n'y a pas de successeur constitutionnel au Président défunt Ndadaye. La Commission Constitutionnelle, appelée pour constater la vacance de pouvoir, propose que la présidence soit assurée collégialement par le gouvernement. Plus tard, le 13 Janvier 1994, l'Assemblée Nationale procède à l'amendement de l'article 85 de la Constitution pour permettre l'élection d'un nouveau chef d'État. Saisie, la Cour Constitutionnelle qualifie cet amendement d'inconstitutionnel. Or ses décisions sont sans appel et le gouvernement est réputé démissionnaire et ne peut régler les affaires courantes. Or,

---

[13] Mesure politique contre laquelle la Ligue Iteka s'inscrivit en faux. En effet, une telle mesure, était bien nécessaire dans le cas où la plupart des prévenus n'avaient pas de dossiers. En plus, certains prisonniers furent appréhendés après les événements de Novembre 1991 et pendant la campagne électorale, sans aucun indice sérieux de leur culpabilité. Néanmoins, cette mesure n'a permis à ce que la justice lave l'honneur des innocents et punisse les coupables. C'est vrai que le Burundi est une société à rumeur et que rien qu'entrer en prison l'opinion vous prend pour un criminel. La justice burundaise, l'aurait-elle permis? Le nouveau Président semble avoir opté pour une amnistie par manque de confiance à la justice burundaise qui non seulement manque de moyens, mais aussi est au service de certaines formations politique, ce qui lui confère une toge de partialité.

l'organisation de nouvelles élections n'est pas une affaire courante et en plus c'est une période de graves troubles, un motif supplémentaire contre l'organisation des élections. La seule voie pour sortir de cette impasse institutionnelle était la révision de la constitution, chose également interdite en cas de troubles graves. Et la Commission Constitutionnelle ne proposait pas d'alternative.

Le même jour de l'amendement de l'article 85 de la Constitution de Mars 1992, Cyprien Ntaryamira est élu par l'Assemblée Nationale comme nouveau Président. La Cour en question est saisie pour la validation de cette élection, chose qu'elle refuse. Ne parvenant pas à être d'accord, 2 de ses membres démissionnent et les 5 restants sont révoqués. Cette courte crise semble avoir été motivée par le fait que la Cour Constitutionnelle usait du légalisme pour torpiller le pouvoir Frodebu et donner des coudées franches à l'opposition pour qu'elle soit associée au pouvoir. Cette dernière obtiendra gain de cause et entrera en force au gouvernement. Elle sera surtout associée à la gestion des secteurs primordiaux comme la sécurité, la communication et l'administration territoriale. Le coup d'État rampant ne faisait que commencer.

A sa mort, lors de l'attentat du 6 Avril 1994 ayant coûté aussi la vie au Président rwandais Juvénal Habyarimana, le Président Ntaryamira laisse un climat politique précaire et très divisé : l'Assemblée Nationale ne s'entendait pas avec le gouvernement sur des questions fondamentales comme le désarmement des milices. En effet, chaque opération de désarmement se soldait par des massacres ignominieux dans lesquels l'armée avait une très grande responsabilité. Pour ces parlementaires, il s'agissait d'abord de désarmer les esprits. En même temps, les partis politiques étaient divisés. [14]

La Convention de Gouvernement du 10 Septembre 1994 n'a rien ajouté aux dispositions constitutionnelles antérieures en matière des libertés des citoyens. Son souci principal était le partage du pouvoir entre les différents partis politiques comme moyen de résoudre la crise. Elle reflète alors la volonté ferme des partis politiques de se partager le pouvoir sans aucun souci pour les problèmes du pays. En plus, elle met en exergue l'échec du Représentant Spécial des Nations Unies au Burundi, Ahmedou Ould Abdallah. Celui-ci prétendait que la solution était de conférer le pouvoir aux «modérés». Quand on sait que cette convention fut négociée

---

[14] Au sein du Frodebu, une aile préconise la lutte armée. Celle-ci est à l'origine de la création du Conseil Nationale de la Défense de la Démocratie. L'autre aile veut résoudre la présente guerre civile par la voie pacifique. Au sein de l'Uprona, la première aile, nostalgique de l'époque de Bagaza, a créé le Parena. Une autre aile est adepte de Buyoya et la dernière est dirigée par Charles Mukasi. L'aile de Buyoya préconise la promotion des Hutu à certains postes de responsabilité, une enveloppe pour couvrir le système. L'aile de Mukasi (Hutu) reste farouchement opposé à cette stratégie.

dans un climat de terreur et d'intimidation envers les partis politique pour le changement démocratique [15] et que l'ancien premier ministre Antoine Nduwayo fut imposé à l'Uprona, à qui revenait d'office la primature, par les milices *Sans Echec*, *Sans Défaite*, *Sojedem*, ...

Dès le départ, la Convention de Gouvernement s'est avérée inopérante. Les prérogatives constitutionnelles du président sont considérablement réduites. Certains de ces pouvoirs sont conférés au Conseil National de Sécurité, un organe suprême qui est une sorte de sénat pouvant débattre sur certaines décisions du Président, et au premier ministre. Tout au long de son mandat, le Président Sylvestre Ntibantunganya, apparaît comme une marionnette entre les mains des acteurs comme l'armée, le premier ministre et les partis à sensibilité tutsi.[16] Peut-on imaginer au Burundi, voire en Afrique, un pouvoir qui ne soit pas fondé sur le chef ?

Ce dysfonctionnement entre les institutions du pays affaiblit inexorablement l'autorité de l'État, c'est une anarchie totale sur fond de massacres commis impunément qui par l'armée qui par des milices sans foi ni loi, qui par des exécuteurs à gages qui liquident certains fonctionnaires du Frodebu. [17]

7. *Buyoya de retour au pouvoir : vers la IVe République ?*

C'est dans ce contexte qu'avec l'armée Buyoya prend le pouvoir sans coup férir. Après son coup d'État, il prend des mesures de suspension de la Constitution de mars 1992, des activités des partis politiques, des manifestations publiques et interdit la liberté de circulation aux anciennes autorités issues du Frodebu et ses satellites. Certains pays, qui voient en Buyoya «un homme modéré» venu restaurer l'autorité de l'État (les propres mots du Major Buyoya), s'abstiennent de toute condamnation. Ce sont finalement les pays de la même sous-région que le Burundi qui décrètent un embargo économique pour que Buyoya remette le pouvoir aux

---

[15] Il s'agit de 4 partis politiques qui ont formé une coalition lors des élections de Juin 1993 : le Front pour la Démocratie au Burundi (Frodebu), le Rassemblement du Peuple Burundais (R.P.B.) , le Parti du Peuple (P.P.) et le Parti Libéral (P.L.).

[16] Pour se maintenir au pouvoir, Le Président Ntibantunganya voulait satisfaire l'armée, les partis d'opposition à dominance Tutsi au détriment même de son parti, tout en essayant de s'attirer les faveurs de la Communauté Internationale; on remarque que la 32e session ordinaire de l'OUA (8-10 juillet 1996) aura été un succès pour lui. En effet, l'OUA s'engageait à fournir au sa demande d'une *assistance en matière de sécurité*. L'armée a alors pris les devants avec le putsch du 25 juillet 1996.

[17] Dans son bref rapport n° A/51/459 (p.8), M. Paulo Sergio Pinheiro, Rapporteur Spécial de la Commission des Droits de l'Homme, parle de 22 parlementaires, 4 ministres, six gouverneurs de province et sept conseillers de gouverneurs ainsi que 45 administrateurs communaux ayant péri de manière violente (et souvent sporadiquement, c'est nous qui ajoutons).

autorités issues de la démocratisation de 1993 et entreprenne des négociations avec la rébellion du C.N.D.D.

Plutôt que négocier, Buyoya manifeste la volonté de poursuivre la guerre. En effet, il instaure par décret-loi un service militaire national obligatoire pour les jeunes ayant terminé leurs humanités. Un autre décret du 24 décembre institue une contribution à l'effort de guerre à charge de toute personne physique et morale bénéficiaire d'un revenu résultant de leur activité.

S'il autorise de nouveau l'assemblée nationale et les partis politiques, la constitution reste suspendue en faveur d'un texte de transition. Bref, l'Assemblée Nationale ne peut plus fonctionner, le coup d'État est réel et l'on s'achemine vers la IVe république. En effet, dans les milieux proches de l'Uprona, on penche vers l'élaboration d'une nouvelle constitution qui consacre l'élection du président du pays par un collège de grands électeurs désignés sur base de leur qualité d'ubushingantahe. Ce concept a complètement perdu sa valeur, d'où ce mode scrutin ne nous sortira pas de l'impasse.

Très vite, les massacres prennent un rythme frénétique : de la moyenne de 1100 morts par mois sous le gouvernement Nduwayo, on passe à la moyenne de 1600 morts par mois ! Les pays de la sous-région semblent avoir été motivés par le souci de stopper cette machine génératrice de réfugiés, ce qui est une menace à la destruction de leur environnement, voire même un risque d'embrasement régional. Très vite, Buyoya implante des camps de concentration qu'il appelle «camps de regroupés», et ce malgré les appels de la Communauté internationale. En même temps, on organise un débat national entre certains burundais. Une manœuvre pour plébisciter son autorité car un débat national ne peut être possible dans des conditions de guerre civile, bien que les assassinats sporadiques aient cessé. [18]

Le nouveau pouvoir ne parvient pas à se fortifier à cause des activités armées des Forces de Défense de la Démocratie et des luttes internes de l'Uprona. En plus, dans l'armée, certains militaires ne le soutiennent pas et soutiendraient l'ancien dictateur Bagaza, son ennemi juré. Ces luttes se soldent parfois par des tentatives d'insubordination. [19]

---

[18] Ces assassinats étaient l'œuvre des miliciens *Sans Echec*, *Sans Défaite*, *Sojedem*, téléguidés par certains leaders Tutsi. Avec le décret-loi instaurant le service militaire national, les miliciens ont été enrôlés à l'armée, président, contrairement à son prédécesseur.

[19] On retient également que certains officiers (comme Kamana et Ngomirakiza) ayant trempé dans le putsch du 21 Octobre commencent à faire de stupéfiantes révélations: Buyoya serait un des commanditaires de ce putsch et de l'assassinat de Ndadaye.

Conclusions générales

1. *Un pouvoir contre l'expression de la volonté des citoyens*

Durant plusieurs décennies au Burundi, une petite frange de la population burundaise a instauré un système de domination monopolisant la force publique, l'éducation, l'économie, au détriment des autres citoyens. Toujours par coups de force, des militaires qui en sont issus se sont succédés à la tête de l'État assurant la continuité de la domination.

Par les élections de Juin 1993, les citoyens burundais crurent recouvrer le droit qui avait été longtemps confisqué, celui-là même qui constitue la pierre angulaire de la garantie des libertés fondamentales, le droit d'élire leurs dirigeants. Ils ont alors élu démocratiquement le président de la République et l'Assemblée Nationale. Très tôt, l'expression de la volonté des citoyens fut contrariée par l'assassinat du président de la République, du président et du vice-président de l'Assemblée Nationale, élus depuis à peine trois mois. Des proches collaborateurs du président de la République périrent dans les mêmes circonstances.

Au lendemain de ce forfait, une folie meurtrière s'abattit sur le pays, causant le massacre de milliers de citoyens. C'est une carte que l'opposition va exploiter pour accuser le Frodebu d'avoir planifié et commis un génocide de Tutsi [20] et ainsi casser sa légitimité et justifier les coups bas des partis tutsi et des forces de l'ordre. Le rétablissement de la légalité constitutionnelle pourtant annoncé par les putschistes sous condition d'amnistie, ne fut jamais une réalité. Un coup d'État rampant, formalisé à travers la Convention de Gouvernement de Septembre 1994 a suivi son cours. Le gouvernement actuel est le résultat de ce processus. Peut-on, à la fois, entrer en contradiction avec la volonté des citoyens et leur garantir les libertés fondamentales?

Cette situation a généré un nombre considérable de réfugiés depuis 1965 jusqu'à ce jour. Les violations flagrantes et systématiques des libertés fondamentales par le système de pouvoir en place est à l'origine de ce problème dramatique qui touche plus d'un million de réfugiés intérieurs et extérieurs.

---

[20] Voir: Collectif des partis politiques d'opposition, *Le génocide d'octobre 1993*, Bujumbura, Déc. 1993, 120 p. Cette vision des choses est actuellement soutenue par le très controversé rapport final de la Commission internationale chargée d'établir les faits concernant l'assassinat du Président Ndadaye ainsi que les massacres qui ont suivi qui parle d'actes de génocide perpètres contre la minorité tutsi. Néanmoins, le Rapporteur Spécial de la Commission des Droits de l'Homme sur le Burundi, dans son rapport A/51/459, émet des réserves sur l'utilisation de ce mot pour qualifier les massacres interethniques au Burundi. Il estime que l'analyse n'a pas été poussé loin.

2. *Les forces de sécurité burundaises et la garantie des libertés fondamentales*

Le coup d'État du 21 octobre 1993 qui a renversé les institutions mises en place par les citoyens burundais a été présenté par l'armée comme l'œuvre d'un petit groupe d'officiers de grade inférieur, pris pour des boucs émissaires. En réalité cependant, «*la majorité de la hiérarchie militaire et des forces de sécurité ont été impliquées dans le crime ou n'ont pris aucune initiative pour s'y opposer*».[21] L'armée s'est mise au service d'un pouvoir illégitime et a arrêté les autorités légitimes notamment tous les gouverneurs et certaines autorités locales.

Depuis le coup d'État, jusqu'à ce jour, elles s'adonnent constamment à des exactions contre les populations civiles. Une force excessive de répression est régulièrement déployée contre des citoyens en fuite et en quête de protection. Des massacres de populations civiles sans défense et des pillages ont été commis par des militaires avec ou sans la participation des milices qu'ils ont créées et formées. Actuellement, des témoignages concordant accusent l'armée de tuer des réfugiés forcés de rentrer à partir de la République Démocratique du Congo (Ex-Zaïre) et de la Tanzanie.

Sous d'autres cieux, le respect des libertés fondamentales est assuré, en premier lieu, par la police. Au Burundi, ce rôle devrait être joué par l'armée, celle-ci n'étant pas séparée de la gendarmerie. Cette confusion ne va pas sans critique. Comme l'écrit J. Anderson, ancien commissaire de police de Devon et Cornwall (Royaume Uni), «*les sociétés non libres ou totalitaires, se dotent d'une police puissante au seul exercice du pouvoir... dans de tels systèmes corrompus, la police est elle-même corrompue et, par un phénomène de dégénérescence se voit donner la possibilité, d'adopter un comportement arbitraire et le traitement inhumain et dégradant*».[22] Ce respectable commissaire savait bien ce qu'il décrivait et le citoyen burundais pourrait y voir décrite la police de son pays.

Face à ces exactions commises par l'armée, peut-on encore espérer la protection des libertés fondamentales ? Par quels mécanismes ?

3. *La justice burundaise et la garantie des libertés fondamentales*

D'aucuns affirment, à juste titre, qu'une justice indépendante et impartiale est une condition *sine qua non* de la protection des libertés fondamentales.[23] Ce sont les juges constitutionnels, administratifs et judiciaires (civils et pénaux) qui protègent les libertés des citoyens. Au Burundi, le système judiciaire lentement

---

[21] Source: *Conclusions du rapport d'enquête internationale des ONG sur le Burundi* (5/7/1994), p.176 et suivantes.

[22] J. Anderson, *Les droits de l'homme et la police*, Strasbourg, 1994, p.21.

[23] J. Romiche, *op. cit.*, p. 54. Voir aussi R. Errera, *Les libertés à l'abandon*, Paris, Seuil, 1968, p. 123.

sécrété dans la logique des régimes qui se sont succédés, recèle les avatars de ces derniers. Les conflits qui ont jalonné l'histoire de ce pays ces dernières décennies ont montré, à qui veut le voir, l'incapacité de l'appareil judiciaire burundais à sanctionner les violations massives et souvent flagrantes des libertés publiques. Cette impunité chronique apparaît, aux yeux de plusieurs, comme une des origines des événements qui continuent à endeuiller notre pays.

Cédant au caractère ethnique que revêt la magistrature burundaise, celle-ci a complètement perdu le sens de l'impartialité pourtant indispensable pour garantir un procès juste et équitable dont le citoyen a droit. Comme l'armée, l'appareil judiciaire, quasi monoethnique, a cessé d'être le garant des libertés fondamentales pour se réduire en simple institution de répression. C'est ainsi que les hauts officiers de l'armée constamment cités dans les différents rapports d'enquête internationaux sur le Burundi comme impliqués dans le coup d'État d'Octobre 1993 ne sont jamais inquiétés. Des responsables politiques de la tragédie burundaise sont connues mais sont toujours détenteurs de hauts postes de responsabilité de l'État. Parmi ceux-là, on retrouve ceux qui ont organisé les opérations dites «villes mortes» qui sont à la base de la purification ethnique de la capitale Bujumbura ainsi que de massacres de milliers de citoyens, de la destruction des biens et des pillages n'ont actuellement aucun compte à rendre à la justice et dominent toujours l'appareil de l'État.

Les chambres criminelles prononcent des jugements expéditifs, sans souci des procédures régulières. Un procès rendu en trois heures alors que le présumé est accusé de crimes graves, sans qu'il soit informé au préalable des crimes lui reprochés et sans qu'il bénéficie de la défense d'un avocat, des procureurs dont les services couvrent de vastes étendues qui n'ont ni les moyens ni la volonté de mener des enquêtes sur terrain sur les lieux des crimes, autant de facteurs qui noircissent la magistrature burundaise.

4. *L'Assemblée Nationale et la garantie des libertés fondamentales*

Le renversement des institutions démocratiquement élus ne s'est pas limité à l'assassinat du président de la République et de ses proches collaborateurs. Il s'est poursuivi par le massacre de plusieurs représentants du peuple : 22 d'entre eux ont été assassinés par l'armée ou les milices. Certains survivants ont pris le chemin de l'exil, d'autres ont préféré le respect de la loi du silence comme règle suprême pour survivre. Le rétablissement de cette institution par le régime de Buyoya n'est que symbolique. En effet, l'Assemblée reste en marge des grandes activités politiques étatiques. Les dispositions constitutionnelles et les conditions nécessaires à son fonctionnement lui font défaut.

Dès son élection, l'Uprona accusait cette Assemblée d'être dominée par des gens sans grande formation intellectuelle. Ceci est d'autant plus vrai que, durant toute l'histoire, le droit des Hutu à l'éducation fut constamment violé : beaucoup d'intellectuels de cette ethnie ont été massacrés lors des génocides et tragédies que le pays a connus. En plus, l'accès à l'enseignement supérieur n'était pas facile avec les recensements ethniques secrets effectués par les régimes qui se sont succédés. On peut imaginer à l'avenir ce que sera l'élite intellectuelle Hutu avec le point suivant.

5. *Les libertés fondamentales sans le droit à l'éducation ?*

Les violations massives des libertés fondamentales observées au Burundi n'ont pas épargné les établissements scolaires. Avec ou sans l'aide des éléments de l'armée, des élèves de plusieurs écoles ont procédé à la purification ethnique de leurs établissements. Les rescapés ont fui en prenant le chemin de l'exil ou en abandonnant purement et simplement les études, l'enseignement devenant ainsi quasi-monoethnique. Tous les élèves qui terminent l'école secondaire sont envoyés de force au service militaire.

A l'université du Burundi, la seule de ce pays, des étudiants ont été massacrés au vu et au su des autorités avec la complicité des militaires qui disaient assurer la garde cette institution. C'était dans la nuit du 11-12 Juin 1995. Les rescapés ont subi le même sort que leurs frères et sœurs de l'école secondaire.

Face à cette situation, on se demande qui exercera les libertés de pensée, d'opinion et d'expression tant proclamées sans équivoque par la constitution ? Sur quelle base ces citoyens privés de leurs droits à l'éducation développeront-ils leurs pensées ? Ne risqueriez-vous pas de ne pas les comprendre parce que s'exprimant dans une langue inintelligible pour vous ? Le droit à l'éducation reste un rêve pour des milliers des jeunes réfugiés, regroupés dans des camps de concentration ou des dispersés qui jouent à cache-cache avec la mort chaque minute.

6. *Les camps de concentration et de déplacés ou la négation des libertés fondamentales*

Les citoyens burundais endurent depuis plusieurs années des atrocités d'une guerre sans issue. Une partie de la population (environ 200.000 personnes) est gardée par l'armée dans des camps appelés camps de déplacés pour assurer sa protection. Ces citoyens censés être protégés subissent les malheurs dûs à la famine et à la maladie.

Une autre partie (environ 800.000 personnes) de la population est concentrée de force dans des camps cyniquement appelés «camps de regroupés» pour des fins de stratégie militaire. Elle est privée de la liberté de circulation; elle ne peut plus vaquer aux activités champêtres habituelles lui permettant de survivre.

Dans ces camps de concentration, la population est délibérément laissée à la merci de la famine et des épidémies de tout genre. Les gens meurent par centaines chaque jour. De telles stratégies sont à décrier. Elles visent à exterminer la population, sinon par les armes, du moins par les maux énumérés supra.

Pour finir, la problématique du conflit burundais a été expliquée à telle enseigne que la communauté internationale devrait l'avoir suffisamment comprise pour y apporter des solutions adéquates. Force est de constater, cependant, que les citoyens burundais restent abandonnés à eux-mêmes, victimes des affres de la guerre et des maltraitances de tout acabit. Malgré tout, nous ne nous empêcherons pas de donner certaines suggestions même au risque de redites.

Etant donnée l'énorme responsabilité du gouvernement burundais dans la situation actuelle, nous l'invitons à ne pas continuer à s'obstiner dans la voie d'une guerre aussi catastrophique et à comprendre que l'issue heureuse ne se trouve que dans une solution pacifique fondée sur la construction d'un Etat de droit. Le système judiciaire burundais s'étant révélé inapte à briser l'impunité, bien que les magistrats burundais puissent dire le contraire, nous appelons la communauté internationale à aider le Burundi à asseoir un système capable de protéger les libertés fondamentales de tous les citoyens. Très politisée, la justice burundaise sert surtout à casser les Hutu sans que même les règles minimales de procédures soient suivies.

A cet effet, nous réitérons avec insistance notre demande à la communauté internationale de bien vouloir exercer une pression accrue pour amener les protagonistes du conflit à arrêter les hostilités et à entamer immédiatement des négociations sincères en vue de ramener le pays sur la voie démocratique.

Justice et lutte contre l'impunité au Rwanda : la poursuite des crimes de génocide et des crimes contre l'humanité

Jean-Paul Biramvu

Introduction

Le Rwanda a connu en trois mois le génocide le plus horrible dans l'histoire de l'humanité, qui emporta plus d'un million de personnes et s'étendit sur tout le territoire national, impliquant ainsi beaucoup d'acteurs à des niveaux allant de l'inaction et la complaisance à la complicité et à la participation directe au crime.

Pour faire face à la conjoncture actuelle, un arsenal juridique tenant compte non seulement des principes de droit écrit et universels mais aussi des valeurs culturelles traditionnelles a été mis sur pied pour la poursuite des infractions constitutives du crime de génocide ou de crimes contre l'humanité, commises à partir du 1er octobre 1990 (Loi du 30 août 1996).

Dans cette situation, la justice rwandaise a la tâche immense de juger plus de 80 000 présumés coupables d'un génocide dont le dédommagement incombe non seulement à ses auteurs mais aussi à l'État rwandais, successeur du Gouvernement génocidaire.

Les moyens aussi bien humains que matériels, bien qu'encore insuffisants, ne sont pas les seuls à faciliter le déroulement des procès au niveau national. Et d'autres mesures, supplétives pour certains et de blocage pour les autres, sont prises par le Gouvernement pour épauler le système judiciaire rwandais. Ainsi, une commission de triage a été créée : en effet, le génocide, les massacres et autres crimes contre l'humanité perpétrés au Rwanda ayant un caractère universel, ce pays n'a plus d'exclusivité dans les poursuites, et la coopération avec la justice internationale et étrangère s'avère très nécessaire.

Nous allons donc examiner les fondements de la loi rwandaise N°8 du 30 août 1996 relative à l'organisation des poursuites des infractions constitutives du crime de génocide ou de crimes contre l'humanité, commises à partir du 1er octobre 1990.

Deux ans après la fin du génocide, l'Assemblée Nationale de Transition a adopté la Loi rwandaise relative à la répression du crime de génocide et des crimes contre l'humanité pour suppléer au vide juridique existant en la matière dans la législation rwandaise. En effet, le Rwanda n'avait pas jusqu'alors adopté de mesures législatives internes portant sur la répression du crime de génocide et des actes de génocide, comme stipulé dans l'article 5 de la convention pour la prévention et la répression du crime de génocide du 9 décembre 1948, ratifiée par le Rwanda depuis des années.

Ainsi, pour asseoir une justice saine pouvant garantir les droits et libertés de tout un chacun, le législateur rwandais a tenu compte aussi bien des éléments historiques et culturels du pays que des éléments juridiques, tant au niveau interne qu'international.

Apport historique et culturel à la loi rwandaise sur la répression du génocide

1. *Quelques éléments de l'histoire rwandaise et pérennisation de la culture de l'impunité*

Depuis 1959 le Rwanda a vécu un système d'exclusion ethnique marqué par des violences cycliques à l'encontre de l'ethnie tutsi et la chute de la monarchie. En 1959, une révolution sanglante contraignit beaucoup de Tutsi à prendre la route de l'exil. Arrivés dans les pays voisins, ceux-ci tentèrent d'organiser des attaques à partir de leur pays hôte, comme le Burundi et l'Uganda, autour des années 1963, 1965, 1967 et 1971. A chaque fois, les attaques furent repoussées et les Tutsi de l'intérieur furent réprimés. Ainsi s'installa dans le pays une culture de l'impunité en faveur des bourreaux des Tutsi et la consécration du système d'otages utilisé par les gouvernements qui se sont succédés pendant la 1ere (de 1962 à 1973) et la 2e (de 1973 à 1994) République. Après avoir participé aux tueries cycliques certaines personnes ont continué à assumer des hautes fonctions politiques et administratives sans être inquiétées, alors que d'autres étaient maltraitées et marginalisées, accusées de sympathiser avec les rebelles.

Ce système étant institutionnalisé en une pratique de gouvernement, toute personne jugée indésirable par le pouvoir pouvait être écartée sur la base des raisons ci-dessus mentionnées. Et la culture de l'impunité favorisa la perpétuation d'une série de crimes restés encore aujourd'hui impunis.

Cette culture devint système et fut ainsi à la base du génocide et des crimes contre l'humanité déclenchés à partir du 6 avril 1994. Pour y mettre fin, le législateur rwandais a donc adopté la loi organique n°8/96 du 30 août 1996 précitée qui se fonde en certaines de ses dispositions sur les valeurs positives de la culture rwandaise.

2. *Apport culturel à la répression du génocide et des crimes contre l'humanité commis au Rwanda*

Traditionnellement, les Rwandais avaient un système de règlement à l'amiable des différends, appelé *gacaca* et tous les litiges se terminaient en compromis. Les honnêtes hommes du lieu entendaient les parties au conflit et pouvaient trancher à la satisfaction de tous, sans qu'il y ait de gagnant ni de perdant et le fautif demandait pardon à la communauté après avoir avoué sa faute. Ceci contribuait à rétablir l'ordre perturbé et à favoriser un bon climat d'entente et de réconciliation entre les familles des parties. En effet le conflit issu des relations interpersonnelles prenait un caractère d'ordre familial et communautaire.

Tenant compte de ces valeurs culturelles positives et en donnant ainsi sa place au système du *gacaca* et à *la procédure d'aveu et de plaidoyer de culpabilité*, la loi rwandaise sur la répression du génocide réserve tout son chapitre 3 (articles 4 à 13) à cette dernière procédure avec comme effet l'allègement des peines de ceux qui avouent, tandis qu'au chapitre 5 traitant des peines l'image du système du *gacaca* est rehaussée dans l'article 14 *d)* qui stipule que :

> « *les actes commis par les personnes ayant commis des infractions contre les propriétés donnent lieu à des réparations civiles par voie de règlement à l'amiable entre les parties intéressées avec le concours de leurs concitoyens et, à défaut, il est fait application des règles relatives à l'action pénale et à l'action civile. Si le prévenu est condamné à une peine d'emprisonnement, il est sursis à l'exécution de la peine.*»

La justice de droit écrit et la loi rwandaise sur la répression du crime de génocide

La loi rwandaise sur la répression du crime de génocide et des crimes contre l'humanité commis à partir du 1er octobre 1990 se fonde sur un certain nombre de principes généraux du droit écrit et sur d'autres textes de loi antérieurs à sa publication.

1. *Qu'en est-il de la législation rwandaise*

Ainsi, dans son préambule, la loi rwandaise sur le génocide et les crimes contre l'humanité fait référence à la loi fondamentale rwandaise, spécialement aux articles 12, 33, 69 et 97 de la Constitution du 10 juin 1991. Ceux-ci consacrent successivement les principes suivants : «la non rétroactivité de la loi pénale», «nullum crimen, nulla poena sine lege», et «la présomption d'innocence» (art.12), «le rôle du pouvoir législatif dans l'élaboration des lois et la Souveraineté de la loi» (art.69) et enfin «la Publicité de la loi» et «nemo censetur ignorare legem» (art.97).

Conformément à l'article 5 de la convention du 9 décembre 1948 pour la prévention et la répression du crime de génocide ratifiée par le Rwanda, ce dernier aurait dû adopter des mesures législatives internes relatives à la détermination et à l'application des peines. Cela n'étant pas fait, le législateur rwandais a dû faire référence aux lois déjà existantes, notamment dans son préambule (la loi fondamentale, le décret-loi n°09/80 du 7 juillet 1980 portant Code d'organisation et de compétence judiciaire, spécialement en son article 8 ; la loi du 23 février 1963 portant code de procédure pénale, le décret-loi n°21/77 du 18 août 1977 instituant le code pénal), et essentiellement dans le *considérant* suivant : «considérant que, par conséquent, les poursuites doivent être fondées sur le code pénal», repris clairement dans l'article premier de la loi du 30 août 1996 qui stipule :

« *la présente loi organique a pour objet l'organisation de la mise en jugement des personnes poursuivies pour avoir, à partir du 1er octobre 1990, commis des actes qualifiés et sanctionnés par le code pénal et constituant :*

a) soit des crimes de génocide ou des crimes contre l'humanité tels que définis dans la Convention du 9 décembre 1948 sur la prévention et la répression du crime de génocide, dans la Convention de Genève du 12 août 1949 relative à la protection des personnes civiles en temps de guerre et les Protocoles additionnels, ainsi que dans celle du 26 novembre 1968 sur l'imprescriptibilité des crimes de guerre et des crimes contre l'humanité, toutes trois ratifiées par le Rwanda.

b) soit des infractions visées au code pénal qui, selon ce qu'allègue le Ministère Public ou admet l'accusé, ont été commises en relation avec les événements entourant le génocide et les crimes.»

Pour conclure ce point, il faut dire qu'avec le recours à la peine de mort (art.14 *a*), le législateur rwandais voulait à la fois éradiquer la culture de l'impunité et aussi répondre aux besoins de réconciliation et de justice en considérant une situation exceptionnelle (préambule de la loi sur le génocide).

Y est-il parvenu ? La peine répond-elle à ses trois caractères : dissuasif (exemplatif, punitif) préventif et possibilité de s'amender ? Deux questions auxquelles il faut essayer de répondre en considérant la réalité vécue en ces moments où les procès de génocide et de crimes contre l'humanité ont commencé.

A la première question, il faut répondre qu'éradiquer l'impunité, réconcilier et répondre aux besoins de justice, c'est tout un processus, un idéal à atteindre dans une société avec des composantes sans confiance mutuelle, où la suppression des pratiques illégales ne serait pas la seule tâche de ceux qui disent le droit. A la seconde question, tout ce qu'il faut dire c'est qu'actuellement tous les Rwandais se demandent quand auront lieu les premières exécutions capitales et comment se passeront-elles.[1] Si elles n'ont pas lieu, les Rwandais n'auront pas confiance dans les textes légaux nationaux et encore moins dans la façon de rendre la justice. Si elles ont lieu, les trois caractères idéaux de la peine ne seront pas pour autant réunis.

En effet, le coupable exécuté n'aura pas la possibilité de s'amender. Il restera à voir aussi si les effets de dissuasion et de prévention seront enregistrés dans la société, toujours marquée par des tueries contre des rescapés du génocide pour éliminer les témoins gênants et par des enlèvements, des disparitions et exécutions à caractère de vendetta. C'est toute une éducation à faire pour construire un Rwanda Nouveau et toutes les forces vives de la nation doivent s'y impliquer.

2. *Quelles leçons peut-on tirer ailleurs*

A ce sujet, les leçons sont multiples. L'essentiel consiste à «ne pas se limiter à la solution judiciaire». Toute stratégie de lutte contre l'impunité ne peut se limiter à la seule approche judiciaire mais doit comporter un ensemble de mesures complémentaires. On citera, parmi les principales, *les commissions d'enquête* qui nous viennent d'Amérique latine. Elles doivent retenir l'attention, qu'il s'agisse par exemple de la commission argentine «*Nunca mas*» ou de la commission chilienne «*Vérité-Réconciliation*». Elles présentent le triple intérêt de constituer des archives pour l'histoire, de recueillir des éléments de preuve pour aider la justice le cas échéant et, comme ce fut le cas au Chili, de dresser le bilan pas à pas du comportement du corps social sous la dictature (partis, presse, églises, syndicats...). Cette solution ne peut être transposée que sous réserve d'adaptations, car aucune situation n'est comparable.[2] On peut aussi noter le travail actuel de la *Commission Vérité* en Afrique du Sud.

La justice internationale et la coopération étrangère dans la poursuite du crime de génocide et des crimes contre l'humanité commis au Rwanda

Dans son article premier, la loi rwandaise relative à la répression du génocide et des crimes contre l'humanité stipule qu'elle a pour objet l'organisation

---

[1] Depuis l'époque de ce texte, daté de mars 1997, des exécutions ont eu lieu, avec une grande publicité. Nous renvoyons le lecteur aux commentaires, très mitigés, des journaux de l'époque (NDLR).

[2] Fondation pour le progrès de l'homme, *Expériences et réflexion sur la reconstruction nationale et la paix*, Paris, 1994, p.13.

de la mise en jugement des personnes poursuivies pour avoir, à partir du 1er octobre 1990, commis des actes qualifiés et sanctionnés par le code pénal et qui constituent:

« *des crimes de génocide ou des crimes contre l'humanité tels que définis dans la Convention du 9 décembre 1948 sur la prévention et la répression du crime de génocide, dans la Convention de Genève du 12 août 1949 relative à la protection des personnes civiles en temps de guerre et les Protocoles additionnels, ainsi que dans celle du 26 novembre 1968 sur l'imprescriptibilité des crimes de guerre et des crimes contre l'humanité, toutes les trois ratifiées par le Rwanda ; c'est pourquoi en reconnaissant expressément le caractère universel des crimes commis et ayant ratifié les 3 conventions susdites, le Rwanda a reconnu la compétence universelle en matière de poursuite de ces crimes et dans sa demande S/1994/1115 au Conseil de Sécurité, il a demandé de créer un tribunal international chargé uniquement de juger les personnes présumées responsables d'actes de génocide ou d'autres violations graves du droit international humanitaire commis sur le territoire du Rwanda et les citoyens rwandais présumés responsables de tels actes ou violations commis sur le territoire d'Etats voisins, entre le 1er janvier et le 31 décembre 1994, et d'adopter à cette fin le statut du tribunal criminel international pour le Rwanda*».

Malgré cette coopération qui a marqué le Rwanda et les Nations Unies lors de l'institution du Tribunal pénal International, le statut de ce dernier est bien différent, en certaines de ses dispositions, du contenu de la loi rwandaise sur le génocide et les crimes contre l'humanité.

1. *Le statut du Tribunal pénal international pour le Rwanda et la coopération internationale dans la poursuite des auteurs du génocide et des crimes contre l'humanité commis au Rwanda*

Dans l'esprit de coopérer avec le Rwanda, le Conseil de Sécurité s'est engagé à doter le Tribunal International (T.P.I.R.) des compétences nécessaires pour engager des poursuites contre les personnes présumées responsables d'actes de génocide ou d'autres violations graves du droit international, avec le but d'atteindre cet objectif et contribuer au processus de réconciliation nationale ainsi qu'au rétablissement et au maintien de la paix.

Il est regrettable cependant que, deux ans [en mars 1997] après l'institution de cet organe, aucun jugement de génocide ou de crime contre l'humanité n'ait été prononcé, ce qui fait que beaucoup de questions sont actuellement posées quant à savoir si le T.P.I.R. remplit effectivement sa mission et si l'engagement d'autres pays étrangers illustre bien l'esprit de franche coopération et d'entraide judiciaire, dans la poursuite des auteurs du génocide et des crimes contre l'humanité. En effet, comme cela est décrit dans les lignes précédentes, les juridictions de tous les Etats ont la compétence pour juger les personnes présumées responsables de violations graves du droit international humanitaire commises sur le territoire du Rwanda et les Citoyens rwandais présumés responsables de telles violations sur le territoire d'États voisins entre le 1er janvier et le 31 décembre 1994 (article 8 du Statut du T.P.I.R.).

Cependant, le T.P.I.R. n'est pas le seul à critiquer, le reste des pays étrangers ayant aussi un rôle à jouer dans son devoir de coopération et d'entraide judiciaire (article 28 du statut du T.P.I.R.), beaucoup d'entre eux s'étant jusqu'aujourd'hui montré désintéressés à engager la procédure nécessaire. Avec toutes ces remarques, il est à craindre que le rôle du T.P.I.R. ne reste symbolique.

2. *Quelques contradictions entre les textes légaux nationaux et les textes internationaux dans la poursuite des auteurs du génocide et des crimes contre l'humanité commis au Rwanda*

Bien qu'il y ait certaines contradictions entre les textes nationaux et les textes internationaux relatifs à la répression du crime de génocide, l'objectif commun des deux textes consiste en l'éradication de l'impunité et en la contribution au rétablissement de la confiance entre les Rwandais, en participant au processus de réconciliation. Sera-t-il facile d'atteindre cet objectif avec tant de contradictions entre les deux textes, dont nous ne reprenons que les suivantes :

	Compétence *ratione temporis*	Peine de mort
Loi Rwandaise	du 01/10/1990 au 31/12/1994 (art.2)	OUI (art.14 *a*)
Statuts du T.P.I.R.	du 01/01/1994 au 31/12/1994 (art.1er)	NON (art.23)

Avec ces contradictions très fondamentales, l'esprit de complémentarité des deux textes n'existe plus et au niveau interne une grande hostilité se manifeste vis-à-vis du travail accompli jusqu'à ce jour par le T.P.I.R.

Conclusion

Cinquante ans après la mise en place de l'O.N.U., le Rwanda a connu un génocide sans précédent depuis la fin de la 2e Guerre mondiale et beaucoup de questions restent posées quant au comportement de l'O.N.U. et des autres pays membres pendant le génocide rwandais. Le cas du Rwanda a pu démontrer la faillite du système onusien à l'aube du 21e siècle et le désintérêt des autres pays membres porté à la protection de la paix ailleurs dans le monde.

Ni cette organisation ayant la première mission de maintien de la paix et disposant de plusieurs mécanismes pour arrêter les drames humanitaires, ni l'organisation régionale africaine (O.U.A.) dotée d'organes chargés de la résolution et de la prévention des conflits, ni les autres pays étrangers pouvant intervenir «au nom de l'ingérence humanitaire» n'ont voulu contrecarrer l'action d'un régime sanguinaire ayant détruit un million de vies humaines. Ce sont les efforts des Rwandais eux-mêmes qui ont permis d'arrêter les horreurs du génocide et des autres violations graves du droit international.

Une remise en cause du système international de protection des droits de l'homme doit être effectuée pour atteindre l'effectivité. Il ne suffit pas de condamner, mais il faut aussi réagir.

L'usage de la force pour endiguer les violences à l'encontre des populations innocentes ne s'est pas toujours montré la meilleure solution dans certains conflits, comme ce fut le cas en Somalie. Cependant, l'utilisation des mécanismes prévus au chapitre 7 de la Charte des Nations Unies reste la meilleure solution pouvant contraindre les dictatures à cesser leurs violences à l'encontre des populations sous leur autorité.

Il est regrettable enfin de remarquer que la crise du système onusien de protection des droits de l'homme s'accentue, avec l'hypocrisie de certains membres de la Communauté Internationale qui continuent de prendre en otage les populations civiles pour privilégier leurs intérêts géo-politiques et d'ordre économique. L'intervention en Irak ne serait-elle pas aussi légitimée que celle qui aurait pu être effectuée au Rwanda pour arrêter le génocide de centaines de milliers de Tutsi ?

Est-ce le moment de remarquer qu'en mars 1997, deux ans après la création du T.P.I.R., celui-ci n'a rien fait pour réaliser sa mission ? Les petits problèmes actuellement mis en avant dans le fonctionnement du T.P.I.R., relatifs à sa gestion, existent-ils aussi pour le Tribunal International pour l'ex-Yougoslavie ? Autant de questions auxquelles il faut chercher à répondre et ainsi contribuer à la vraie justice dans le monde et à l'arrêt de l'embrasement conflictuel d'une région à l'autre. En privilégiant l'universalité des droits de l'homme et en garantissant l'existence d'Etats de droit, respectueux des droits et libertés de tous les hommes et de tous les peuples.

Rwanda : Les libertés fondamentales en question

François-Xavier Nsanzuwera

Les organisateurs de ce Colloque international m'ont demandé de parler des libertés et des droits fondamentaux, et de donner des points de vue de réfugiés sur la garantie et l'application de ces libertés fondamentales en question.

Je voudrais, avant de commencer, louer leur noble initiative. En effet, dans huit jours, nous allons célébrer le 49e anniversaire de la Déclaration universelle des droits de l'homme et l'année prochaine sera celle du 50e anniversaire de cette déclaration qui fut un hymne à la liberté. Malheureusement l'Afrique, et la Région des Grands Lacs en particulier, aura peu de fierté à célébrer cet anniversaire.

Alors que la fin du monde bipolaire avec les années 1989 et 1990 a ouvert une période d'espoir, de liberté, pour les peuples de l'Europe de l'Est, elle a été par contre pour les pays d'Afrique, surtout pour les pays de la Région des Grands Lacs, le commencement de crises politiques sur des bases ethniques, crises qui ont provoqué des génocides et autres crimes contre l'humanité.

Alors que l'année 1990 a vu la fin de la période de l'apartheid en Afrique du Sud, beaucoup de pays africains se sont plongés dans un esclavagisme de type nouveau. Je veux parler de la prise en otage des populations par leurs élites dirigeantes, et plus particulièrement dans la Région des Grands Lacs. L'Afrique entre dans le troisième millénaire sur un pont d'innombrables cadavres d'enfants, de femmes et de vieillards. N'en déplaise à ceux qui affirment dans les forums internationaux que l'Afrique renaît. L'Afrique se meurt si un sursaut d'une force intense et surtout d'une volonté politique ne naît pour un plus grand respect des droits et libertés fondamentaux de la personne humaine.

Alors que la défaite en juillet 1994 du régime rwandais qui avait planifié et exécuté un génocide et la chute du régime pourri du Maréchal Mobutu avaient provoqué un grand espoir, espoir d'une ère nouvelle, d'une nouvelle génération de dirigeants, les violations actuelles des droits de l'homme dans la Région ne laisse pas beaucoup de place à l'espoir. N'en déplaise à ceux qui jouent la solidarité ethnique négative ou politique, malgré l'optimisme béat de ceux qui ont trouvé dans la tragédie des peuples de la Région des Grands Lacs une industrie de la tragédie humaine, la situation dans ces pays reste dramatique et demande que l'on soit beaucoup plus attentif. Il faut être vigilant pour éviter que les nouveaux régimes rwandais et congolais qui ont mis fin à ces dictatures ne deviennent à leur tour des régimes totalitaires.

Le sujet me paraît donc intéressant vue cette sombre perspective que je viens d'annoncer, alors que bientôt nous allons célébrer le 49e anniversaire de la Déclaration universelle des droits de l'homme, cet hymne à la liberté. Comme nous l'avons dit, l'année prochaine [c.à.d. en 1998] sera celle du 50e anniversaire de cette Déclaration qui a donné beaucoup d'espoir aux hommes opprimés par leurs semblables, un anniversaire d'un demi siècle de proclamation et d'affirmation des libertés fondamentales, mais également un demi siècle de violations graves et systématiques des libertés les plus fondamentales.

Je voudrais enfin préciser, avant d'entrer dans le vif du sujet, que ce sujet est également délicat. Il m'a été demandé de donner des points de vue de réfugiés politiques, alors que je ne le suis pas (il va sans dire qu'il s'agit des réfugiés originaires de la Région des Grands Lacs). Une autre difficulté majeure est la radicalisation qui caractérise les réfugiés originaires de cette région. Les réfugiés modérés deviennent de plus en plus une espèce en voie de disparition. Les conditions de vie difficiles de l'exilé, la déception inspirée par les dérapages du régime rwandais sont autant de causes qui les rendent vulnérables et attentifs au discours des extrémistes. Je donnerai les points de vue de ces réfugiés modérés, que je partage, tout en soulignant également le danger que présentent les positions des réfugiés radicaux pour l'émergence de l'État de droit, voire même la paix, dans la Région des Grands Lacs.

Cette communication sera centrée sur les Conventions internationales relatives aux droits de l'homme ratifiées par les pays de la Région des Grands Lacs et les lois internes rwandaises. J'insisterai plus sur l'application quotidienne des libertés fondamentales. Je me permets de demander que, dans ce colloque, l'on évite les exposés purement académiques et la langue de bois qui caractérise souvent les colloques internationaux sur la Région des Grands Lacs.

Dans la vie, il faut avoir le courage de voir la réalité en face, de sortir des auditoriums, des bureaux, de se libérer des constructions intellectuelles et d'aller voir la réalité sur le terrain. La violation, voire la négation des droits et libertés fondamentaux dans la Région des Grands Lacs est l'œuvre des élites. Une partie importante de l'élite considère le pouvoir comme l'accès facile à la richesse matérielle et une garantie de sécurité dans des Etats où la force brutale, physique, celle des armes, a remplacé la force de la loi, la force du cœur, la vraie force humaine. Ces élites ont conduit et continuent de conduire des populations analphabètes dans un cycle de violences sans fin. Dans ces pays où la course effrénée vers la richesse matérielle et le pouvoir sont devenus les seules valeurs, il est difficile pour les élites d'avoir le courage de dénoncer l'arbitraire, l'absence d'un Etat de droit..., sauf quand leurs propres intérêts sont menacés. Seules quelques rares voix prennent ce risque dans cette région où le silence est la seule garantie de longévité ou tout simplement la garantie de survie. Et Dieu sait combien d'intellectuels rwandais et burundais ont payé de leur vie le courage d'avoir dénoncé cette *prise en otage des populations civiles par une partie importante de l'intelligentsia* de ses pays.

Je présenterai, pour plus de compréhension et en respect de la hiérarchie des normes juridiques, tout d'abord les principaux instruments juridiques internationaux ratifiés par le Rwanda, puis les droits et libertés fondamentaux garantis par la législation nationale, les mécanismes de protection du citoyen, enfin l'application quotidienne de ces libertés fondamentales en question.

Les principaux instruments internationaux relatifs aux droits de l'homme ratifiés par la République Rwandaise ou auxquels elle a adhéré

1. *La Déclaration universelle des droits de l'homme, du 10 décembre 1948.*

   La République Rwandaise a adhéré à la Déclaration universelle des droits de l'homme le 18 septembre 196. La plupart des droits et libertés consacrés par cette Déclaration sont garantis par la Constitution de la République au titre des Libertés publiques.

2. *Le Pacte international relatif aux droits civils et politiques, du 19 décembre 1966*

   Le Rwanda y a adhéré par le Décret-loi n°8/75 du 12 février 1975.

3. *Le Pacte international relatif aux droits économiques, sociaux et culturels*

   Le Rwanda y a adhéré par le Décret-loi n°8/75 du 12 février 1975.

4. *La Charte africaine des droits de l'homme et des peuples, du 27 juin 1981*

   La République Rwandaise l'a signée le 11 novembre 1981 et ratifiée par la loi n°0/1983 du 17 mai 1983.

Les Libertés publiques dans la législation nationale

1. *Le droit à la vie*

Le droit à la vie consacré par l'article 3 de la Déclaration Universelle des droits de l'homme est garantie par l'article 12 de la Constitution, qui dispose que la personne humaine est sacrée. Cette disposition consacre les principes de la légalité des infractions, de la non rétroactivité des lois pénales et de la présomption d'innocence. Le code pénal sanctionne les atteintes à ces droits. Dans ses articles 310 à 338, le code pénal rwandais sanctionne l'assassinat, le meurtre, l'empoisonnement, l'avortement, les coups et blessures. Précisons que les peines vont de la peine capitale à l'amende pénale.

2. *Le droit à la liberté et à la sûreté de la personne*

Nous retrouvons ces libertés consacrées par la Déclaration universelle des droits de l'homme (articles 3, 9 et 13) dans les articles 12, 13 et 21 de la Constitution. Quant au code pénal, il sanctionne les atteintes à ces libertés dans ses articles 297 à 300 et 388 à 390. Le code de procédure pénale renforce également la garantie de ces droits.

En effet l'article 13 de la Constitution dispose que «Nul ne peut être soumis à des mesures de sûreté que dans les cas et les formes prévus par la loi, pour des raisons d'ordre public ou de sécurité de l'État. L'article 21 garantit à tout citoyen rwandais la liberté de circuler, de se fixer librement sur le territoire rwandais, de le quitter et d'y revenir.

Le code pénal rwandais sanctionne les atteintes à ces libertés fondamentales que constituent les arrestations arbitraires ou illégales, les détentions arbitraires ou illégales, les séquestrations, les entraves à la liberté de circulation.

3. *L'interdiction de l'esclavage et de la servitude*

La Constitution, dans son article 17, dénonce que «toute forme d'esclavage et de servage est prohibée». Les articles 388 et 390 du Code pénal punissent l'esclavage et la servitude de peines pouvant aller jusqu'à la peine de mort.

4. *La prohibition de la torture, des peines ou traitements cruels, inhumains et dégradants*

Il est curieux, voire inquiétant que la prohibition de la torture, des peines ou traitements cruels, inhumains ou dégradants, contenue dans la Déclaration universelle des droits de l'homme, ait été oubliée par les constituants rwandais successifs qui, pourtant, ont donné une large place aux autre droits et libertés, consacrés par cette constitution. Et, à ma connaissance, le Rwanda n'a pas encore ratifié la Convention internationale sur la torture. Cela me paraît grave dans la mesure où la torture est devenue un virus aussi mortel que celui du sida dans cette région.

Toutefois, il n'y a pas de vide juridique en ce qui concerne cette grave atteinte à la personne humaine, puisque le code pénal incrimine ce genre de pratique. En outre l'article 28 du Code de procédure civile et commerciale interdit le recours à la torture ou au lavage de cerveau pour extorquer l'aveu des parties ou la déposition des témoins.

5. *La reconnaissance de la personnalité juridique de tout être humain*

«Chacun a le droit à la reconnaissance en tous lieux de sa personnalité juridique». Ce droit, consacré par la Déclaration universelle des droits de l'homme, est absent de la constitution de la République. Nous le trouvons, heureusement, dans le code civil (article 15) : «La personne humaine est sujet de droit à partir de sa naissance jusqu'à sa mort».

6. *L'égalité de tous devant la loi*

Selon l'article 16 de la Constitution : «Tous les citoyens sont égaux devant la loi, sans discrimination aucune, notamment, de race, de couleur, d'origine, d'ethnie, de clan, de sexe, d'opinion, de religion ou de position sociale».

7. *Le droit à un procès équitable*

La Loi fondamentale consacre l'indépendance du pouvoir judiciaire et l'interdiction des juridictions d'exception. «La défense est un droit absolu dans tous les états et à tous les degrés de la procédure» (article 14 de la Constitution).

8. *Le droit à la nationalité*

«Nul ne peut être arbitrairement privé de sa nationalité, ni du droit de changer de nationalité» (article 15.2 de la Déclaration universelle des droits de l'homme). La loi fondamentale admet le principe de la double nationalité et prévoit une révision de la loi sur la nationalité rwandaise, laquelle révision est toujours attendue.

9. *Le droit à la propriété*

«La propriété privée, individuelle ou collective, est inviolable. Il ne peut y être porté atteinte que pour cause d'utilité publique, dans les cas et de la manière établis par la loi, et moyennant une juste et préalable indemnité» (article 23 de la Constitution). Le Protocole d'Accord sur le rapatriement des réfugiés et la réinstallation des personnes déplacées faisant partie intégrante de l'Accord de paix d'Arusha va plus loin en précisant que «Le droit à la propriété est un droit fondamental pour tous les Rwandais».

10. *La liberté d'opinion et d'expression*

«La liberté des cultes et celle de l'exercice public, la liberté de conscience ainsi que la liberté de manifester ses opinions en toute matière sont garantis, sauf la répression des infractions commises à l'occasion de leur exercice.»

11. *La liberté de réunion et d'association*

«La liberté d'association est garantie dans les conditions fixées par la loi ; l'autorisation préalable ne peut être prescrite» (article 19 de la Constitution).

La liste des droits et libertés fondamentaux est longue. J'ai pris ceux qui me semblent les plus fondamentaux. Il ne suffit pas que ces droits et libertés soient garantis pour qu'ils soient respectés. Il faut qu'il y ait également des procédures de protection voire des sanctions. Quels mécanismes de recours dispose le citoyen rwandais en cas de violations de ses libertés fondamentales ?

Mécanismes de protection

Quatre procédures sont ouvertes au citoyen.

1. *Le contrôle de la constitutionnalité des lois*

Les libertés fondamentales en question sont *insérées dans la Loi fondamentale de la République Rwandaise*. Aucune loi, aucun décret-loi ne peuvent être promulgués s'ils sont contraires à la Constitution. Il s'agit d'un contrôle *a priori*. Et les avis de la Cour constitutionnelle s'imposent aux pouvoirs publics et à toutes les autorités administratives et juridictionnelles.

2. *L'annulation des arrêtés, règlements et décisions des autorités administratives*

En vertu de l'article 89 de la Constitution, le Conseil d'État a le pouvoir d'annuler les règlements, arrêtés et les décisions des autorités administratives qui sont entachés d'illégalité.

3. *Les recours devant les juridictions de droit commun*

La personne victime des violations des droits et libertés fondamentaux peut s'adresser aux juridictions rwandaises. Mais quel poids pèse un recours de droit interne quand le pouvoir judiciaire n'est pas indépendant ? D'où la nécessité d'un recours international.

4. *L'absence d'un recours international*

Malgré l'existence d'une Charte africaine des droits de l'homme et des peuples, malgré l'existence de la Commission africaine des droits de l'homme, il n'existe pas à ce jour de Cour africaine des droits de l'homme.

Ce large survol des libertés fondamentales m'amène à parler de la réalité quotidienne de ces libertés au Rwanda, une réalité que le Rwanda partage avec les autres pays de la Région. Une seule phrase suffit à expliquer la réalité quotidienne : *une véritable négation du droit dans la Région des Grands Lacs.*

Un droit, une pratique : une véritable négation du droit

L'on fait aux théoriciens du droit un reproche qui me paraît fondé : celui d'être souvent déconnecté de la réalité, ou tout simplement le refus de voir la réalité en face, celle de la violation systématique des libertés fondamentales souvent par ceux-là même qui les ont introduites dans les législations de leur pays et qui ont le devoir de les faire respecter. Tant qu'ils sont au pouvoir, ils brandissent les constitutions pour dire que les libertés sont respectées dans leur pays alors qu'elles sont quotidiennement bafouées. Ce n'est que lorsqu'ils sont en exil, loin des délices du pouvoir, qu'ils parlent du non respect de ces libertés par leurs successeurs.

Il faut noter également que les critiques contre les régimes politiques de la Région des Grands Lacs soulèvent toujours des passions. Je ne suis pas un détracteur des gouvernements rwandais, burundais ou congolais. Depuis 1994, j'associe ma modeste voix à celles de ceux qui estiment que la Communauté internationale, surtout les membres du Conseil de sécurité de l'ONU, doit participer à la reconstruction du Rwanda et spécialement à la reconstruction de l'appareil judiciaire rwandais afin de lui assurer plus d'indépendance et de moyens pour faire face à la lourde et difficile tâche de rendre justice dans un pays où le tissu social est complètement détruit. Mais je ne suis pas de ceux qui refusent de se rendre compte que même un régime qui a mis fin à un génocide puisse se rendre lui-même coupable de violations graves des droits de l'homme.

Je ne nie pas les difficultés auxquelles est confronté le Rwanda, avec les attaques au Nord des ex-Forces armées rwandaises et miliciens interahamwe impliqués dans le génocide de 1994, mais je me refuse à cautionner les violations graves et systématiques des droits de l'homme par le régime, bien que confronté aux problèmes consécutifs à un génocide. Ce régime devrait rester attentif à ces critiques et ne pas entendre les voix de certains pays qui, prisonniers du complexe de culpabilité de ne pas avoir pu arrêter un génocide annoncé, se complaisent aujourd'hui à déclarer que les violations actuelles ne sont rien par rapport au génocide. Jusqu'à quand les victimes de nos pays seront-elles uniquement estimées par des chiffres et non par leur qualité de personnes humaines ? Je voudrais rappeler enfin ces mots d'un grand défenseur sénégalais des droits de l'homme : «l'indignation d'un Etat face à des accusations de violations des droits de l'homme est un aveu de faiblesse». J'ajouterai que l'adoration aveugle de régimes politiques par des intellectuels est tout simplement de la prostitution intellectuelle, favorisant l'avènement de régimes fascistes. Après cette mise au point, j'aborde mes critiques qui, j'espère, susciteront de la part du gouvernement rwandais des réponses positives.

Jean Monet disait que rien n'est possible sans les hommes, que rien n'est possible sans les institutions. Je me permettrai de compléter les mots de ce grand homme en disant que *les institutions ne sont rien sans les hommes*. Elles dépendent de la personnalité des hommes qui les servent.

La Loi fondamentale de la République rwandaise est un des plus beaux textes du monde en matière de libertés publiques, mais l'application de ces bonnes dispositions pose problème. Fin 1993, le Président de la République Habyarimana qualifia de chiffon de papier l'Accord de paix d'Arusha qui fait partie intégrante de la Loi fondamentale de la République rwandaise. Aujourd'hui, qu'en est-il du respect des libertés publiques consacrées par cette loi fondamentale ?

La ratification des Conventions internationales relatives aux droits de l'homme, la promulgation d'une loi fondamentale très généreuse en matière de libertés fondamentales sont demeurées en fait sans effet sur le régime juridique rwandais et la situation des libertés fondamentales. Elles ont peu d'impact sur le droit interne et *aucun effet sur les pratiques des pouvoirs publics*. Le principe de la séparation des pouvoirs, qui devrait garantir l'indépendance de l'appareil judiciaire, reste théorique et le contrôle du gouvernement par l'Assemblée nationale de transition n'existe que dans un texte récemment adopté après le limogeage par ses pairs du Président de l'Assemblée nationale.

Je ne vais pas parler de chacun des droits et libertés garantis par la Constitution. Un petit nombre de libertés fondamentales a retenu mon attention et ce choix n'est pas le fruit du hasard. Dans deux ans, le Rwanda sortira de la transition. Il est donc plus que temps qu'il y ait un débat national sur la nouvelle constitution et sur la réconciliation nationale. Ces deux enjeux nationaux intéressent, à un plus grand niveau, les réfugiés rwandais. Je parlerai donc de la liberté de circulation, de la liberté d'opinion et d'expression, de la liberté d'association et enfin du droit à la propriété.

1. *La liberté de circulation et le droit de quitter son pays et d'y revenir*

A l'époque de la mondialisation, laquelle diminue chaque jour les frontières entre les hommes, la liberté de circulation pour les Rwandais est une simple lettre. Dernièrement, le pays a changé de passeports pour des raisons évidentes, mais l'on remarque une véritable sélection dans la délivrance de ces passeports, la saisie des passeports aux frontières ou l'interdiction de quitter le territoire signifiée en temps à certaines personnes rentrées récemment au Rwanda. Aucune ambassade, à moins que cela n'ait changé ces derniers jours, ne délivre de passeport aux ressortissants rwandais qui se trouvent à l'étranger. Cela a poussé un bon nombre de Rwandais à demander l'asile politique dans les pays où ils se trouvent. Le fait que l'on retire les passeports à certaines personnes qui sont rentrées au Rwanda ou le fait que certaines personnes ne peuvent quitter le pays favorise également les demandes d'asile, les frustrations et l'esprit revanchard qui caractérisent actuellement un grand nombre de Rwandais se trouvant à l'étranger.

Cette discrimination est d'autant plus grave que les réfugiés de la première diaspora vont au Rwanda et reviennent sans problème, en passant par des pays voisins qui sont complaisants face à cette situation. Les Rwandais porteurs de passeports rwandais vivant à l'étranger et hésitant pour le moment à rentrer au pays, estimant que leur sécurité n'est pas garantie, ne sont pas épargnés par les tracasseries. La plupart ne peuvent pas continuer leurs formations universitaires, certaines ambassades faisant une campagne selon laquelle ces Rwandais ont une formation suffisante et que le pays a besoin de leurs compétences – ce qui est vrai – mais il faut d'abord faire une campagne pour la sécurité des biens et des personnes sur tout le territoire national.

Certains pays africains ont même des ministères s'occupant de leurs ressortissants à l'étranger. Pour les régimes rwandais qui se sont succédés depuis l'indépendance jusqu'aujourd'hui, tout Rwandais qui se trouve à l'extérieur (à part ceux envoyés par le pouvoir) sont des ennemis du pays, des opposants politiques. Depuis 1959 jusqu'à nos jours, face aux problèmes dûs à l'explosion démographique, face au problème de l'alternance du pouvoir, l'exil forcé est devenu une pratique.

2. *La liberté d'opinion et d'expression*

La liberté d'opinion et d'expression est non seulement bafouée à l'intérieur mais également à l'extérieur. Les réfugiés politiques et même des étudiants se trouvant à l'étranger qui critiquent le régime, qui dénoncent la corruption, qui réclament un projet de société et un débat national sur l'avenir du pays sont qualifiés d'opposants politiques et font l'objet d'attaques virulentes dans les journaux proches du gouvernement. Ces attaques virulentes ont pour conséquence d'exposer à des menaces les membres de la famille restés à l'intérieur du pays. Ces attaques empêchent les Rwandais de l'extérieur de penser, de s'interroger sur les enjeux politiques, socio-économiques de leur pays.

Après le génocide des Rwandais tutsi et les crimes contre l'humanité commis envers les Rwandais hutu modérés au printemps de l'année 1994, ceux qui, à l'intérieur du Rwanda, n'acceptent pas un dialogue politique entre tous les Rwandais et certains intellectuels occidentaux qui ont trouvé dans le génocide une industrie de la tragédie, banalisent ces deux crimes qu'ils imputent à tout Rwandais de l'extérieur qui ose porter une critique au pouvoir sans faire de distinctions. En effet, il est devenu fréquent de se voir taxer de révisionnisme et de négationnisme quand il vous arrive de dénoncer les violations actuelles des droits de l'homme. Il est vrai que l'on retrouve des révisionnistes, des négationnistes voire des auteurs présumés du génocide au sein de la Communauté de l'extérieur, mais il est malheureux que ceux qui n'ont pas connu, qui n'ont pas souffert de ce génocide, soient incapables de comprendre comment en un jour une personne perd toute sa famille, ses amis et tout ce qu'elle avait construit toute sa vie. Cela fait mal que ceux-là même qui profitent politiquement du génocide, ceux-là même qui reprochent à leurs compatriotes d'avoir survécu, utilisent les mots *révisionnisme* et *négationnisme* comme une arme contre tous ceux dont ils ne partagent pas les opinions politiques.

3. *La liberté d'association*

Cette liberté s'exprime par la création d'associations de syndicats et de partis politiques. C'est depuis la Constitution de 10 juin 1991 que le Rwanda connaît le multipartisme. Aujourd'hui, cinq partis politiques composent le gouvernement. Mais ce pluralisme politique pose un problème. Les Rwandais de l'extérieur estiment que c'est un faux pluralisme politique. En effet, les présidents de ces partis politiques sont ministres, les autres membres du bureau sont députés ou directeurs dans des sociétés publiques. Ces partis politiques n'ont aucune base politique. Et plus grave encore, certains parlementaires ont des épouses réfugiées politiques à l'étranger. Comment peuvent-ils convaincre les réfugiés rwandais que le Rwanda est un Etat de droit, quand eux-mêmes ne peuvent pas y vivre avec leur propre famille ? Quelle est la situation de cette liberté à l'extérieur du Rwanda ?

Aujourd'hui, l'on assiste à une floraison d'associations de Rwandais de la diaspora. Toutes ces associations sont tournées en général autour des droits de l'homme. Mais à voir les membres, l'on se rend compte que la plupart des associations sont composées de Rwandais ayant pris part au génocide, soit activement, soit dans sa préparation idéologique. Le discours que l'on entend dans ces associations est la dénonciation des violations actuelles des droits de l'homme au Rwanda, mais personne ne parle du génocide, de la poursuite des auteurs de ce génocide, et pourtant ces compatriotes connaissent les bourreaux de leurs compatriotes. Les rares associations qui voudraient penser un projet de société viable pour le Rwanda sont marginalisées car, dans une situation de bipolarisation, seuls les extrémistes ont la parole.

Je ne pourrais pas terminer sur la liberté d'association sans parler un peu de la société civile au Rwanda. Il est dommage que personne ne soit venu du Rwanda pour nous parler de cette société civile qui traverse aujourd'hui une crise majeure. Personne ne conteste, sauf les personnes de mauvaise foi, le rôle de la société civile dans la dénonciation des violations des droits de l'homme par le régime du Président Habyarimana. En février 1994, une commission d'enquête demandée par les associations de défense des droits de l'homme au Rwanda, composée d'ONG de droits de l'homme telles que la FIDH, l'UIDH, Human Rights Watch et le Centre canadien du droit de la personne et de la démocratie, avait alerté la Communauté internationale en parlant déjà d'actes de génocide. Pendant le génocide, les militants des droits de l'homme l'ont payé de leur vie. Aujourd'hui, la plupart des Associations de défense des droits de l'homme sont infiltrées par des services de renseignement militaire. Et il n'est pas rare maintenant d'entendre de la part de ces associations qu'il ne faut pas dénoncer les violations actuelles des droits de l'homme car elles ne sont rien par rapport au génocide !

Les associations de défense des droits de l'homme et même les associations de rescapés sont divisées en deux camps. Cette division est nette au sein du Collectif des Ligues et Associations de Défense des Droits de l'Homme au Rwanda (CLADHO). Le discours des droits de l'homme est devenu un discours servant des intérêts politiques et matériels. Les associations qui estiment que l'on ne peut pas dénoncer les violations actuelles au risque d'oublier le génocide sont encouragées dans ces propos par une certaine opinion occidentale, prisonnière du complexe de culpabilité de n'avoir pas pu arrêter un génocide qui se commettait au vu et au su de toute la communauté internationale. Les associations qui estiment qu'il faut continuer de dénoncer les violations actuelles des droits de l'homme sont également infiltrées par certains éléments qui estiment qu'en dénonçant les violations actuelles des droits de l'homme, on arrivera à une sorte d'équilibre de l'horreur. C'est cette théorie que poursuivent ceux qui, aujourd'hui, parlent d'un double génocide sans en donner des preuves. Dans une situation pareille, les notions de démocratie, de lutte contre l'impunité, d'État de droit, et même de victime, sont vidées de tout sens et sont employées pour une exploitation politique des uns et des autres.

Une véritable société civile doit constituer des relais auprès des populations et des vigiles attentifs auprès des pouvoirs publics. Une véritable société civile doit être indépendante du pouvoir, des partis politiques, etc. Elle doit être pluraliste, ouverte à toutes tendances religieuses et idéologiques et poursuivre la protection de la personne humaine, qui est une et indivisible.

4. *Le droit à la propriété*

Je voudrais terminer cette communication en évoquant le droit à la propriété. Les problèmes liés à la propriété ont joué un rôle néfaste durant le génocide du printemps 1994 et constituent aujourd'hui encore un facteur de violations diverses des droits de l'homme.

Durant le génocide, les autorités administratives convainquirent les paysans hutu qu'ils prendraient les propriétés de leurs voisins tutsi massacrés. Aujourd'hui, un grand nombre d'arrestations est lié à la propriété. Des Rwandais se trouvant à l'étranger et dont les biens sont illégalement occupés n'osent pas rentrer au pays. Des rumeurs selon lesquelles l'État va distribuer les biens des Rwandais se trouvant à l'étranger circulent de plus en plus et renforcent un sentiment d'exclusion de la part de cette partie de la population rwandaise. Comment parler d'une citoyenneté pour tous quand certains possèdent et que les autres se voient plutôt dépouillés. Plus que le respect des libertés fondamentales, il faut une justice sociale équitable et impartiale pour tout le monde. Plus que jamais, il faut renforcer l'indépendance et la capacité de la Justice, gardienne des droits et libertés fondamentaux.

Je voudrais conclure que, lorsque l'État de droit disparaît, lorsqu'il n'y a pas une égale citoyenneté pour tous, les faibles disparaissent ou se soumettent aux plus forts qui règnent en maîtres. Et dans la région des Grands Lacs, les élites préfèrent être du côté des plus forts. Ce ne sont pas seulement ces élites qui trahissent les populations. Même les gouvernements occidentaux qui, dans les forums internationaux, donnent des leçons, fiers de deux siècles d'une tradition des droits de l'homme, ne peuvent pas se vanter d'être du côté de ceux qui se battent pour leurs libertés.

Tant que les régimes sont forts, même s'ils sont coupables des pires violations des droits de l'homme, ils seront toujours soutenus. C'est lorsqu'ils vacillent qu'on les achève. Mais il y aura toujours des esprits indépendants, des intellectuels humanistes, à côté de ceux qui mènent un combat pour la liberté et l'égalité. C'est à ceux-là que j'ai adressé mon modeste message.

La question des réfugiés et des déplacés dans la région des Grands Lacs

Paul K. Ngarambe

On observe que la situation intérieure des pays «producteurs» des réfugiés et des déplacés n'est pas stabilisée. Certains réfugiés Rwandais et Burundais en République Démocratique du Congo et en Tanzanie ont dû rentrer chez eux alors que les circonstances qui avaient présidé à leur départ n'avaient peut-être pas encore trouvé d'issue heureuse. Pendant ce temps, d'autres réfugiés Rwandais et Burundais s'enfonçaient plus à l'intérieur de la République Démocratique du Congo, entraînant avec eux de nombreux déplacés congolais, tandis que d'autres réfugiés encore s'enfonçaient plus à l'intérieur de la Tanzanie, vers l'Ouganda, le Kenya et le Malawi.

Dans la recherche de solutions à la question des réfugiés et des déplacés, les différents responsables des pays concernés ont surtout mené une réflexion «locale». La Communauté Internationale elle-même a toujours envisagé la question dans chaque pays en particulier sans prendre en compte sa dimension régionale. Les Agences à vocation humanitaire sont généralement intervenues dans les différents pays concernés sans que la dimension régionale de leur assistance soit vraiment envisagée.

Nous voulons montrer que le problème des réfugiés et des déplacés n'est ni local, ni simplement national, mais bel et bien régional, et que sa solution doit être régionale avec l'implication des différents pays concernés et de la Communauté Internationale.

Nous poserons donc la question des réfugiés et des déplacés en la situant dans sa dimension régionale. Nous insisterons sur la promotion de la Culture de la Paix en lieu et place de la culture de guerre qui est actuellement préconisée sur les plans national et régional.

Réfugiés et déplacés par vagues successives

Après les élections des 1er et 29 juin 1993 au Burundi, les réfugiés burundais qui se trouvaient principalement au Rwanda, en Tanzanie et au Zaïre rentrent massivement dans leur pays : ils étaient environ 200.000 personnes.

Suite à la tentative de coup d'État et l'assassinat, le 21 octobre 1993, du premier Président démocratiquement élu, Melchior Ndadaye, les Burundais qui s'étaient rapatriés furent les premiers à reprendre le chemin de l'exil de nouveau vers la Tanzanie, le Rwanda et la République Démocratique du Congo. Les réfugiés à l'extérieur du pays se chiffrent autour de *600.000 personnes*, les réfugiés intérieurs ou déplacés se chiffrent autour de *200.000 personnes*.

Le 6 avril 1994, suite à l'attentat à Kigali sur l'avion qui transportait les Présidents Juvénal Habyarimana du Rwanda et Cyprien Ntaryamira du Burundi, et suite au génocide exécuté au Rwanda contre les Tutsi et les Hutu de l'opposition, les réfugiés burundais durent rentrer au Burundi alors que l'insécurité y persistait; ceux qui le purent trouvèrent refuge en Tanzanie et en République Démocratique du Congo. Près de deux millions de réfugiés rwandais trouvèrent refuge en Tanzanie; d'autres, près d'*un million*, se retrouvèrent en République Démocratique du Congo. Ils furent près de *200.000 réfugiés rwandais* à trouver refuge au Burundi.

Dans le même temps, à partir de juillet-août 1994, après la victoire militaire du Front Patriotique Rwandais, nombre de réfugiés rwandais tutsi rentrèrent entre les années 1959 et 1973 au Rwanda depuis le Burundi, la Tanzanie, le Kenya, l'Ouganda et la République Démocratique du Congo.

Au début de l'année 1995 (Source : World Refugee Survey, 1995, p.42-44), le Burundi compte *330.000 déplacés* à l'intérieur et *400.000 réfugiés* principalement en République Démocratique du Congo et en Tanzanie. A cette période, le Rwanda compte *1.200.000 déplacés* à l'intérieur et *1.715.000 réfugiés* au Burundi, en République Démocratique du Congo et en Tanzanie. La République Démocratique du Congo compte 550.000 déplacés à l'intérieur et 56.000 réfugiés dans les pays voisins.

La situation des réfugiés et des déplacés dans la Région des Grands Lacs n'attirait pratiquement plus l'attention que des Agences humanitaires quand brusquement les événements dramatiques à l'Est de la République Démocratique du Congo vinrent la rappeler à la conscience de tout le monde. Les réfugiés rwandais et burundais de l'Est de la République Démocratique du Congo durent regagner leurs pays respectifs alors que les conditions qui avaient présidé à leur départ n'avaient toujours pas trouvé de solution. Nous sommes en octobre 1996.

Les réfugiés rwandais et burundais qui le purent quittèrent Uvira, Bukavu et Goma vers l'intérieur du pays. Il y en a qui purent atteindre la ville de Kisangani. On ne connaîtra jamais le nombre exact de ceux qui sont morts en cours de route.

Peu avant la mi-décembre 1996, la Tanzanie prend la décision qu'avant la fin de l'année 1996 les réfugiés Rwandais et Burundais présents sur son territoire devront être retournés dans leurs pays respectifs. Cette décision crée un mouvement des réfugiés, non pas vers le Rwanda et le Burundi, mais plutôt plus à l'intérieur vers la Tanzanie, vers l'Ouganda, le Kenya et le Malawi.

Pour le cas du Burundi, à la mi-novembre 1997, la situation des réfugiés et des déplacés se présente de la manière suivante (Source : Projet d'Appel Consolidé de la Région des Grands Lacs pour 1998, Bureau du H.C.R. au Burundi, 14 novembre 1997) : **247.604** Burundais sont encore réfugiés. Parmi eux, **213.043** sont en Tanzanie, principalement à Kigoma, Kibondo et Kasulu ; **30.000** sont en République Démocratique du Congo, principalement au Sud Kivu dans la Région d'Uvira ; **4.561** sont au Rwanda, principalement à Cyangugu, Byumba et Kigali. Dans ce même document, les déplacés sont au nombre de **100.000**.

Dimension régionale de la question des réfugiés et des déplacés

A la faveur de la crise qui secoue la Région des Grands Lacs, les Burundais qui se sentent en insécurité dans leur pays cherchent refuge en Tanzanie, au Rwanda ou en République Démocratique du Congo. Les Rwandais qui se sentent en insécurité dans leur pays cherchent refuge au Burundi, en Tanzanie ou en République Démocratique du Congo. Les Congolais qui se sentent en insécurité dans leur pays cherchent refuge au Burundi, au Rwanda ou en Tanzanie.

Ce mouvement de populations en cas d'insécurité montre bien que la question des réfugiés est une question régionale dont la solution doit également être régionale. Pour des raisons de sécurité, certaines personnes ne peuvent pas trouver refuge à l'extérieur; elles doivent se réfugier à l'intérieur même de leur pays (c'est la situation des déplacés) ou l'État prend des dispositions pour regrouper ensemble des populations menacées pour mieux assurer leur sécurité (c'est la situation des regroupés). Si une question est régionale, sa solution doit également être régionale.

La solution du problème des réfugiés et des déplacés dans la Région des Grands Lacs doit être régionale

Chacun des pays de la Région des Grands Lacs peut, à tout moment, déstabiliser les voisins par le nombre de ses réfugiés. C'est dire qu'un pays tout seul n'est pas capable de maîtriser la question des réfugiés et des déplacés; il a besoin du concours des voisins.

Il y aura un début de solution à la question des réfugiés et des déplacés le jour où les Autorités des pays «producteurs» de réfugiés et de déplacés prendront conscience de la dimension régionale de cette question, la reconnaîtront comme telle et ne chercheront pas à l'utiliser à des fins politiques, mais plutôt lui chercheront des solutions durables et définitives.

Parmi les solutions que l'on pourrait envisager, nous privilégions ici la promotion de la Culture de la Paix en lieu et place de la culture de guerre qui est actuellement préconisée dans la Région des Grands Lacs.

Promotion de la culture de la paix dans la Région des Grands Lacs

1. *Qu'est-ce que la Culture de la Paix ?*

Fidel Ramos, Président des Philippines, définit une société où règne la culture de paix comme «un environnement où les différences et les conflits se règlent par le dialogue et le consensus, où le changement est encouragé et recherché au moyen de processus démocratiques de délégation des responsabilités et non à la pointe du fusil. C'est un pays où prédomine l'esprit démocratique, dont la politique passe par la coopération et non l'affrontement et se fonde sur le bien-être du peuple et l'intérêt de la nation» (*Sources UNESCO*, n°62, 1994, p.11).

Plus loin, pour matérialiser la culture de paix, Fidel Ramos présente ce qu'il appelle «six voies vers la paix», et ce sont «des réformes s'attaquant aux racines du conflit; la construction d'un consensus, la participation du peuple et sa prise de responsabilité, les pourparlers de paix avec les organisations rebelles; la réconciliation, réhabilitation et réintégration des combattants et des victimes civiles; la protection des civils pris dans des hostilités ininterrompues; l'action en faveur de la paix et de l'éducation (*Sources UNESCO*, N° 62, 1994, p.11).

La culture de la paix est à la fois un processus et un résultat. En tant que processus, la Culture de la Paix consiste à établir la confiance et la coopération entre les peuples. Il s'agit d'apprendre à résoudre pacifiquement les nations, notamment par la parole, plutôt que par les armes. Il faut donc apprendre aux gens à résoudre les conflits de manière non-violente. Il s'agit également de s'atteler à combattre la faim, la misère et l'injustice sous toutes ses formes, plutôt que de se combattre les uns les autres et de s'entre-tuer inutilement. Il s'agit enfin de consacrer l'essentiel des ressources gouvernementales à des programmes sociaux, plutôt que de préparer la guerre ou d'entretenir des armées budgétivores.

En tant que résultat, la Culture de la Paix est l'ensemble des efforts accomplis pour reconstruire ce qui a été détruit par la guerre et les conflits : reconstruction des institutions et des infrastructures sociales.

Ces efforts doivent viser le développement, condition sine qua non pour le rétablissement ou la consolidation de la paix. Mais qu'exige la mise en œuvre d'une Culture de la Paix?

2. *Exigences de la mise en œuvre de la Culture de la Paix*

La mise en œuvre d'une Culture de la Paix exige des nations notamment le respect de la vie humaine, la promotion d'un véritable État de droit, la promotion de la tolérance, la promotion de la résolution pacifique des conflits, l'option résolue pour une économie de la paix, la promotion du développement durable.

Le respect de la vie humaine

Le strict respect de la vie humaine est la première condition de la paix. Nul n'a en effet le droit d'ôter la vie de son prochain. La personne humaine est sacrée. Cette vérité doit être acceptée par tous. Elle doit guider les attitudes et comportements de tous les citoyens. Sans que la vie leur soit ôtée, les réfugiés et les déplacés vivent cependant une vie fort diminuée. L'intégrité de leur vie n'est pas respectée : c'est un problème de la communauté locale, de la nation et surtout de toute la région. Pourrions-nous nous pencher sur la question et voir comment mieux protéger la vie dans la Région des Grands Lacs?

La promotion d'un véritable État de droit

Ici, nous sommes au cœur même de l'objet du Colloque puisqu'il porte sur la reconstruction de l'État de Droit. L'État de Droit doit prévaloir sur l'État de fait ou l'État policier. Il importe donc d'établir des règles institutionnelles acceptées par tous, une justice équitable, une armée neutre, et des normes juridiques stables et applicables à tous les citoyens sans distinction d'origine, d'ethnie, de religion ou de sexe.

Dans une nation, tous les citoyens doivent se sentir protégés et considérés par l'État d'une manière équitable. Tous les citoyens doivent en effet être égaux de droit et de fait devant la loi. Il ne devrait pas y avoir des citoyens supérieurs aux autres. En promouvant un véritable État de droit, on promet une culture juridique de la paix, qui est nécessaire pour le développement d'une vraie Culture de la Paix.

La présence d'autant de réfugiés et de déplacés dans la Région des Grands Lacs montre que l'État de Droit n'a pas encore vraiment pris racine. Nous chercheurs, que pouvons-nous faire pour que l'État de Droit s'enracine et que, par conséquent disparaisse le phénomène des réfugiés et des déplacés?

La promotion de l'État de Droit devrait être un apport pour lutter contre l'impunité. Dans le cas du Burundi et dans les circonstances nées de la crise d'octobre 1993, cela veut dire qu'il faut autant poursuivre en justice les concepteurs et les auteurs du coup d'État du 21 octobre 1993, les concepteurs et les auteurs des massacres et des violences qui ont suivi la tentative du coup d'État. Cela veut dire également qu'il faudrait relier les drames d'octobre 1993 aux drames précédents notamment à celui de 1972 et penser à mettre en place une commission de vérité sur ces drames.

La promotion de la tolérance

Etre tolérant, c'est accepter la différence de l'autre, c'est respecter l'autre dans sa diversité. C'est reconnaître en lui une source d'enrichissement pour soi. Etre tolérant, c'est être capable de réunir les différentes composantes de la société pour se construire et forger le futur. Etre tolérant, c'est rejeter la violence sous toutes ses formes : menaces verbales, assassinats, attentats, massacres, destructions diverses, etc. En effet, la violence est la recherche de la résolution des conflits par le refus, le rejet, la mort et l'anéantissement de l'autre. Elle entraîne la mort.

La tolérance est donc un état d'esprit qui consiste à accepter autrui constamment et à reconnaître en lui une richesse. Nous devons donc tous cultiver, à tout instant, l'esprit de tolérance. Il importe donc de s'efforcer de mettre en œuvre une gestion non-violente des conflits comme alternative à la violence.

Les faits sont là et ils sont têtus. Dans la Région des Grands Lacs, il n'y a pas beaucoup de place pour la tolérance comme système de pensée et de conduite puisqu'il y a autant de réfugiés et de déplacés. La même question se pose aux chercheurs : que pouvons-nous faire pour promouvoir la tolérance afin que disparaisse le phénomène des réfugiés et des déplacés?

La promotion de la résolution pacifique des conflits

S'il est vrai qu'il est illusoire de prétendre éliminer totalement les conflits sur cette terre, car ceux-ci font partie intégrante de la vie humaine sous tous ses aspects, il est du moins possible de rechercher les moyens de les résoudre sans violence, c'est-à-dire pacifiquement.

Il convient donc de s'atteler à mettre en œuvre des programmes de gestion des conflits qui vont de la prévention à la réconciliation, et à l'emploi de la répression si nécessaire. En tout état de cause, il faut s'efforcer de traiter les causes profondes des conflits, ainsi qu'à résoudre les problèmes qui s'y rapportent. C'est ainsi que certaines formes traditionnelles de gestion pacifique des conflits, telles la négociation, la recherche du consensus, la «palabre africaine», devraient être privilégiées.

Encore une fois, dans la Région des Grands Lacs, la préférence semble aller à la manière armée pour régler les conflits. La présence des réfugiés semble donc être une conséquence des moyens choisis pour régler les conflits présents. Puisque la résolution des conflits par la violence produit les conséquences que nous connaissons, essayons la résolution pacifique. Peut-être qu'avec elle nous aurons moins de réfugiés et de déplacés et, peut-être pas du tout.

Une option résolue pour l'économie de la paix

Pour mettre en œuvre une culture de la paix, il faut opter résolument pour une économie de la paix. En conséquence, il faudrait diminuer substantiellement les budgets militaires au profit des programmes sociaux : éducation, santé, habitat, etc. Il est donc nécessaire de réaffecter les ressources destinées à la culture de la guerre au bénéfice du développement humain et des programmes sociaux. Ceci serait une recommandation aux Responsables au sommet de la Région des Grands Lacs.

3. *Apport de la Culture de la Paix à la solution de la question des réfugiés et des déplacés*

La Culture de la Paix apporte-t-elle quelque apport à la solution de la question des réfugiés et des déplacés? Pour moi, il n'y a pas de doute. Il y a cependant une série de questions.

Y a-t-il une réelle volonté politique de la part des dirigeants de la Région des Grands Lacs d'en finir avec la question des réfugiés et des déplacés ? N'y a-t-il pas plutôt une volonté d'utiliser cette population à des fins politiciennes de manipulation ? De la part des États concernés, y a-t-il une volonté d'impliquer les citoyens concernés et les populations locales pour trouver ensemble des solutions durables et si possible définitives ? De la part de ceux qui peuvent mobiliser les moyens politiques, matériels et autres de résoudre durablement cette question, y a-t-il également volonté d'en finir, ou bien utilise-t-on cette triste réalité pour en faire du business ?

Conclusion

A partir de la situation du Burundi, ces lignes ont essayé de poser la question des réfugiés et des déplacés en la situant dans sa dimension régionale.

Il nous semble que si l'on voulait réellement résoudre cette question on le pourrait. Le veut-on réellement ?

La situation étant ce qu'elle est aujourd'hui, quel peut être l'apport des chercheurs ?

Documentation

1° HAUT COMMISSARIAT DES NATIONS UNIES POUR LES RÉFUGIÉS (publié par), *Recueil de traités et autres textes de droit international concernant les réfugiés*, Genève, 1990.

2° MINISTERE A LA RÉINSERTION ET A LA RÉINSTALLATION DES DÉPLACÉS ET DES RAPATRIÉS ET PROGRAMME DES NATIONS UNIES POUR LE DÉVELOPPEMENT (PNUD), *Journées de réflexion sur l'aide aux sinistrés au Burundi*, Bujumbura, 16-17 décembre 1996.

3° NGARAMBE, P., «Réfugiés, rapatriés et personnes déplacées : quelle éducation pour une culture de paix au Burundi», in *Colloque national pour une Culture de Paix au Burundi : Fondements et perspectives éducatives*, organisé conjointement par le Gouvernement du Burundi et l'UNESCO, Bujumbura, 14-17 décembre 1994, p.123-126.

4° NGARAMBE, P., «Stratégie de réinsertion des réfugiés, des déplacés et des rapatriés dans leur milieu et dans leurs biens», in *Rapport de la Consultation régionale des ONG des Pays des Grands Lacs sur la question des réfugiés, des rapatriés et des personnes déplacées*, Synergies Africa et Ligue Burundaise des Droits de l'Homme ITEKA, Bujumbura, 12-14 février 1995.

5° NSABIMANA, Th., NDAYISABA, J. et NDITIJE, Ch., *Etude des conditions de réinstallation et de réinsertion des déplacés et des rapatriés*, Fondation pour l'Unité, la Paix et la Démocratie, Bujumbura, août 1995.

6° ORGANISATION DE L'UNITE AFRICAINE ET HAUT COMMISSARIAT DES NATIONS UNIES POUR LES REFUGIES, *Conférence Régionale sur l'Assistance aux Réfugiés, Rapatriés et personnes déplacées dans la Région des Grands Lacs*, Bujumbura, 15-17 février 1995.

7° PLUSIEURS AUTEURS, *Citoyens de demain : quelle éducation fondamentale pour une citoyenneté active?*, Congrès ONG/UNESCO, 6, 7, 8 décembre 1993.

8° PLUSIEURS AUTEURS, *Sources UNESCO : La paix dans l'esprit des hommes*, N° 62, Octobre 1994.

9° REYNTJENS, F., *La Région des Grands Lacs en crise*, Edition de l'Harmattan, 1994.

LA DIMENSION CULTURELLE DES CHOIX INSTITUTIONNELS

Valeurs traditionnelles, justice de proximité et institutions (Rwanda et Burundi)

Charles de Lespinay [1]

Le pouvoir judiciaire est l'une des trois institutions sur lesquelles se fonde l'État classique. Il semble qu'un quatrième pouvoir existe, bien que non institutionnalisé, «la société civile», milieu fragile parce que non protégé par une réglementation spécifique, manipulable, et entre les mains de groupes minoritaires (médias, associations, ONG).

Les institutions - Si certaines juridictions et procédures coutumières peuvent inspirer de nouvelles structures judiciaires, une institution typiquement burundaise qui revient souvent dans les débats ne peut être classée dans un pouvoir plutôt qu'un autre : elle les transcende. Il s'agit du *Bushingantahe*, un pouvoir à la fois collégial et individuel «d'intermédiaires», paré de toutes les vertus, mais qui aurait pu devenir une forme d'expression de la société civile si elle n'avait été récupérée un moment donné par l'État et le parti unique. Ses particularités :

- parenté avec le pouvoir exécutif : système de type électif, non politique (indépendant des partis), intermédiaire entre les populations et le pouvoir;
- parenté avec le pouvoir judiciaire : système d'arbitrage des conflits ; système de prévention des conflits, de témoignage des contrats (officiers ministériels) et du droit coutumier ;
- parenté avec le pouvoir législatif : autrefois, l'activité de «dire le droit» dans les arbitrages et les contrats, à tous les niveaux de la société (colline, chefferie, province, cour royale) produisait une jurisprudence modifiant le droit coutumier en fonction de l'évolution de la société. C'était une situation de droit judiciaire ou de «common law».

---

[1] Cette communication, faite en décembre 1997, ne prend pas en compte l'évolution des institutions depuis cette époque au Rwanda et au Burundi. Nous pensons que la réflexion menée, fondée sur la confrontation entre les droits et les cultures et *la prise en compte des spécificités culturelles par le droit*, reste d'actualité en particulier par sa rareté dans les milieux juridiques, administratifs et politiques. Les deux communications qui suivent (A. Ntabona pour le Burundi, et Ch. Ntampaka pour le Rwanda) vont dans le même sens et développent utilement la réflexion.

Peut-être faudrait-il repenser les institutions du Rwanda et du Burundi, en créant par exemple un quatrième pouvoir institutionnalisé de type «*bushingantahe*» qui serait présent dans les trois pouvoirs classiques. Outre leur statut de juges-arbitres et de témoins du droit oral, les *bashingantahe* pourraient être électeurs d'une deuxième chambre (Sénat) composée de sages conciliateurs et formant le contrepoids de l'assemblée des élus des partis politiques. Ils pourraient aussi être membres d'une Cour économique et sociale ou d'une cour constitutionnelle (cour des libertés fondamentales ou droits de l'homme) pouvant avoir une action modératrice sur les déviations du pouvoir ou des nostalgiques de l'ethnisme. Ils pourraient enfin composer un organe indépendant de conseil du système exécutif.

La justice - Il paraît utile de renouer avec la justice de proximité, même imparfaite, telle qu'elle existait par exemple dans le droit coutumier colonial au Rwanda comme au Burundi et sans valeur légale aujourd'hui : tribunaux de résidence, justices locales (colline, zone, commune, ou autrefois chefferies et sous-chefferies). Même si elle n'avait pas existé auparavant, il faudrait la réinventer pour faire face au délabrement considérable des relations sociales à travers tout le territoire. La justice lignagère de type *gacaca*, disparue il y a près d'un demi-siècle mais dont la mémoire paraît vivante au Rwanda, devrait être réformée et devenir collégiale et inter-lignagère, le pouvoir lignager ayant quasiment disparu à cause de la démographie galopante, de la rareté des terres disponibles, des massacres et des déplacements de population. Elle devrait ainsi regrouper, *là où le bushingantahe n'existe pas*, les chefs de différentes familles, appartenant à plusieurs lignages et à différentes catégories (ou «ethnies»), afin d'assurer de façon collégiale les arbitrages et conciliations locales.

La justice de proximité doit être une justice de praticiens des relations sociales et pas seulement de juristes. Encourager le passage à l'écrit par l'utilisation d'avocats, de notaires, de tribunaux de type occidental est une bonne chose, dans la mesure où l'on ne rend pas impossible ce même passage par l'intermédiaire du système de type coutumier, local, avec ses témoins, arbitres, magistrats non juristes. Par contre, une harmonisation de la justice (compétence, degrés, appel) et une formation continue des cadres locaux de la justice de proximité seront indispensables. On aurait ainsi une justice locale de praticiens arbitres-conciliateurs (mais qui pourrait aussi être présente au niveau provincial et national, comme sous l'ancienne monarchie) et une justice nationale et locale de juristes intervenant non pas en arbitres mais pour juger des affaires non résolues ou pour donner aux arbitrages l'autorité de la chose jugée.

Il ne faut pas rester fixé sur les réalités issues de l'histoire récente. 1) Si le *bushingantahe* n'existait pas en dehors de l'ancien Burundi du XIXe siècle (ce qui montre bien qu'il s'agissait d'une institution de la monarchie), cette institution peut néanmoins inspirer tout le Burundi et même les Etats voisins (et pourquoi pas certains pays occidentaux). 2) Les catégories («ethnies») ne doivent pas être un fondement des institutions : c'est, parmi les valeurs traditionnelles, celle qui doit être proscrite à terme car elle n'a pas de fondement clair, n'est pas généralisable, n'a pas de valeur actuelle en dehors du clivage artificiel créé par les intellectuels et politiciens et imposé à la population. Ces pseudo ethnies ne sont que deux camps d'une guerre civile génocidaire tenus en otage par une minorité qui ignore en outre l'existence d'autres catégories sociales et régionales (Twa, Ganwa, Baha Bamoso, etc.) celles-ci étant classées sans leur accord et arbitrairement dans l'un ou l'autre camp.

Pour s'exercer convenablement, la justice doit pouvoir se reposer sur un droit unifié, non contradictoire. Certains anciens droits coutumiers, interprétés politiquement et négativement (comme «féodaux» par exemple), étaient la manifestation de situations d'entraide et d'assistance (*bugabire*, *bugererwa*, *buhake*, ...). Au lieu de les rejeter pour des raisons politiques, il aurait mieux valu s'intéresser à leurs implications juridiques, comme en France le contrat de métayage jugé politiquement comme une forme de servage alors même que les praticiens du droit le remettent à la mode depuis plusieurs années pour des questions financières, techniques, successorales ou fiscales dans les cas non satisfaits par les autres baux ruraux. Il faut donc s'entendre sur le contenu des domaines auquel va s'intéresser la justice : droit écrit, droit coutumier. Une réflexion préalable sur le droit paraît indispensable à un bon fonctionnement de la justice. Il faut éviter qu'il y ait deux justices : une des pratiques (coutumières) et une de droit écrit, contradictoires, concurrentes et s'ignorant, parce que leurs principes et leur fondement juridique ne sont pas harmonisés. C'est pourtant le cas de beaucoup de pays d'Afrique où deux justices, l'une officielle, l'autre populaire, s'exercent parallèlement et concurremment, le choix s'effectuant en fonction du jugement que l'on en attend.

Valeurs du passé et droit de l'avenir ?

Dans le cadre de cet ouvrage, trois communications concernent «la justice de droit non écrit» et la confrontation entre droit importé et culture ancienne : elles montrent, contrairement à ce que leur sujet aurait pu laisser croire, qu'elles sont tournées vers l'avenir. Comme l'ensemble des travaux présentés ici, elles ont entre autres objectifs celui de «dé-ethniciser» (avec des guillemets) l'État. Elles s'intéressent en particulier à des structures juridiques dont certaines sont anciennes et indépendantes de toute organisation partisane : parti politique, «ethnie» ou clan, comme le *gacaca* au Rwanda et le *bushingantahe* au Burundi.

Il faut cependant éviter de faux espoirs et croire que le seul recours à la tradition va permettre d'assurer la paix civile et sociale. Ces structures anciennes ont fait leurs preuves il y a longtemps, avec du positif et du négatif, mais elles seront inefficaces si l'insécurité et l'impunité règnent. En outre, elles ont été soit récupérées par l'État soit en partie oubliées ; elles ont perdu leur ancienne logique et leur fondement local et populaire.[2] Après avoir été remodelées en fonction des besoins actuels et selon une volonté générale, il faut encore que l'État soit capable d'assumer ses obligations à travers son corps politique et législatif, son corps administratif, son corps judiciaire. L'État de droit c'est en effet entre autre un ensemble d'institutions démocratiques et populaires, dans un contexte de sécurité et de justice, au sein d'un développement économique au service de tous.

Les valeurs traditionnelles des relations sociales ont peu à peu été détruites par le heurt avec la colonisation puis par l'exploitation politique de la société par les gouvernements de l'indépendance. Il s'agit donc de les retrouver ou, du moins, d'en bâtir d'autres en liaison avec un passé pas si lointain où le génocide paraissait impossible. On se retrouve à la recherche d'une philosophie nouvelle et ancienne à la fois permettant de revivre ensemble, avec la certitude que l'on a tous en commun le même passé (quel qu'il soit), le même présent, et le même avenir.

S'il faut repenser sa culture, afin de savoir si l'on va pouvoir «vivre avec» les autres, il faut aussi repenser ses institutions et en particulier l'organisation de la justice qui a laissé commettre avec laxisme jusqu'à la plus grande injustice qui soit : le massacre systématique d'innocents (que ce soit un génocide, un crime contre l'humanité, un crime de guerre ou toute autre qualification) en toute impunité. Dans le cadre de ces institutions à repenser, quelques suggestions pourraient être apportées en s'inspirant en partie du droit coutumier pour l'organisation du pouvoir judiciaire, du pouvoir législatif et du droit des contrats, pour aller ou revenir vers un «**droit conciliatoire**». Ces suggestions pourraient

---

[2] Voir Thomas Laely, *Autorität und Staat in Burundi.* Thèse de Philosophie, Université de Zürich, 1993, et «Le destin du Bushingantahe : transformations d'une structure locale d'autorité au Burundi», *Genève-Afrique* vol.XXX n°2, 1992, p.75-98. Il montre à la fois le grand intérêt du bushingantahe et les transformations qu'il a subies et qui pourraient compromettre sa renaissance.

inspirer aussi les pays occidentaux pour une révision, un jour, de leurs propres institutions en les rapprochant des citoyens.

Un pouvoir judiciaire à deux niveaux

Justice coutumière, de droit oral - Justice officielle, de droit écrit

1) *La justice*

Dans des Etats très peuplés et victimes de massacres à répétition, où la méfiance envers son voisin est devenue la règle, où les conflits fonciers et de voisinage sont devenus fréquents, et où l'habitat est totalement dispersé sur l'ensemble du territoire national, il faut restaurer une justice locale, arbitrale, de conciliation. C'est ce que certains appellent la «palabre»,[3] terme assez péjoratif, plutôt réservé à l'Afrique noire, sans fondement scientifique particulier, qui devrait être traduit par «réunion de conciliation». Il s'agit en effet d'une véritable juridiction populaire de droit oral qui, si elle était reconnue par les Etats africains là où elle est utilisée, aurait beaucoup plus d'efficacité. Plusieurs juristes et magistrats travaillent depuis quelques années sur ce problème.

C'est une justice où il n'y a pas obligatoirement de juristes mais des témoins, des personnes «qui savent» la coutume, et sont en outre habiles à concilier, à résoudre les conflits. La conciliation ne signifie pas qu'il n'y a ni gagnant ni perdant, qu'il n'y a pas de jugement ou que le litige ne sera pas tranché. Dans beaucoup de cas, la réunion de justice donne lieu à une sentence où sont établis les droits et les torts, après de longues discussions où toutes les parties, tous les témoins se sont exprimés et ont extériorisé en public le conflit objet de la réunion. Souvent, les hommes de la justice orale veillent à équilibrer leur sentence afin d'éviter, si cela est nécessaire, toute rupture sociale. Ainsi, parfois, comme dans certains litiges fonciers, le gagnant du procès peut ne pas obtenir totalement gain de cause et le perdant voit une de ses prétentions acceptée. Cela évite de voir la partie mécontente entrer dans un système de vendetta ou intenter une autre procédure à un autre niveau de la hiérarchie judiciaire. Mais il ne faut pas se tromper, même si le maintien de l'équilibre social est un objectif de l'autorité judiciaire coutumière, celle-ci n'hésite pas à trancher les litiges qui mettent en cause cet équilibre.

Au Rwanda et au Burundi, il s'agirait donc de remettre en vigueur un système judiciaire conciliatoire de droit oral, éventuellement à plusieurs niveaux : groupe de voisinage, petite région, province. C'est en cas d'échec de la

[3] Voir Jean-Godefroy Bidima, *La Palabre. Une juridiction de la parole.* Paris: Michalon (Coll. Le bien commun), 1997, 127p.

conciliation ou de contestation de la décision des juges de droit oral que l'on aurait alors recours aux tribunaux de droit écrit qui ont mission de trancher les litiges et non de réparer les liens sociaux. Des travaux d'enquête, de réflexion et de sensibilisation ont été menés dans les deux pays concernés sur ce thème, avec des résultats encourageants. C'est le cas du *gacaca* au Rwanda, du *bushingantahe* au Burundi ainsi que des anciens tribunaux coutumiers.

Le gacaca n'était pas une institution de l'État mais une institution familiale ou interfamiliale : il s'agit aujourd'hui qu'il devienne au Rwanda une institution nationale.[4] On disait autrefois : «une cause, pour qu'elle soit entendue par le *Mwami* [le roi], doit l'être d'abord par les *bagabo* [les hommes sages]». Ces *bagabo*, qui constituaient le tribunal du *gacaca*, représentaient des familles restreintes, des segments de lignage, les alliés par mariage et les voisins, c'est-à-dire une collectivité familiale et de voisinage très localisée. C'étaient des hommes (les femmes étaient exclues), choisis pour leur sagesse : hommes de parole, justes, raisonnables, non contestés. Le tribunal pouvait se réunir n'importe où sur une colline ou portion de colline, son objectif principal étant la recherche de la vérité puis la réconciliation des parties. Il jugeait de conflits locaux mineurs, civils ou pénaux : fonciers, de pâturage, de famille, de contrats ; les conflits majeurs étant jugés devant les *batware* (chefs) ou le *Mwami* (roi). Les sanctions, en dehors de toute conciliation, pouvaient aller jusqu'au droit de vengeance en cas de mort, à l'exclusion en cas d'empoisonnement par exemple, à la mort ou au bannissement en cas de vol ou de destruction de récoltes. Quiconque tuait un homme devait accepter que lui-même ou quelqu'un de sa famille soit tué : le recours au *gacaca* n'était pas nécessaire alors. L'impunité n'était donc pas de mise: il fallait une certaine cohésion sociale et le souci de la vérité pour que le *gacaca* fonctionne.

Tel qu'il reprend forme actuellement le *gacaca* dit «rénové» concerne l'organisation de tribunaux de conciliation indépendants et de chambres d'enquête ou «de vérité» pour le compte des tribunaux de droit écrit. Il est ouvert aux hommes comme aux femmes. Il s'agit en fait d'**une institution nouvelle**, assez différente de l'ancienne, s'apparentant un peu sous sa nouvelle forme au *bushingantahe* burundais. Le comité d'arbitrage de *gacaca* aurait en quelque sorte une compétence d'instruction : recevoir les doléances, organiser des auditions publiques et préparer les débats. Quant au tribunal de *gacaca*, il aurait pour objectif outre ses rôles traditionnels (régler les conflits, sanctionner les fautes, réconcilier les individus et les familles) de nouveaux rôles : réhabiliter la

---

4 Voir le rapport d'enquêtes sur *Gacaca, le droit coutumier au Rwanda*. Rapports 1 et 2, sous l'autorité des Nations Unies, Haut Commissariat aux droits de l'homme, 1996.

culture de la vérité et de la tolérance, l'entraide et la solidarité, le respect, encourager les actions communautaires, participer à l'éducation des jeunes (en particulier les nombreux orphelins).[5] Le *gacaca* rénové est compétent en matière de conflits d'origine sociale et civile. Certains voudraient lui voir assurer en outre des compétences pénales plus ou moins poussées, pour désengorger les prisons, soulager et déculpabiliser le système judiciaire actuel, ce qui pose des problèmes en particulier quant à la compétence juridique des personnes appelées à juger et quant aux droits de la défense comme de la partie civile.[6]

Le bushingantahe était une institution ancienne du Burundi, culturellement proche du *gacaca* mais fort différente dans son organisation, dans ses hommes et par son intégration dans les institutions de l'État d'avant l'indépendance, avec tout un langage juridique propre dont la justice actuelle a hérité. Il était bien plus complexe puisqu'il concernait l'organisation des tribunaux de droit non écrit à différents degrés de juridiction (colline, sous-chef, chef, mwami) mais aussi celle d'un collège de «sages» chargés à titre gratuit, outre d'arbitrer les conflits et, depuis la colonisation, de servir d'assesseurs ou de «sachants» dans les tribunaux coutumiers supérieurs, de prévenir les conflits en servant de témoins des contrats, en étant intermédiaires entre leurs administrés et les pouvoirs supérieurs (administration, justice). Le «*mushingantahe* est l'homme qui a reçu l'*intahe* ou bâton de justice pour trancher les palabres» (Hakizimana, 1976) au nom à la fois des notables de la colline et du *mwami*, après une longue mise à l'épreuve et une initiation particulière. Il est destiné à agir à la place de Dieu et du roi, pour maintenir la paix, régler les conflits, protéger les faibles, garder les coutumes des ancêtres, servir d'exemple et, éventuellement, conseiller les autorités à leur demande.[7]

Aujourd'hui, il s'agirait de réhabiliter cette institution qui, contrairement au *gacaca* rwandais, est toujours présente dans les esprits. Aujourd'hui, le terme *mushingantahe* signifie aussi «monsieur», terme de salutation. Tous les projets de reconstruction de l'État burundais insistent sur l'institution du *bushingantahe* dans laquelle tout le monde semble mettre beaucoup d'espoir. Elle est en effet actuellement la seule institution qui, par ses fondements, reste indépendante des origines de catégorie, dites «ethniques», et des partis politiques modernes. Il reste à se mettre d'accord sur le contenu et le mode de fonctionnement de l'institution avant de la ressusciter. C'est de la particularité très originale et efficace des anciens *bashingantahe* (à la fois témoins des contrats, arbitres des conflits,

---

[5] Enquête de 1996 sur le *gacaca*, rapport 2e phase, p.9.

[6] Voir la contribution de Charles Ntampaka, qui suit.

[7] Voir Isidore Hakizimana, *L'institution des bashingantahe au Burundi*. Mémoire ENS Bujumbura, 1976. Ce mémoire est la source principale de tous ceux qui ont écrit sur ce sujet.

hommes de paix, représentants des intérêts locaux et conseillers des autorités) que le *gacaca* pourrait s'inspirer pour ne pas être une organisation judiciaire sans **ancrage dans la population** concernée et pour que les hommes du *gacaca* ne soient pas seulement des juges-arbitres mais aussi des hommes du pré-judiciaire comme leurs «collègues» du Burundi.

Ce qui n'a peut-être pas été perçu par certains de ceux qui réfléchissent sur ces institutions judiciaires de droit oral, c'est qu'elles ne peuvent fonctionner que dans le cadre de structures judiciaires bien organisées. Si le *gacaca* peut être considéré comme une institution judiciaire de colline ou de voisinage, très localisée donc, le *bushingantahe* a une vocation plus générale. Les *bashingantahe* siégeaient au niveau de la colline mais aussi au niveau des tribunaux coutumiers du sous-chef, du chef et parfois du mwami. Il serait dommage et probablement moins efficace de ne concevoir le rôle de ces institutions qu'au niveau local. Il faudrait envisager que les élus de ces institutions soient aussi présents à des échelons moins restreints comme la zone, la commune et la province, sans faire double emploi avec les juridictions de droit écrit, ou en complémentarité avec celles-ci, soit sur le plan de la compétence territoriale soit sur le plan de la compétence matérielle. On doit donc se demander s'il est utile et s'il est possible d'avoir en parallèle deux systèmes judiciaires complémentaires, l'un de droit oral et l'autre de droit écrit, proches des justiciables.

2) *Les hommes (et femmes) de la justice*

On peut envisager une justice arbitrale sans juristes professionnels, ceux-ci n'intervenant donc pas au niveau de la conciliation. Il existe bien, ailleurs et depuis longtemps, dans des pays de droit écrit, des tribunaux consulaires où les magistrats n'ont aucun diplôme de droit (tribunaux de commerce, tribunaux des baux ruraux, tribunaux des prud'hommes par exemple), ce qui gêne aujourd'hui certains juristes. Il faut cependant envisager que les magistrats conciliateurs suivent une initiation au droit et qu'ils soient tenus par des règles en harmonie avec le niveau, supérieur ou «autre», des tribunaux de droit écrit (civils et pénaux).

Seraient-il indépendants du pouvoir ? Leur fonction serait-elle gratuite ou payante ? Faudrait-il en rester aux indemnités sous forme de bière bue collectivement ? Toutes ces questions sont actuellement posées. Ils ne pourraient être des fonctionnaires puisqu'ils ont, parallèlement à leurs fonctions électives, les mêmes activités que les autres habitants de leur circonscription qu'ils représentent. En faire des fonctionnaires serait créer un corps parallèle de juges-notaires, coûteux à former et à entretenir aussi bien pour l'État que pour les administrés, et en décalage total avec les habitudes et les objectifs de représentation, de médiation et d'insertion sur le plan local.

Comment les choisir ? S'il faut éviter une ingérence de l'État, il est néanmoins nécessaire d'envisager un contrôle de conformité, à travers par exemple la création d'un ordre des *bashingantahe* (Burundi) ou des *bagabo* (Rwanda). Il faut en tout cas éviter des élections contrôlées par des partis : l'institution ne tiendrait en effet plus son rôle conciliateur puisqu'elle représenterait les intérêts d'un groupe ou de plusieurs sans avoir à rendre de comptes aux administrés. Dans ce cas, la «traditionnelle» cooptation semble être le moindre mal. L'institution devrait être ouverte aux femmes, d'autant plus que dans certaines régions où les massacres et la fuite des hommes valides ont été importants seules les femmes sont assez nombreuses pour prendre en charge la collectivité.

La collégialité de la fonction est aussi une garantie que celle-ci sera impartiale. Si le *mugabo* ou le *mushingantahe* peut intervenir seul pour éviter des conflits, enregistrer des contrats, assister à des bornages, il exerce le plus souvent ses fonctions en collège. C'est le fait qu'il y ait plusieurs élus à témoigner, arbitrer et juger qui assure que la sentence ne sera pas en faveur d'une partie plutôt que de l'autre, comme parent, ami ou membre d'une même «ethnie». Lorsque les parties seront de catégories différentes, il faudra s'assurer qu'elles seront jugées par leurs pairs de façon équitable. Cet équilibre nécessaire sur le plan de la justice locale ne serait pas envisageable au niveau régional ou national (partis, administration) sans officialiser un Etat ethniste.

Pour éviter les conflits de juridiction, le champ de compétence des deux niveaux de justice doit être clairement établi de même que leur mode de fonctionnement, leurs liaisons organiques et leur indépendance relative. L'organisation de la magistrature devra tenir compte de ces différences afin d'éviter des ingérences réciproques tout en assurant l'homogénéité de l'ensemble.

Une justice de proximité

Les anciens systèmes judiciaires du Rwanda et du Burundi étaient plus proches du justiciable qu'aujourd'hui, alors que ces pays étaient beaucoup moins peuplés.

Outre les tribunaux familiaux et les tribunaux de colline (de *gacaca* ou de *bushingantahe*), il existait – revus et corrigés par la colonisation – des tribunaux coutumiers de sous-chef (*icariho*), de chef (*mutware*, ou *muganwa*), dits «de résidence», et du *mwami* (le roi). Le recours direct aux tribunaux supérieurs était rare et concernait plutôt des familles bien en cour (cour du chef, cour du mwami). Ces tribunaux étaient compétents en appel, et en première instance pour des affaires jugées importantes : meurtre, vol de bétail...

Sans restaurer forcément ce système, il paraît utile de décentraliser plus la justice, qu'elle soit de droit écrit ou non, en tenant compte de la démographie et du mode d'organisation de l'espace, totalement dispersé. Une des erreurs, semble-t-il, des années passées a été, pour faire face à l'habitat dispersé, d'essayer de concentrer le peuplement près d'endroits rassemblant les principaux services administratifs, sans succès. Au lieu de déplacer les populations loin des terres qu'elles cultivent pour les rapprocher des lieux de pouvoir et de services, il aurait fallu tenter le contraire. Cela aurait en outre été générateur d'emplois.

En ce qui concerne la justice, elle doit absolument se rapprocher, géographiquement et moralement, du justiciable pour que celui-ci sache à la fois qu'elle est facile à actionner et prompte à enquêter, arbitrer, sanctionner. Il aurait été possible de créer une police plus nombreuse et plus présente: mais cela n'aurait fait que renforcer l'étatisation des rapports sociaux longtemps facilitée par l'existence du parti unique et du syndicat unique. Comment trouver des personnes, représentant l'État, chargées de désamorcer les situations conflictuelles et de régler les conflits, et représentant en outre la collectivité locale ? On aurait pu envisager une police élective. Il paraît aussi simple de combiner la fonction de l'homme de paix et du juge-arbitre, comme c'était autrefois le cas. Cet homme, ou cette femme, a en outre l'avantage d'être un élu local choisi par sa collectivité pour exercer avec d'autres ces fonctions.

Le *gacaca* et le *bushingantahe* déjà mentionnés sont des structures juridiques et judiciaires locales. En restaurant leur représentation dans des tribunaux coutumiers de degré supérieur cantonnés dans la commune et la province, on aurait là une justice peu chère, rapide et compétente en matière de conciliation. L'objectif de la justice de proximité (culturelle et géographique) pourrait être :

- d'encourager tout système convivial permettant d'éviter le recours à la justice
- d'avoir recours à la conciliation plutôt qu'au jugement
- de favoriser le recours aux tribunaux locaux de type coutumier ou «populaire» avant d'aller en appel devant la justice de droit écrit
- d'éviter tout contrôle partisan des institutions judiciaires locales.

Un contre-pouvoir politique

Le rôle de contre-pouvoir exercé par les *bashingantahe* dans l'ancien Burundi est très intéressant à étudier. Il y a un lien évident en droit coutumier entre la justice coutumière et l'élaboration des règles coutumières. Les registres des tribunaux de résidence d'époque coloniale montrent bien le rôle du juge et de ses assesseurs coutumiers dans l'évolution du droit et des pratiques juridiques, par exemple en matière de prescription acquisitive foncière ou de succession foncière en présence seulement de filles. Il s'agit là, comme nous l'avons dit, d'un droit jurisprudentiel. C'est pourquoi il paraîtrait tout naturel que les membres de l'institution judiciaire coutumière puissent aussi participer au pouvoir législatif avec les autres élaborateurs de la loi que sont le gouvernement et les parlementaires.

On pourrait donc aujourd'hui imaginer la constitution d'un système législatif avec une chambre haute, contrepoids de l'assemblée nationale, composée de «sages» indépendants des partis et ayant une grande expérience de la conciliation, ce qui n'est pas forcément le cas des élus politiques tenus par le programme de leur parti et les rivalités de celui-ci avec les autres partis. Cette structure, inhabituelle dans le droit écrit d'origine occidentale, paraît conforme à la culture de la région des Grands Lacs.

Ce contre-pouvoir, qui s'apparente à ce que l'on appelle la «société civile» et en est une représentation (ou même une émanation), a cependant une place à part, puisqu'il ressort à la fois du judiciaire et du législatif, mais non de l'exécutif à proprement parler à qui il pourrait procurer néanmoins des «conseillers», si l'on s'inspirait du passé.

Un droit des contrats d'assistance

Il existait, avant l'indépendance, des droits coutumiers d'origine ancienne dont il serait intéressant d'isoler quelques principes directeurs à garder en mémoire. C'est le cas des relations contractuelles d'assistance dont la logique correspond parfaitement à ces sociétés où, par exemple, les dons de boissons sont un moyen essentiel d'entretenir les rapports sociaux, de tisser de nouveaux rapports, de sceller les contrats et de payer des compensations.

Dans un climat miné par la mythologie des races, l'une étant réputée avoir exploité et martyrisé l'autre pendant des siècles, ces relations contractuelles ont été vues comme une invention des Tutsi pour l'exploitation des Hutu. Il est intéressant, face à l'unanimité des écrits à ce sujet, de noter des notes discordantes venant de Burundais qui, bien qu'engagés dans le combat «hutu» et persuadés de leur martyre multiséculaire, refusent l'existence d'ethnies au Burundi et défendent avec raison l'origine locale (c'est-à-dire «hutu») de leur royauté, de leurs institutions et des contrats ancestraux.[8] Dans la mesure où un contrat d'assistance comme l'*ubugabire* serait d'origine hutu comme l'affirme J.M. Sindayigaya (1998), il ne peut pas avoir été mauvais, même lorsqu'il est présumé avoir été récupéré au Burundi par le pouvoir tutsi.

Les contrats dont il faudrait étudier le fondement culturel plus que leur exploitation politique par un groupe dominant ou un autre sont surtout ceux qui concernent le foncier (terres, pâturages, élevage) et le travail avant l'introduction des corvées. Il est à remarquer que la plupart des critiques portées à ces contrats, présentés comme étant une véritable réduction en servage ou en esclavage de la population hutu, concernent en fait leur évolution récente sous la colonisation lorsque le pouvoir fut intégralement confié au sein de l'administration locale comme au sein des séminaires aux familles de l'aristocratie tutsi (au Rwanda et au Burundi) et ganwa (au Burundi). Sans entrer ici dans les détails, on peut en citer quelques uns :

Cheptel : *buhake* au Rwanda, *bugabire* au Burundi.
Terre : *bugererwa*
Clientélisme, prêt de terres
Pactes de sang
etc.

Le propriétaire de bétail ou de terre passait un pacte d'assistance réciproque, pour une durée indéterminée pouvant prendre fin à tout moment, avec celui à qui il allait confier un animal ou une terre, le premier apportant sa protection et celle de ses protecteurs éventuels, le second apportant son aide et celle de sa famille pour des travaux divers et certaines prestations. La relation était aussi étroite en cas de pacte de sang. Le pacte était moins formalisé en cas de clientélisme ou de prêt de terre. Que ces pactes aient été vus comme une mise en servitude généralisée étonne beaucoup, car cela ne correspond pas au résultat des enquêtes ni au nombre non prépondérant de ces types de contrat dans la réalité. Que les excès aient été nombreux sous les nouveaux pouvoirs mis en place par la colonisation, cela ne devrait pas étonner puisque l'on rencontre cette situation ailleurs en Afrique colonisée.

Cet ancien droit des contrats a été supprimé par le colonisateur, persuadé qu'il était la traduction de la domination tutsi sur les Hutu et les Twa. Il aurait suffi, comme dans tout Etat de droit digne de ce nom, d'amender le droit coutumier, de le mettre en conformité avec des règles jugées plus démocratiques,

[8] Voir Jean-Marie Sindayigaya, *Grands Lacs: Démocratie ou Ethnocratie ?* Paris: L'Harmattan, 1998, 317p.

et l'on aurait eu là un outil fonctionnel. On peut comparer avec l'évolution en France du droit du fermage qui semble assez positive et efficace malgré certaines imperfections dues au nécessaire arbitrage entre l'intérêt des propriétaires bailleurs et celui des locataires preneurs.

Repenser le droit ?

Cette réflexion sur le droit des contrats liés à la notion ancienne d'assistance, nous conduit à rappeler que, dans la reconstruction de l'État de droit, c'est aussi l'ensemble du droit qui doit être repensé : droit civil, droit pénal, droit commercial, droit administratif, etc. Il aurait fallu en effet éviter une rupture totale entre le droit ancien (jugé imparfait ou même mauvais par le colonisateur et les intellectuels) et le droit nouveau. Il aurait fallu éviter une rupture entre les anciens équilibres sociaux et de nouveaux équilibres artificiels et étrangers.

Repenser le droit, c'est aussi tenir compte de la façon dont les gens d'aujourd'hui voient le droit, le vivent, bien ou mal. Dans des Etats d'occidentalisation relativement récente du droit, mais aux traditions juridiques coutumières anciennes, il est intéressant de tenter de connaître le sentiment des gens à l'égard de leur droit, droit ancien et droit récent, et de l'avenir qu'ils souhaitent. Une enquête générale dans la région des Grands Lacs, sur la socialisation juridique des jeunes et sur la conscience qu'ont du droit les moins jeunes, nous paraît indispensable pour appréhender la façon dont les générations actuelles voient le droit, l'État, la justice, la société, l'ordre, la citoyenneté, etc. Prenant en compte les réalités culturelles et les spécificités juridiques locales, la réponse à ces questions par les Rwandais et les Burundais permettrait de mieux préparer l'avenir. Il existe des équipes pluridisciplinaires qui ont déjà fait leur preuve en ce domaine, mais il reste à trouver un financement pour lancer une telle opération. Il est dommage que des missions, semble-t-il fort coûteuses, soient confiées à des experts professionnels isolés, présentés comme de compétence universelle, alors que des équipes de spécialistes diplômés et expérimentés, hébergés par des universités ou des organismes de recherches, et bien implantés dans les pays concernés, pourraient effectuer de tels travaux à un coût bien moins élevé et avec une efficacité collective bien plus grande.[9]

---

[9] Depuis décembre 1997, date de présentation de cette communication, aucun financement n'a encore pu être trouvé pour lancer auprès des habitants de la région des Grands Lacs une enquête générale sur la conscience qu'ils ont du droit (droit coutumier, droit écrit, droit du plus fort, etc.), en relation avec la société civile et les spécialistes locaux. Aux frontières du droit, de l'anthropologie, de la sociologie et de l'histoire, ce type d'enquête ne semble pas intéresser les

Sans une conscience populaire commune du droit et de la citoyenneté, préexistante ou à construire, sans prise en compte par les décideurs de cette conscience et de ses aspects culturels et juridiques spécifiques, peut-on (re)construire un Etat de droit où gouvernants et gouvernés, devenus égaux en droits et en devoirs, puissent accepter les mêmes règles pour vivre ensemble ?

Bibliographie résumée

Jean-Godefroy Bidima, 1997 - *La Palabre. Une juridiction de la parole*. Paris: Michalon (Coll. Le bien commun), 127p.

Joseph Gahama, 1989 - «Contribution à l'analyse du serment dans l'institution des *bashingantahe* au Burundi», *Colloque sur le Serment*, Paris, 25-27 mai 1989.

Isidore Hakizimana, 1976 - *L'institution des «Bashingantahe» au Burundi*. Mémoire de licence de lettres, ENS - Université du Burundi, 96p.

Thomas Laely, 1992 - «Le destin du *Bushingantahe*. Transformations d'une structure locale d'autorité au Burundi». *Genève-Afrique* vol.XXX, n°2, p.75-98.

Charles de Lespinay, 1995 - «Culture, droit et prévention des conflits dans la région des Grands Lacs (Rwanda, Burundi)», in Verdier, Decaux & Chrétien, *Rwanda un génocide du XXe siècle*, Paris: L'Harmattan, p.231-242.

Emile Mworoha, 1981 - «Redevances et prestations dans les domaines royaux du Burundi précolonial». In: *Le sol, la parole et l'écrit* (mélanges R. Mauny). Paris, S.F.H.O.M., p.751-768.

Emile Mworoha, 1977 - *Peuples et rois de l'Afrique des Lacs*. Dakar : N.E.A., 352p.

Nations Unies, 1996 - *Gacaca, le droit coutumier au Rwanda*. Rapports 1 et 2. Sous l'autorité des Nations Unies, Haut Commissariat aux droits de l'homme.

Adrien Ndikuriyo, 1975 - «Contrats de bétail, contrats de clientèle et pouvoir politique dans le Bututsi du XIXe siècle». *Etudes d'Histoire Africaine*, VII, p.59-76.

Stanislas Nsabimana, 1986 - «La notion de pouvoir dans le Burundi traditionnel», in *Le concept de pouvoir en Afrique*, Paris : UNESCO, p.107-129.

Augustin Nsanze, 1990 - «Un aperçu de l'organisation économique du Burundi, fin XIXe - début XXe siècles», in: *Cahiers d'histoire* n°4-5 (1988) de l'Université du Burundi, département d'histoire (De l'histoire sociale dans l'Afrique des Grands Lacs), janvier p.39-47.

---

décideurs malgré son intérêt démontré par de nombreux travaux. Cf. Chantal Kourilsky-Augeven, *Socialisation juridique et conscience du droit*, Paris, LGDJ, 1997.

Adrien Ntabona, 1985 - «Le concept d'*Umushingantahe* et ses implications sur l'éducation de la jeunesse aujourd'hui au Burundi», in *Au Cœur de l'Afrique*, XXV, 5, 1985, p.263-301.

République du Burundi, Commission constitutionnelle, *Synthèse des conclusions du débat national ... relatif à la démocratisation des institutions et de la vie politique au Burundi.* Bujumbura, déc. 1991.

Filip Reyntjens, 1990 - «Le *gacaca* ou la justice du gazon au Rwanda». *Politique Africaine* n°40, décembre 1990, p. 31-41.

Faustin Rutembesa, 1986 - «*Ubugabire* dans le Burundi ancien, une institution féodale ?», in: *Cahiers d'histoire* n°3 (1985) de l'Université du Burundi, département d'histoire (Sociétés et pouvoirs dans l'Afrique des Grands Lacs), avril 1986, p.41-51.

Joseph Rwabukumba, Vincent Mudandagizi, 1974 - «Formes historiques de la dépendance personnelle dans l'Etat rwandais.» *Cahiers d'Etudes Africaines* n°53, pp.6-25.

et compte-rendus de colloques, tables rondes et séminaires :

Agence de la Francophonie, Délégation Générale à la Coopération Juridique et Judiciaire, 1996 - *Burundi. Rapport sur la table ronde de concertation et d'échanges entre juristes burundais* du 20 au 21 mai 1996 et *sur le séminaire de perfectionnement «Les statuts des différentes professions judiciaires et la réforme de la procédure pénale burundaise»* du 23 au 25 mai 1996», 10p.

Conseil Permanent de la Francophonie, 1997 - *Actes du séminaire de réflexion du groupe de contact sur la situation dans la région des Grands Lacs*, des 19 et 20 juin 1997. Paris, 74p.

UNESCO, 1997 - *Construire l'avenir pour le Burundi.* Rencontre des 26-28 septembre 1997.

Université de Paris X - Nanterre et Université du Burundi, 1997 - *La reconstruction de l'Etat de droit : les crises politico-ethniques au Burundi et dans la région des Grands Lacs.* Colloque et rencontre des 1er au 5 décembre 1997 (C. de Lespinay, rapporteur pour l'Agence de la Francophonie), 8p.

L'Institution des Bashingantahe (Sages) et la reconstruction de l'État de droit au Burundi [1]

Adrien Ntabona

Introduction

Le Burundi est, depuis des siècles, un État-Nation, dont les normes étaient hier inscrites dans l'ordre naturel des choses. C'était réellement un État de Droit traditionnel, soumis à des coutumes, même rigides, assorties elles-mêmes de sanctions et destinées à être respectées par tous les habitants du Pays.

Cet État de droit coutumier était précisément fondé sur l'institution des Bashingantahe, dont il va être question dans les lignes qui suivent.

Nous approfondirons tout d'abord cette institution, tant vénérée au Burundi, hier et comme aujourd'hui; et nous essaierons de voir jusqu'où elle peut contribuer à la reconstruction de l'État de Droit, aujourd'hui perdu dans le Pays, à cause de son interminable crise.

Avant d'entamer la présentation des résultats de cette recherche d'ordre *sémio-anthropologique*, il est utile de préciser que les propositions émises se situent dans ce domaine, c'est-à-dire au niveau de l'anthropologie socio-politique et non de celui du pur Droit.

Cette institution a précisément, depuis les temps reculés des commencements, *structuré* la société burundaise. Si elle a été malmenée les trente dernières années, comme le reste des institutions socio-politiques dans le pays, elle a aussi résisté aux tempêtes. Aujourd'hui, au cœur de la crise burundaise, elle est plus que réclamée : pour contribuer à la résolution pacifique du conflit, qui détruit les familles, mine les structures de tous ordres, casse l'État et ébranle la nation. De plus, il ne faut pas perdre de vue que *l'institution des Bashingantahe est unique dans son*

---

[1]. Cette étude fait la synthèse de beaucoup de travaux de recherche effectués par l'auteur de ces lignes et publiés souvent dans la revue *Au Cœur de l'Afrique* que nous citerons par la suite sous les sigles *ACA*. Quant à la présente synthèse sémio-anthropologique elle a été réalisée suite à une enquête dans toutes les communes du Burundi. Cf. A. Ntabona, «L'institution des Bashingantahe, de la tradition à la modernité», in *La réactualisation de l'Institution des Bashingantahe. Etude pluridisciplinaire*, Multigraphié, Université du Burundi. Bujumbura, Juillet 1991, pp. 28-75.

genre en Afrique. En outre ceux-ci sont restés comme les seuls rocs sur lesquels on peut s'appuyer, dans ce climat d'effondrement des valeurs.

Pour tracer les pistes proposées dans cette étude, il s'est avéré nécessaire d'interroger la tradition, pour en extraire la «substantifique moelle» à ce sujet. Ce n'est évidemment pas pour revenir au passé en tant que tel. La présente recherche vise plutôt à résumer les résultats d'un travail scientifique, orienté vers la décantation *des pratiques, rites et langages*, liés à cette institution, pour en extraire l'essentiel et l'adapter aux exigences de l'heure, en tenant compte des transformations et déformations effectuées, à ce sujet, en cours de route. Concrètement le travail consistera dans le fait *d'induire le concept* à partir des données anthropologiques liées à l'institution; à observer ensuite ce que la société burundaise en général et les Bashingantahe en particulier sont devenus aujourd'hui; pour terminer, en émettant quelques propositions concernant l'exploitation moderne de cette valeur traditionnelle, dans le but de recherche la reconstruction de l'État de Droit au Burundi.

L'institution des Bashingantahe dans la tradition reculée et récente du Burundi

1. *L'Institution dans la tradition reculée du Burundi*

1.1. *Le terme «Umushingantahe»/Sage*

Le terme *Umushingantahe*, singulier du substantif *Abashingantahe*, vient du verbe *gushinga* (planter, fixer, établir) et du substantif *Intahe* (baguette de la sagesse).[2] Ce substantif *Intahe*, dans ce contexte comme ailleurs, est utilisé dans un *sens métonymique et symbolique* pour signifier *ingingo* (équité, justice). Dans ce cas, «Umushingantahe» signifie l'homme de justice et d'équité (*Umuntu w'ingingo*).[3] Comme cela apparaît clairement, c'était un idéal auquel toute la société aspirait.

Il y a lieu alors de proposer de comprendre le concept d'Umushingantahe, du moins au niveau de cette étude, dans ce sens traditionnel précis, et non dans l'usage abusif que la société burundaise moderne en a fait : un homme adulte de sexe masculin tout court.

---

2. Pour approfondir cet aspect, voir A. Ntabona, «Le concept d'umushingantahe et ses implications sur l'éducation de la jeunesse, aujourd'hui au Burundi», *Au Cœur de l'Afrique*, 1995/5, pp.63-301.

3. A propos du lexème «Intahe», cf. Joseph Bigirumwami, « *Intahe*, terme du vocabulaire juridique Kirundi », *Au Cœur de l'Afrique*, 1992/4, pp. 482-525.

1.2. *Les principales tâches dévolues au Mushingantahe dans le Burundi traditionnel*[4]

Ces tâches étaient les suivantes :

1° La vigilance sur l'écologie des mœurs
2° Le devoir d'instruire et de trancher les procès
3° L'effort pour qu'il y ait constamment de la concorde dans le milieu.
4° L'arbitrage en cas de conflit.
5° La contribution à la réconciliation et à la concertation dans le milieu.
6° La protection des personnes et des biens.
7° L'authentification et la protection des conventions et contrats de tout genre.

A observer ces tâches, il ressort que l'institution structurait la société, au point que tout le monde y aspirait, sans pouvoir facilement y parvenir. Celui qui n'y aspirait pas du tout, était considéré comme un vaurien (*inera*).

1.3. *Les conditions les plus exigées pour être un Mushingantahe*[5]

Ces conditions étaient les suivantes :

1° La maturité humaine (*ugutandukana n'ubwana*)
2° Le sens de la vérité (*ukuba imvugakuri*)
3° L'intelligence lucide (*ubwenge butazindwa*)
4° Le sens de l'honneur et de la dignité (*ukugira agateka mu bandi*).
5° L'amour du travail et la capacité de subvenir à ses besoins (*ubwira mu kwimara ubukene*)
6° Le sens de la justice (*ukuba intungane*)
7° Le sens de la responsabilité sociale (*ukurwanira intano; uguha itiro inyakamwe*).

1.4. *La façon dont ces tâches et conditions étaient mises en évidence dans les cérémonies d'investiture des Bashingantahe*

La procédure était de commencer par une formation soignée et **une longue probation** (*kuba umukungu w'imbere, umunyacarire, umunyamutamana...*), tout cela pour *influencer la personne au niveau de son devenir* (*Ibanga ntirimirwa intama*), au lieu de lui donner une simple fonction, qui n'aurait de consistance que le mandat et les avantages liés à celui-ci. Ensuite la candidature était reconnue

---

[4]. Cf. A. Ntabona, a.c., p.66-70. Voir aussi Pascal Ndayishinguje, «La réactualisation de l'institution des Bashingantahe, étude de cas», in *La réactualisation de l'institution des Bashingantahe. Etude pluridisciplinaire*, o.c., pp. 312-347.

[5]. *Ibid.*, pp. 73-77. Voir aussi Lazare Ntawurishira, «L'axiologie éducative dans le Burundi traditionnel et dans le Burundi moderne en fonction de l'institution des Bashingantahe», in *La réactualisation de l'institution des Bashingantahe*, o.c., pp.217-281.

officiellement par son milieu naturel de vie, qui lui choisissait un parrain (*umuhetsi*).[6]

Après cette reconnaissance de la candidature à partir de la base, le conseil des Bashingantahe de la colline, entité géographique minimale au Burundi, délibérait et statuait sur la candidature.

Le jour même de l'investiture, en face d'un délégué de l'autorité administrative, le leader moral du collège local des Bashingantahe déjà investis, commençait par présenter le candidat à la population, pour qu'elle le reconnaisse ; il rappelait ensuite les devoirs d'Umushingantahe et demandait au candidat d'en être conscient. La population était alors invitée à se prononcer sur lui et à le reconnaître comme un père (*umuvyeyi*). Ce qui valait beaucoup plus qu'une élection et constituait pratiquement un pacte : une alliance entre le candidat et le peuple dans toutes ses composantes, sans aucune exclusion possible. Le candidat prêtait alors serment en promettant de s'y conformer. [7]

Après ce pacte, le candidat recevait l'«intahe» (baguette de la sagesse et de la justice), symbole de l'équité et de la responsabilité sociale, auxquelles il s'engageait. C'est ce qu'on appelait en image *Kumira akabuye k'abagabo* (avaler la pierre de la sagesse). Cela était dit dans la monition qui lui était adressée à cette occasion. Il acquiesçait en prononçant *un serment* qui comportait des sanctions graves en cas de parjure. Il acquiesçait aussi *en frappant l'«intahe» par terre*, probablement pour invoquer la sagesse des ancêtres, qui y ont été enterrés, et pour montrer la conscience qu'il a de son engagement.

Il était alors invité à boire à la cruche des autres sages. Cela symbolisait l'accueil que ceux-ci lui faisaient. La population, quant à elle, l'accueillait et l'acceptait à travers discours, chants et danses. Tout cela culminait *dans le fait de le porter en triomphe*, lui et sa femme, devant tout le monde (*kubarerura*). Ce qui donnait , à l'alliance *soulignée plus haut*, une dimension affective à toute épreuve.

De ce qui précède (tâches, conditions et cérémonies d'investiture), il se dégage que le concept d'Umushingantahe consistait dans une *responsabilité sociale*, librement assumée, mais contraignante après l'investiture. Voyons cela de plus près.

---

[6]. Cf. A. Ntabona, «L'institution des Bashingantahe, de la tradition à la modernité», in *La réactualisation de l'institution des Bashingantahe au Burundi*, o.c., pp. 28-75.

[7]. Ibid., pp. 75-80. A propos de la force de la parole, voir Domitien Nizigiyimana, «Le bon usage de la parole comme facteur valorisant de l'institution des Bashingantahe» in *La réactualisation de l'institution des Bashingantahe*, oc., pp.382-411. Il serait également utile de lire Raymond Verdier, «Le rôle du serment dans les institutions modernes» in *La réactualisation de l'Institution des Bashingantahe au Burundi*, O.C. 304-310.

2. ***Le concept d'Ubushingantahe tel qu'il se dégage de cette institution*** [8]

Cette brève énumération et ces descriptions permettent d'induire ce qui suit. Il s'en dégage que le Mushingantahe était investi d'une responsabilité sociale, suite à laquelle il répondait des situations inhérentes à son milieu, sans qu'un ordre lui ait été intimé par une autorité quelconque au départ; mais plutôt en référence à un contrat passé entre lui et la société.

Habituellement, la responsabilité sociale avait lieu, tout naturellement, dans le cas des liens du sang, dans le cas d'un bon voisinage culminant dans l'amitié; dans le cas aussi des alliances matrimoniales, du contrat *d'Ubugabire* et du pacte du sang. [9]

Toutefois le concept *d'Ubushingantahe* avait un cachet spécial : un engagement libre au départ, mais entraînant ensuite des devoirs propres à limiter la liberté, à cause des besoins de la population, dont il assumait par là les intérêts. Après l'investiture, ces devoirs s'imposaient à lui comme une nécessité : c'est-à-dire une réalité qui ne pouvait pas ne pas être. De plus ce n'était pas une fonction ou un mandat dont la durée était limitée dans le temps, mais une identification de soi à un état permanent de vie.

De plus, le concept d'Ubushingantahe assurait la collégialité du Pouvoir. [10] Face à une monarchie sacrale, située au sommet d'un Etat dont l'administration était fort pyramidale de haut en bas, les Bashingantahe étaient debout, incarnant le pouvoir émanant de la base. Ils étaient, à tous les niveaux, le complément obligé de l'administration (*Umwami agirwa n'abagabo*). Ce qui faisait d'eux des gardiens de la société (*Abaragizi b'igihugu*). Essayons d'observer maintenant ce qu'il en a été de l'évolution de l'institution.

3. ***L'évolution de la société burundaise à ce sujet***

3.1. *Avant l'indépendance*

Un moment donné, dans l'histoire du Burundi comme du reste du continent africain, un phénomène bouleversant s'est produit. Ce fut l'importation systématique

---

8. Cf. A. Ntabona, « Le concept d'Umushingantahe et ses implications sur l'éducation de la jeunesse aujourd'hui au Burundi », a.c., pp. 63-301.

9. Voir à ce sujet A. Ntabona, « Responsabilité sociale et tissage de l'unité au Burundi », in *ACA* 1990/2, pp.133-157.

10. A. Ntabona, « Le Roi voleur de légumes : Anthropo-sémiotique d'un conte burundais », in *Introduction à la critique littéraire en Afrique Centrale*, Editions du CERDOTOLA, Yaoundé 1985, pp. 120-201. Voir aussi Pascal Rutake, «Le contrôle et la régulation du pouvoir par l'institution des Bashingantahe», in *La réactualisation de l'institution des Bashingantahe*, o.c., pp. 149-215.

et implacable des principes, destinés à fonder l'État et la vie sociale, ainsi que la rupture brutale de l'État, nouveau style, avec l'État de Droit coutumier, hérité des ancêtres. La suite est connue de tous. Sur le plan général tout d'abord, le contact du Burundi avec la modernité lui a donné *une nouvelle échelle des valeurs* primauté de l'individu sur la communauté; insistance sur l'avoir plutôt que sur l'être. Ce qui a, entre autres, affecté la conception de la personne en affaiblissant *la dimension de l'intériorité* (*Umutima*) et son appartenance inconditionnelle à quelque chose de plus grand que l'individu (*Ibanga*). De la sorte, le sens de *la responsabilité sociale* et celui de l'État ont perdu du terrain, face à une crise de valeurs toujours croissante.

En même temps, du point de vue politique, il y a eu progressivement, jusqu'à nos jours, un durcissement d'*une certaine conception exclusivement descendante et pyramidale* de l'autorité. De la sorte les milieux naturels de vie ont perdu progressivement leur consistance, leur confiance en eux-mêmes et leurs leaders endogènes.

Egalement *les solidarités innées* (liens de sang), les solidarités acquises (bon voisinage, alliances, corporations) perdaient leur consistance.

Il est compréhensible alors que les tissus sociaux aient été progressivement détruits, en cédant le pas à une tyrannique recherche de la réussite matérielle et individuelle. [11]

Avec le temps, nous nous sommes donc trouvés en face de communautés devenues des agrégats, dans lesquels les individus sont réduits à être progressivement des parcelles errantes. De quoi favoriser des irresponsabilités, allègrement assumées.

3.2. *Après l'indépendance*

Après l'indépendance, le Pays s'est abîmé encore plus. Et, dans ce cas, l'institution des Bashingantahe ne pouvait que perdre prise et se folkloriser, c'est-à-dire se vider de sa substance et devenir du pur jeu. Ce qui a eu lieu avec les cérémonies d'investiture (*ukwatira*) qui ont été étendues à des quelconques, pourvu qu'ils aient de la bière à donner ou que les candidats aient terminé leurs études. En ce sens, avec le temps, rien que le fait d'avoir un diplôme, suffisait, à la longue, pour donner droit à l'investiture; ou, directement, aux avantages sociaux qui y étaient liés. Cette banalisation *a entraîné une politisation inadéquate* et démagogique de l'institution, consistant dans l'investiture de foules de gens, à l'occasion de meetings. Ce fut le coup de grâce qui a entraîné l'abandon de cette cérémonie.

---

[11]. Cf. A. Ntabona, « Heurs et malheurs de l'héritage culturel du Rwanda et du Burundi en matière de préservation de la paix », in *ACA* 1995/2-3, pp. 345-386. Voir aussi Joseph Gahama, «L'évolution de l'institution des Bashingantahe», in *La réactualisation de l'institution des Bashingantahe*, o.c., pp. 99-147.

Mais, entre temps, la nature ayant horreur du vide et le besoin se faisant sentir, il a fallu que les membres des différents comités du Parti unique d'avant le multipartisme remplacent en pratique les Bashingantahe traditionnellement investis. De la sorte, les membres de ces comités jouissaient d'un simple mandat caduc, sans préparation et probation spécifiques comme auparavant. De plus, ils n'avaient d'appui populaire que la seule nomination à caractère politique. Ils ne pouvaient donc pas jouer le rôle des sages, sans en avoir ni l'âme ni le statut. Ce qui a poussé les vieux Bashingantahe à exprimer leur dissentiment par ce proverbe : «*Ibanga ntirimirwa intama*» (un engagement totalisant ne s'avale pas d'un trait). Ce qui a aussi créé deux institutions parallèles de Bashingantahe dans certains milieux : les Bashingantahe traditionnels et les membres des comités du Parti unique d'alors.

3.3. *Au surgissement de la crise actuelle*

Quand la crise de 1993 est survenue, elle a ainsi trouvé l'institution déjà fort entamée par toutes ces malversations. Elle était devenue incapable de jouer un rôle officiel dans la vie de la nation. De cette façon la population était laissée à elle-même, complètement mise à la merci des partis politiques naissants, suite à l'avènement du multipartisme. Or le peuple burundais a un sens aigu de l'autorité et de l'État. Et ce sens est fortement ancré dans la mentalité. Par la suite, cette même population a été alors sollicitée dans le sens de l'assouvissement de l'inné, sens de l'autorité, tout simplement, par offre de l'idéologie de l'ethnocentrisme totalitaire. Pour ceux qui étaient gagnés à cette idéologie, les ordres étaient en effet donnés de haut et de loin. Au ras du sol, les simples gens obéissaient par les réflexes conditionnés, sans quoi malheur et mort s'ensuivraient pour la personne jugée de «traître», fût--elle de la même ethnie. D'où des massacres aveugles de type génocidaire, sans que, du dedans des milieux naturels de vie, il y ait un sursaut suffisant de moralité. Des comportements héroïques ont eu lieu, mais sans capacité réelle d'arrêter la vague. [12]

C'est pourquoi la réactualisation et la modernisation de l'institution des Bashingantahe sont réclamées de toutes parts pour contribuer à tirer le pays de son marasme. Or ce travail réussira dans la mesure où il s'inscrit dans un projet global de société, visant la réfection des tissus sociaux, la revalorisation des milieux

12. Cf. A. Ntabona, « Au cœur du drame Burundais : le totalitarisme ethnocentriste, ses soubassements et ses conséquences », in *ACA*, 1994/3-4, pp. 333-358. Voir aussi Raphaël Sindaye, *Le réenchantement du monde. De la critique post-moderne au regain identitaire*, Thèse de Doctorat en Philosophie, Louvain-La-Neuve, 1994, pp.304-390.

naturels de vie, ainsi que la reconstruction d'un Etat de Droit, de la base au sommet, dans le but de faire sortir le pays de son enlisement. [13]

L'institution des Bashingantahe et la reconstruction de l'État de droit au Burundi

1. *Tout d'abord face à l'impératif de refaire les milieux naturels de vie*

Pour répondre à l'impératif de refaire les milieux naturels de vie, comme il est dit plus haut, les présentes propositions ne visent pas une réédition de l'institution traditionnelle, telle qu'elle était dans le passé, mais une stimulation d'une *créativité exploitant les valeurs du modèle ancien* tout en dépassant celui-ci.

Tout d'abord une campagne doit être menée, à tous les niveaux, en faveur de la revalorisation de l'institution. Il n'est pas évident que la population burundaise y aspire encore aujourd'hui de la même manière qu'hier. Elle est à convaincre à certains points de vue. Cette sensibilisation ira de pair avec l'insistance sur la dimension communautaire de la personne, qui perd de plus en plus du terrain, au profit d'un solipsisme, propre à tuer tout élan vital d'envergure sociale. Cela se constatait, même avant la crise, à travers le fait, par exemple, de se sentir obligé de recourir à la police pour maintenir des frères ensemble, même au niveau le plus restreint. [14] Cette campagne devrait coïncider avec le débat national en préparation pour lui donner un cachet ethnique et une démarche résolue vers la reconstruction de l'État de Droit.

Cette revalorisation de la dimension communautaire de la personne conduira ainsi à concevoir davantage la société comme un corps, où tous les tissus, à tous les niveaux, fonctionnent dans un climat de décentralisation, permettant aux milieux naturels de vie d'être autocentrés et auto-animés. [15]

La réactualisation de l'institution des Bashingantahe a déjà été précédée par la création, sur les collines et dans les quartiers en ville de comités de gestion du milieu (*Inama z'umubano*), chargés de rechercher le retour à la paix, en promouvant la co-responsabilité jusqu'au plus petit échelon de la vie sociale (un nombre réduit

---

13. Au cours de la crise qui n'en finit pas au Burundi, de vrais Bashingantahe se sont ici et là, malgré tout, manifestés. Cf. Equipe du CRID, « Témoignages de l'espoir », in *ACA* 1996/2, pp. 387-432.

14. Cf. Zénon Nicayenzi, «Fondements culturels de la crise burundaise», in *ACA*, 1995/1, pp.91-98. Voir aussi Liboire Kagabo, L'«institution des Bashingantahe : une institution en crise dans une société en crise», in *La réactualisation de l'institution des Bashingantahe*, o.c., pp.99-147.

15. Cf. A. Ntabona, «Propositions de pistes pour la sortie de la jungle du totalitarisme ethnocentriste», in *ACA* 1995/1, pp.5-40.

de familles voisines par exemple). L'objectif est de mettre au premier plan, à l'échelle locale tout d'abord, la justice gracieuse des Bashingantahe, l'acceptation mutuelle, la réconciliation progressive et la reconstruction de l'État de Droit à la base.[16] Du reste ici et là, chaque fois que ce processus est engagé dans une région donnée, la crise s'atténue.

C'est dans ces comités de gestion du milieu (*Inama z'umubano*) que l'on pourra recruter des candidats Bashingantahe «nouveau style» et procéder à leur formation progressive, comme il en a été dans la tradition. Il faudra insister sur le sérieux de la sélection, parce que l'institution a progressivement subi une inflation. N'importe qui ne peut pas être «Umushingantahe»/Sage. L'idée de *modèle socio-culturel* doit demeurer et s'approfondir, en insistant sur les qualités des Bashingantahe qui ont réussi à résister à l'usure du temps. Un «cursus» de leur formation est encore à étudier. Chaque étape de la formation serait sanctionnée par un grade symbolique, auquel seraient attachés certaines responsabilités et certains avantages socio-professionnels.

1.1. *Les tâches à confier aux Bashingantahe « nouveau style »*

A l'issu du «cursus» de formation, le candidat serait investi Mushingantahe pour s'occuper des tâches suivantes :

1° Conciliation en cas de conflits et administration de la justice gracieuse, avant de penser au recours aux tribunaux.
Spécialement aujourd'hui les voisins ont besoin d'établir les responsabilités les uns des autres, faire reconnaître les torts commis, se demander mutuellement pardon et punir les coupables dans un climat de recherche de réconciliation. La justice gracieuse des Bashingantahe en effet joignait rigueur et conciliation. Ce qui la rend précieuse en ce temps marqué par la crise de la convivialité.

2° Protection des personnes et des biens dans le milieu.

3° Education *des jeunes et des adultes* au sens du bien commun.

4° Participation de droit aux réunions des comités socio-éducatifs avec un mandat à vie, une fois l'investiture faite. En cas de défaillance, des sanctions seraient toutefois prévues.

5° Vigilance sur l'écologie des mœurs.[17] Ce qui fera d'eux des instances de consultations informelles, avant tout recours administratif. Les Bashingantahe,

16. Cf. Philippe Ntahombaye, « Ubushingantahe et la crise », in *ACA* 1995/1, pp. 49-68. Il serait également utile d'avoir à l'esprit que le Gouvernement du Burundi a déjà nommé une commission de travail, destinée à contribuer à la réhabilitation et à la réactualisation de l'institution des Bashingantahe. Cf. Décret n°100/050 du 21 Mars 1997 portant nomination des membres du Conseil des Bashingantahe pour l'unité nationale et la réconciliation.

17. Cf. Luc Rukingama, «*Intahe* et la gestion de la cité», in *ACA* 1995/1, pp.41-48.

aujourd'hui, demain comme hier, seraient considérés comme des gardiens des valeurs morales de la société : des faiseurs de l'État de Droit de la base au sommet, sans qu'ils soient des agents des gouvernements.

1.2. *Les modalités de l'investiture moderne*

Une fois la formation effectuée, il faudra songer à l'investiture de nouveaux Bashingantahe. Les symboles et les rites qui suivent pourraient être retenues pour cette investiture :

1° La présentation préalable du candidat au public pour remarques éventuelles.

2° Monition sur les tâches et exigences de l'institution avant l'investiture.

3° Le serment de la part du candidat, le jour de l'investiture.[18] Cela constituerait une version moderne du rite du «*Kumira akabuye k'abagabo*» (avaler la pierre de la sagesse). Dans tous ces rites l'on doit garder à l'esprit le proverbe suivant : *Uwamize ntaba agicira* «Ce qui a avalé ne peut plus cracher ce qu'il a avalé».

4° Donation de l'«*intahe*», qui pourrait être peint aux couleurs nationales et qui serait porté en mains dans certaines circonstances.

5° Partage, au chalumeau, d'une boisson, en vue de symboliser la communion du nouveau Mushingantahe avec ceux qui l'ont précédé dans cet engagement totalisant.

6° Applaudissements, chants, danses, port en triomphe (*Kurerura*), pour réaliser des célébrations, où l'affectif est à l'œuvre et au rendez-vous.

1.3. *Les avantages à y attacher*

Parmi les avantages à attacher au fait d'être investi, il y a lieu de citer les suivants :

1° Participation de droit à toutes les réunions où les questions d'ordre socio-politique sont traitées.

2° Le fait d'être consulté de droit par les autorités compétentes chaque fois que des questions d'ordre socio-politique se posent dans le milieu. Le Mushingantahe sera ainsi une personne de référence et une personne incontournable.

3° En matière d'avancement de grade et de promotion à des postes de responsabilité, le fait d'être Mushingantahe serait un des critères essentiels d'appréciation. De toutes façons, il faudra bien tenir compte de la complémentarité entre la compétence professionnelle et l'écologie des mœurs.

---

18. Il y a lieu d'insister sur la place de la Parole engageante dans la revalorisation de l'institution des Bashingantahe; voir à ce sujet Barbara Ndimurukundo-Kururu, «Culture et communication : la parole s'est envolée», in *ACA* 1995/1, pp.99-110.

Pour réussir cette tâche, dans un premier temps, il faudra poursuivre la sensibilisation et les études sur les implications politiques, juridiques, sociales et pédagogiques de la revalorisation de l'institution des Bashingantahe.[19] Il importe de bien préciser les nouveaux enjeux, les tenants et les aboutissants de l'institution, hier et aujourd'hui, les apports positifs et négatifs de l'histoire dans ce domaine; ainsi que les différences à mettre entre la ville et le milieu rural.[20] Un ouvrage de synthèse est en préparation à ce sujet. Il pourrait apporter une contribution au débat.

2. *La réactualisation de l'institution en vue de la reconstruction de l'État de droit*

Pour la préparation du texte réglementant cette réactualisation, de la base au sommet, élections à l'appui, il serait bon de raffiner l'établissement effectif des comités de gestion du milieu, composés de Bashingantahe dans les plus petites entités socio-géographiques et socio-administratifs du pays : collines (*agacimbiri*), départements ministériels, services des sociétés privées... Ce sont ces comités qui contribueront à former les nouveaux Bashingantahe, à les préparer et à les investir. Il y lieu d'insister sur la formation continue à donner à tous ceux-là, même après l'investiture. Étant donné que le totalitarisme ethnocentriste vicie l'atmosphère de la représentation politique, l'institution des Bashingantahe pourrait jouer provisoirement ce rôle en tant que *convergence naturelle* de la société civile, une fois que des élections sont organisées sur cette lancée, de la base au sommet, en attendant la formation à un esprit propre à sous-tendre et *subsumer la démocratisation authentique* du Pays. L'actuel Conseil des Bashingantahe, déjà mis en place, pourrait servir de levier à ce sujet et contribuer à animer le débat à cet effet. Il est heureux de voir que ce conseil est en train de s'organiser en ce sens. Jusque là, l'institution des Bashingantahe «nouveau style» est envisagée du point de vue de la société civile. Mais il y a moyen d'aller plus loin et l'habiliter à préparer, de droit, la reconstruction de l'État de Droit. C'est l'objet des considérations et propositions qui suivent.

Aujourd'hui en effet, à cause de la crise introduite par le totalitarisme ethnocentriste, le peu d'État de Droit acquis a été démoli. Même l'État tout court a été menacé d'éclatement à plusieurs reprises. L'ethnie s'est hypertrophiée au point

---

19. Il faudra toujours tenir compte, de toutes façons, du fait que les valeurs se sont effondrées au Burundi. Voir à ce sujet Liboire Kagabo, «La crise burundaise et l'effondrement des valeurs», in *ACA* 1995/1, pp.386-387. Voir aussi A. Ntabona, «Quelques réflexions sur l'acculturation par substitution et ses conséquences au Burundi», in *ACA* 1982/6, pp.341-351.

20. Cette différence s'impose surtout quand l'on considère les pièges sous-tendus par la démocratisation à toutes les sauces. Sur ce point, il serait utile de lire Emmanuel Ntakarutimana, «Démocratie et/ou Koinocratie : les chrétiens face à un piège», in *ACA* 1991/2-3, pp.339-360.

de faire tomber le pays dans *l'ethnolâtrie* et de réduire à sa plus simple expression le sens du bien commun. Le territoire demeure commun, mais la violence identitaire vise précisément à en exclure tous ceux qui n'adhèrent pas à l'idéologie de *l'ethnocentrisme totalitaire*. Et comme l'État est d'ordre conceptuel, il tend par là à s'atrophier au profit de cette déviation. [21]

2.1. *Qu'entendons-nous par État de droit ?*

Quand nous parlons aujourd'hui de l'État de Droit, nous entendons celui qui est exigé par l'actuelle philosophie des Droits de l'Homme, qui tend à s'imposer comme une volonté générale à étendre à toute la planète et qui devient progressivement le fondement de l'autorité des pouvoirs politiques [22]. Qu'est-ce à dire ?

Un consensus suffisamment rassurant au sein de la population, de façon à ce que les citoyens se reconnaissent juridiquement dans la gestion de l'État; une participation de la population à la désignation de ses dirigeants dans un climat favorable à l'équilibre des représentations; un accès égal de tous aux fonctions administratives et politiques; bref un Etat qui brille plus par l'autorité, c'est-à-dire par un pouvoir d'influence, plutôt que par la seule coercition, si légitime soit-elle. [23] En faisant allusion à la «légitime coercition», nous nous référons à la définition wéberienne de l'État : «Une entreprise politique de caractère institutionnel dont la direction administrative revendique avec un succès, dans l'application des règlements, le monopole de la contrainte physique».[24] Pour que cette légitimité soit réelle, il faut donc un rattachement direct des citoyens à l'État [25] et un échange

---

[21]. A propos de la signification de l'Etat, voir *Encyclopedia Universalis*, Vol. 6, p.301. Voir aussi, à ce sujet, John Locke, *Deuxième traité du Gouvernement civil*, Librairie philosophique J. Vrin, Paris 1985, p.201. Voir enfin Yves Meny, *Politique comparée. Les démocraties : Allemagne, Etats-Unis, France, Grande Bretagne, Italie*. Ed. Monchrestien, Paris 1993, (Quatrième édition), 448 p.

[22]. Nous faisons allusion, principalement aux trente articles de la déclaration des droits de l'homme et du citoyen, promulgués par l'Assemblée Générale de Nations Unies le 10/12/1948. Voir aussi Robert Bosch, *Sociologie de la Paix*, Ed. Spes, 1965, p.231. Voir enfin Georges Burdeau, *La démocratie politique*, Ed. du Seuil, Paris 1985, 135 p.

[23]. Cf. Ch. Braud, *Manuel de sociologie politique*, Ed. LGDJ, Paris 1992, p.453. Voir aussi John Elster, *Psychologie politique*, Editions de Minuit, Paris 1990, p.6. Il serait également utile de lire Terence Marshall, *Théorie et Pratique du Gouvernement constitutionnel, la France et les USA*, Editions de l'Espace Européen, p. 245-239.

[24]. Cf. Marx Weber, *Economie et Société*. Ed. Plon, 1971, T.1., p.57. Voir aussi A. Akoun, F. Balle et A. Bels et alii, *Dictionnaire de Politique*, Ed. Larousse 1979, p.126.

[25]. Guy Hermet et Bertrand Badie, *Dictionnaire des sciences politiques et des institutions politiques*, Ed. Armand Colin, Paris 1994, p.102. Voir aussi B. Badie et P. Birnbaum, *Sociologie de l'Etat*, Ed. Grasset, Coll. Pluriel, Paris 1982, p.54.

intégral entre les deux instances, pour que l'autorité ne soit pas comme une force seulement physique. [26]

2.2. *Que pouvons-nous soumettre à la réflexion de la communauté nationale et internationale à ce sujet ?*

Toutes ces conditions et bien d'autres sont indispensables pour que l'on puisse parler de l'État de Droit au sens plein du terme. Toutefois, comme toute réalité d'ordre conceptuel, [27] la notion d'État implique la nécessité de reconnaître l'analogie et la pluralité comme un impératif catégorique, recommandé par l'inéluctable diversité des cultures et des évolutions des peuples. Or qui dit analogie implique une majeure analoguée, commune à tous les concernés, et des mineures analoguées variables selon les contextes.

Nous insistons sur cette distinction, car, aujourd'hui comme hier, avant les indépendances, les vieux États de Droit tiennent toujours à exporter leurs systèmes et à obliger les jeunes États à les importer à tout prix, sous peine d'ennuis de tous ordres. Le principe de l'analogie indispensable pour toutes les réalités humaines d'ordre conceptuel ne semble pas suffisamment pris en compte. C'est plutôt l'occidentalisation de l'ordre politique qui tend à s'imposer coûte que coûte, en accréditant, sans le dire, les concepts d' «États Patrons» et d'«États Clients».[28] Tout cela s'est accompagné, bien entendu, de l'occidentalisation de la scène internationale, avec des contraintes bien résolues dans le but d'obliger à l'alignement [29] ce qui fausse le jeu politique à l'échelle locale.

Les antagonistes à la base savent ainsi que *l'interlocuteur «intéressant»*, ce n'est pas le compatriote, mais l'«État Patron». D'où un dialogue médiumisé au maximum et peu propre à aboutir. D'où aussi une adoption du bout des lèvres du système représentatif, qui finit, ici et là, par devenir une greffe difficile, voire impossible, surtout quand les concepts de base comme la démocratie ou la majorité numérique sont corrodés du dedans par le totalitarisme ethnocentriste, *gangrène de l'Afrique des Grands Lacs*.[30] Les diagnostics autour des problèmes de la sous-

---

[26]. Voir à ce sujet Colas, *Sociologie politique*, PUF 1994, p.382. Une relecture de Hegel en ce sens pourrait ouvrir beaucoup d'yeux. Cf. G.W.F. Hegel, *Principes de la philosophie du Droit*, Librairie philosophique J.Vrin, Paris 1982, pp. 258-343.

[27]. A propos du fait que l'État est d'ordre conceptuel, voir *Encyclopedia Universalis*, Vol. 6, p.223. Voir aussi Gérard Cornu, *Vocabulaire juridique*, PUF 1987, p.326.

[28]. Voir à ce sujet B. Badie, *L'occidentalisation de l'ordre politique*, Ed. Fayard (Coll. L'espace politique), 1992, p.36. Voir aussi Blandine Barret-Kriegel, *L'Etat et les esclaves*, Petite Bibliothèque Payot, Paris 1989, p.253.

[29] B. Badie, *Ibid.*, p.143.

[30]. Cf. A. Ntabona, «Le totalitarisme ethnocentriste, ses soubassements et ses conséquences», in *ACA* n°3-4/1994, p.333-359. Voir aussi « Propositions de pistes pour la sortie de la jungle du totalitarisme ethnocentriste », in *ACA* n°1/1995, p.5-41.

région, sont précisément mal orientés à cause des partisans de l' «État importé» qui cherchent des alliés et se permettent même de faire avaler, avec élégance, bien entendu, la couleuvre de l'intégrisme ethnique et ses soubassements totalitaires et génocidaires. [31]

Ce qui porte cette occidentalisation de la vie politique vers un échec assuré, puisqu'elle fonctionne à double détente. Les échecs déjà essuyés, hélas, ont souvent causé, beaucoup de *traumatismes et de troubles*, qui ont culminé, comme il est dit plus haut, vers des massacres de type génocidaire et vers une cacophonie à l'échelle mondiale, à nulle autre pareille. Cette cacophonie constitue du reste en Afrique, une menace de la crédibilité du concept de l'État de Droit, galvaudé à l'infini, partout où l'intégrisme ethnique mine institutions et structures.

Tel est le danger que comporte le fait d'être réduit à être des «intellectuels importateurs» qui cogitent et s'agitent, tout simplement à propos d'un débat lui-même importé. [32] Il faut donc éviter de plaquer de l'extérieur des principes abstraits sur une réalité complexe. La reconstruction de l'État de Droit devrait ainsi conduire, avec le temps, à des actes politiques responsables, émanant d'un consensus où la vie politique est «la chose des citoyens» eux-mêmes. [33]

De toutes façons, comme il dit plus haut, le concept de l'État de Droit ne peut pas être univoque. Il se situe à un niveau épistémologique qui n'admet que l'analogie. Or, encore une fois, qui dit analogie dit unité dans la diversité. Les théoriciens de cette réalité politique devraient donc dégager, à partir de l'état actuel de la recherche une majeure analoguée et la proposer aux États en demandant «États Patrons» de laisser libres les «États clients» pour ce qui est des mineures analoguées.[34]

Or pour le cas du Burundi, l'Institution des Bashingantahe peut très bien permettre l'évolution vers un véritable État de Droit, étant donné qu'elle est en train d'aider à assainir la vie publique en créant un climat, où justice et réconciliation vont de pair [35] et en assurant une représentativité valable de la population dans les

---

[31]. Centre de Recherches pour l'Inculturation et le Développement (CRID), « Les Eglises du Rwanda et du Burundi face à l'intégrisme ethnique. Analyses et perspectives », in *ACA* 1996/3-4, pp.455-546. Voir aussi, *ibid.*, p.451.

[32]. Cfr. B. Badie, o.c., D. 158.

[33]. Cfr Nicolas Tenzer, *Philosophie politique*, PUF 1994, p.75. Voir aussi John Rawls, *Fondements d'une théorie de la justice*, Edition de l'Institut Supérieur de Philosophie, Louvain-La-Neuve, 1984, p.15 Voir enfin Marc Maesschaeck, *Jalons pour une nouvelle éthique*, Louvain-La-Neuve 1991, p.301.

[34]. A propos de l'analogie, voir A. Lalande, *Vocabulaire technique et critique de la philosophie*, PUF, Paris 1972, p.35.

[35]. CRID, Synthèses des réalisations du Projet «Acceptation Mutuelle et Réconciliation Progressive au Burundi», in *ACA* 1996/1, pp.181-194. Voir aussi « Témoignages de l'Espoir », in *ACA* 1996/2, pp.375-386.

modalités exprimées plus haut, au cours d'une période de transition concertée, à l'issue de laquelle l'on s'entendrait un peu mieux sur la meilleure façon de procéder à la reconstruction de l'État de Droit, sans jeu politique fossé, parce qu'importé de force, comme il en est maintenant.

Cette période de transition concertée interviendrait après une consultation populaire à organiser à l'issue du débat national déjà initié dans le Pays. Cette consultation populaire porterait entre autres sur l'option pour un pluralisme régulé par l'Institution des Bashingantahe. [36]

Ceux-ci, une fois élus sur base des valeurs à soumettre à la base des critères bien connus et exigés pour être Mushingantahe travailleraient à la reconstruction de l'État de Droit, jusqu'à ce que le Burundi retrouve la paix et trouve calmement un système politique qu'il lui faut : système situé au-delà de l'actuel débat «importé». Ce n'est pas pour rien qu'un politologue africaniste bien connu a dû parler de la «stimulation de l'imagination» dans le but de «réinventer l'État». [37]

A cet effet nous insistons beaucoup sur les consultations populaires honnêtes et fréquentes car, dans l'État de Droit minimal, depuis 1989, «tous les citoyens ont le droit de concourir personnellement ou par leurs représentants à la formation de la loi». [38] Il s'agit d'une exigence incontournable qui fait partie de la majeure analoguée soulignée plus haut.

Conclusion

Aujourd'hui, le Burundi est exténué par la crise, encore plus du point de vue éthique. Il lui faut un supplément d'âme. La modernisation de l'institution des Bashingantahe, dans le sens de la reconstruction de l'État de Droit, pourrait lui en fournir une. A une condition toutefois, c'est que le Pays tout entier se mette dans la perspective de l'inculturation. On a précisément de l'inculturation *quand des données étrangères* à la tradition d'un pays pénètrent et fécondent sa culture, en la transformant du dedans selon les appels des signes des temps, les impératifs de l'heure et les valeurs universelles en présence. De la sorte il s'opère un mariage

---

36. Voir à ce sujet ce qu'il en a été dans la tradition burundaise en la matière. Cf. P. Ndayishinguje, « Le rôle des Bashingantahe dans l'harmonisation communautaire au Burundi » in *ACA* 1996/1, pp.91-111.

37. Achille Mbembe, *Les jeunes et l'ordre politique en Afrique Noire*, Ed. L'Harmattan (Coll. Logiques sociales), Paris 1994, p.210. Voir aussi, du point de vue théorique, Blandine Barret-Kriegel, *Les origines médiévales de l'État moderne. Critique de la politique*, Ed. Payot 1979, p.135.

38. La Déclaration des Droits de l'Homme de 1789, art. VI, in Lalande, *Dictionnaire technique et critique de la philosophie*, PUF 1972, p.85. Voir aussi Dominique Colas, *Sociologie politique*, PUF, Paris 1994, p.305.

entre ces éléments (eux-même refaçonnés) et la culture locale. Il se crée ainsi de nouvelles valeurs, de nouvelles institutions et de nouvelles expressions culturelles, capables de créer du neuf sur le tronc ancien et générer une société à la fois ancienne et nouvelle. La société est alors dotée de solides racines et ouverte aux apports du reste du monde. [39]

Dans le cas concret de la revalorisation de l'institution des Bashingantahe, comme pour le reste, il faut donc commencer comme il est dit plus haut, par une *reculturation, c'est-à-dire une formation de formateurs* visant à faire saisir l'essentiel des valeurs, capables de transcender les vicissitudes du temps. Ensuite procéder *aux choix énoncés plus haut*, pour mettre debout des citoyens capables d'être des repères vivants, en matière de reconstruction de l'État de Droit. De cette façon et sur cette base, il faut reconcevoir la vie socio-politique en ouvrant, nécessairement, l'institution des Bashingantahe à la civilisation des Droits de l'Homme et à la démocratie authentique, consistant à rendre la population réellement maîtresse de son destin, au lieu de la laisser continuer à fonctionner *par procuration*, comme il en est depuis la colonisation. [40]

---

39. Cfr. A. Ntabona, « Les impératifs de l'inculturation intégrative au Burundi », in *ACA* 1991/4, pp. 525-548.

40. Voir à ce sujet A. Ntabona, «L'institution des Bashingantahe à l'heure du pluralisme politique africain», in *ACA* 1991/2-3, pp. 263-284. A propos de la démocratisation en Afrique, lire aussi Sylvestre Ntibantunganya, « L'Afrique dans le débat sur la démocratisation », in *ACA* 1991/2-3, pp.207-236. Dans tout cet effort d'ouverture, la non-violence active doit se trouver en premier plan. Voir à ce sujet Liboire Kagabo, «Non-violence et démocratie», in *ACA* 1991/2-3, pp.171-206.

Le *gacaca* : une juridiction pénale populaire

Charles Ntampaka

Au Rwanda, le système judiciaire traditionnel n'était pas étranger à l'organisation familiale en général. L'évolution de l'organisation socio-culturelle a eu un impact sur les règles applicables et sur les structures de règlement des différends. Comment peut-on aujourd'hui faire cohabiter ces institutions avec les juridictions modernes, peut-être défaillantes, mais mieux organisées et mieux préoccupées des droits individuels que des droits collectifs ? Les institutions sur lesquelles la société se fondait ont évolué ; d'autres ont disparu ou ont été remplacées ; comment peut-on, sans adaptation, réintroduire une institution fondée sur une organisation familiale autre ?

Le gacaca, une institution familiale de conciliation

Le *gacaca* traditionnel, juridiction du «gazon», traitait toutes les affaires opposant les membres d'une famille ou opposant deux ou plusieurs familles. Le système d'organisation familiale détermine la composition du *gacaca* et son mode de fonctionnement.

A. *La justice du chef de famille*

La famille s'organise autour d'un ancêtre éponyme commun. La descendance est unilinéaire: elle est patrilinéaire. Tous les descendants appartiennent au même groupe lignager, au même clan. Ils sont placés sous la direction d'un même patriarche. Celui-ci est le plus ancien. Il est nommé par son père avant sa mort. Les membres d'une famille disposent d'un patrimoine foncier commun, ils ont un même totem, ils honorent les mêmes ancêtres.

Le chef de la famille, par rapport à sa famille, est l'équivalent du roi par rapport à la nation. Il se trouve au sommet de la pyramide familiale. La fécondité de la nation dépend de la force vitale de son roi, celle de la famille dépendra de la force vitale de son chef. Puisque le roi édicte des règles provenant de la volonté des ancêtres et de Dieu, le chef de famille fait de même.

Une telle organisation confond tous les pouvoirs dans les mains d'une même personne : le chef de famille est à la fois le juge du groupe, son avocat, son administrateur. Il règle les différends, il implore les ancêtres au nom du groupe, il sert d'intermédiaire lorsque des conflits opposent des membres de familles différentes ; il est administrateur lorsqu'il gère et répartit les biens du groupe. Une telle conception du pouvoir au sein de la famille peut aider à comprendre l'absence de réaction des populations de ces régions devant les dictatures. Le pouvoir vient de Dieu, il s'exerce en son nom et personne ne peut le remettre en cause sauf lui.

Le chef ne peut juger qu'en équité.[1] Toute décision vise principalement la réparation du tort et la socialisation du criminel ou le rétablissement de l'ordre troublé. Par exemple, lorsque les époux sont en désaccord, la famille ne cherche pas d'abord le moyen de les séparer ; la première étape sera une tentative et même une imposition de la conciliation ; si le conflit persiste, la famille acceptera la polygamie et, en dernier ressort, si le conflit risque d'avoir des répercussions sur les relations au sein de la famille ou avec la famille alliée, une séparation. Mais la séparation se fera sans que l'on attribue la responsabilité à l'un ou l'autre des conjoints. De nouveau, puisque ce mariage avait été fait pour la famille mais aussi pour un ancêtre, la séparation ne pourra se faire sans avoir consulté cet ancêtre, pour éviter son courroux.

La terre n'est pas une valeur en soi, elle représente un lien entre les vivants et les ancêtres fondateurs du clan ou de la famille ; elle est le berceau du clan et devra être protégée comme telle. C'est ainsi qu'on assiste parfois à des procès dont la valeur est inférieure aux frais judiciaires parce que le lopin disputé est le terrain des ancêtres, le lieu où ils ont vécu, où ils sont morts. Le *jus abutendi* est inconnu ; la terre appartient aux anciens. [2]

Au temps de la colonie, et avant cette période, l'administration politique ne devait pas entrer en contact avec les membres d'une famille sans passer par les chefs

---

[1] Voyez notamment E. Lamy, « Les juridictions mixtes de droit écrit et de droit coutumier dans les pays en voie de développement: évolution et situation au Zaïre, Rwanda et Burundi », in *Rapports belges au XIIe congrès de l'Académie internationale de droit comparé* (Sydney, 18-27 août 1986), Anvers, Bruxelles, Kluwer et Bruylant, 1986, p. 1-34.

[2] Voyez pour plus de détails, G.A. Kouassigan, *L'homme et la terre*, Paris, Berger-Levrault, 1966 ; H. Guillaume, « Peuplement indigène, institutions familiales et régime des biens au Ruanda-Urundi », in *Athenaion*, 1956, n°2, p.27-42 ; n°3, p.36-53 ; P.F. Gonidec, *Les droits africains, Evolution et sources*, Paris, éd. LGDJ, 1968 ; G. Feltz, « Evolution des structures foncières et histoire politique du Rwanda (XIXe et XXe siècle) », in *Etudes d'histoire africaine*, 1975, p. 143-154.

qui la représentent. Ainsi les tributs donnés au roi et les impôts étaient collectés par le chef de famille parmi les contribuables et remis à l'autorité politique.

La destruction des familles a été entamée par les chefs politiques qui ont commencé à intervenir dans les conflits au sein des familles pour défendre leurs protégés contre les autres. Les individus avaient ainsi l'occasion de défendre des droits individuels contre les droits collectifs, érodant de cette manière la primauté de l'intérêt familial.

B. *Des inégalités institutionnalisées*

L'homme n'a de droit que suivant le poste ou la responsabilité qu'il occupe au sein du groupe. Il n'a pas d'existence ontologiquement autonome ; il continue à dépendre de la force vitale de son auteur et, par lui, des ancêtres, jusqu'au fondateur du clan. Le frère, nommé chef de famille, devient un «autre père» ; il a sur ses frères et sœurs des droits et des obligations car il devient leur intermédiaire auprès des ancêtres. Il est en droit leur chef.

La hiérarchie sociale, fortement suivie, place le père au sommet de la pyramide et donne à chacun un rôle dont il ne peut pas sortir. La sagesse populaire rwandaise dit «l'épaule ne peut pas grandir plus haut que le cou» (*Nta rutugu rukura ngo rusumbe ijosi*), c'est-à-dire que le père est et reste le chef de la famille et responsable de l'application des règles de droit tant qu'il est en vie. L'application des règles tient compte de la hiérarchie et des inégalités consacrées. Ainsi le fils du chef sera chef et personne ne peut concevoir le pouvoir autrement. C'est ce que J. Maquet appelle *les prémisses d'inégalités*, c'est-à-dire les privilèges acquis sur le seul fait de la naissance.[3] Si le fils du chef vole du bétail, il doit seulement rendre l'équivalent et peut-être y ajouter une amende. Mais si le fils du peuple vole du bétail au chef, il risque la peine de mort.

Cette organisation sociale conditionne la vie collective : l'individu n'a pas de droits propres, ses intérêts sont les intérêts du groupe de parenté. Le terrain de culture et de pâturage appartient au groupe, son utilisateur n'est qu'un usufruitier. Le mariage n'est pas seulement une union conjugale entre deux personnes ni un contrat individuel, c'est une alliance entre groupes de parenté. Sans doute sa validité dépend-elle de la validité de l'union conjugale, mais aussi de l'alliance, car on ne se marie pas à un individu mais à une famille, dont on acquiert les droits et les obligations. [4]

---

[3] J. Maquet, 1954, p. 189.

[4] Voy. pour plus de détails, E. Le Roy, « Les droits traditionnels et la modernité », *Revue Monchanin*, Vol. XXII, n° 4, Cahiers 65 ; G. Gatunange, *Femme et mariage en droit traditionnel burandais*, Louvain-la-Neuve, Thèse de doctorat, 1982.

C. *La vengeance comme droit et devoir familial*

La famille a l'obligation de venger tout membre victime du fait d'une autre personne étrangère à la famille. La vengeance est un devoir religieux. Souvent les membres de la famille s'obligent à la vengeance pour ne pas subir la vengeance du défunt. La vengeance s'exerce indistinctement sur tous les membres mâles du groupe parental du délinquant. La responsabilité au sein de la famille est collective, elle est à la fois pénale et civile. Si la famille ne satisfait pas à ce devoir de vengeance, les esprits de la victime s'en chargeront eux-mêmes en importunant de diverses manières les vivants de leur propre famille.

D. *Interactions entre le droit et les croyances populaires*

1. Le rapport entre le droit et la philosophie de la vie

Le droit traditionnel prend ses origines dans les croyances populaires, dans la philosophie de la vie, dans les rapports entre les vivants et les morts et dans les rapports entre les vivants eux-mêmes. D'après De Clerck, tout système juridique repose sur la raison, sur un fondement rationnel, sur la philosophie de la vie.[5] En Afrique centrale, la philosophie de la vie fait apparaître le monde comme une pluralité de forces coordonnées, conditions de l'intégrité des êtres. L'homme dispose d'une force vitale, l'essence même de sa nature, utilisée pour un accroissement vital de l'autre ou pour sa diminution. Ce qui sépare l'homme de l'animal est que la force vitale de l'homme survit à la disparition de son corps tandis que celle de l'animal disparaît avec son corps. [6]

Le droit naît d'une pratique continue et non d'un corps constitué et d'un acte unique promulgué par les pouvoirs. La coutume est la source principale du droit traditionnel. Personne ne peut modifier la coutume. Le roi ou le chef de famille peuvent à peine l'interpréter. Personne ne sait d'où sont venues les coutumes, tous se contentent de dire : «on l'a toujours fait ainsi».

Une règle ne devient droit obligatoire pour tous que lorsqu'elle est donnée par les ancêtres et parce qu'elle vient des ancêtres. C'est la raison pour laquelle elle se présente comme une tradition ininterrompue. La force de la coutume repose sur l'organisation familiale traditionnelle et sur la conviction de son rôle dans le maintien des bons rapports au sein de la société.

Seuls les anciens, chefs de famille, sont habilités à contacter les esprits pour le compte des membres de leur famille. Ces esprits dictent les règles de morale et de

[5] De Clerck, L. : *Introduction à l'étude du droit coutumier*, Bujumbura, 1968, p. 9 (polycopié).

[6] Voy. notamment Mulago, V. : « L'union vitale bantu ou le principe de cohésion de la communauté », *Annali Lateranensi*, 1956, vol.XX, p. 61-263 ; Tempels, P., *La philosophie bantoue*, Paris, 1961, p. 80.

droit à l'ancêtre qui les transmet aux autres membres dans le cadre d'un procès. Ces ancêtres eux-mêmes sont proches de Dieu, inaccessible et naturellement bon, lequel n'a besoin ni de sacrifice ni de prière ; seuls les esprits faussent ses projets à l'égard des hommes. Dieu fixe les règles, les dicte aux humains qui les interprètent en fonction des besoins.

Cette manière de vivre et de comprendre le monde détermine la création des règles de vie, notamment les règles de droit. Ce qui est ontologiquement bon est moralement bon et aussi juridiquement juste. Le droit ne peut s'écarter des principes du juste et de l'ordre établi. Ces règles ne sont pas de stricte application ; elles doivent servir au maintien des bonnes relations entre les vivants ; elles servent à trancher les différends, mais en tenant compte davantage de la nécessité de rétablir l'harmonie plutôt que d'appliquer les règles pour elles-mêmes.

2. Les croyances populaires, sanctionnées par le droit

Alors que la philosophie occidentale considère que l'être humain est autonome par rapport aux autres, la philosophie africaine considère par contre qu'il y a interaction des êtres les uns sur les autres, de sorte qu'un être peut faire augmenter la force vitale d'un autre ou la diminuer. Ainsi l'homme, vivant ou mort, peut directement renforcer ou diminuer un autre homme dans son être ; l'homme peut, grâce à sa force vitale, influencer même des forces inférieures, notamment les animaux, les végétaux... Ces interactions sont permanentes ; c'est la force vitale du père qui fait subsister celle du fils, qui la développe, la rend prospère ; c'est elle qui la protège contre les autres forces, les autres influences adverses.

En principe les modes de preuve sont déterminés par la coutume mais le droit permet au juge de recourir également aux pratiques religieuses dans la preuve du droit, dans la détermination des sanctions et dans la socialisation du délinquant. L'établissement de la preuve de son droit suit certaines règles coutumières connues et assez développées pour permettre une justice équitable. Certaines règles sont liées à la magie, aux tabous, aux croyances populaires, comme dans toute société primaire. Ces preuves sont notamment les preuves par ordalie, par le fer rouge, par l'eau bouillante... Elles procédaient de la croyance populaire selon laquelle Dieu permet de déterminer l'innocent et le coupable. Elles ne sont plus usitées devant le juge.

Lorsque la société ne voulait pas organiser de tels supplices, elle procédait à la divination, notamment par l'examen des entrailles de poussins ou de moutons, par l'observation du mouvement de certains insectes, par la direction de la flamme de la graisse de chèvre brûlée. Dieu finissait par déterminer le coupable et la société avait la conviction qu'il s'agissait bien du coupable. Lorsqu'il y avait une maladie corporelle, le malade était soupçonné d'avoir violé un interdit. Il fallait le purifier et implorer les ancêtres pour sa guérison. Même si les gens n'adhèrent plus à ces croyances populaires, ils en ont peur. [7]

D'autres preuves plus proches des systèmes juridiques actuels pouvaient être utilisées, notamment la preuve par témoin, le serment et l'aveu sont encore utilisées par la population.

Le témoignage

Le témoignage rapporte ce qu'il a vu ou entendu; mais ce mode de preuve est très fragile parce que les témoins peuvent oublier ce qu'ils ont vu, déformer la vérité en rapportant ce qu'on leur a dit de dire. On peut affirmer que le témoignage valablement utilisé permet de faire éclater la vérité et d'orienter les juges et les parties. Mais le recours au témoignage pose un problème. En effet, il existe au Rwanda des dictons, les uns obligeant le témoin à dire la vérité, les autres lui suggérant de juger des circonstances. Ainsi il est dit «la vérité passe par le feu et ne brûle pas» ou encore «au lieu d'occulter la vérité, il est préférable de s'asseoir sur le tranchant de la hache». D'autres diront «donne au riche pour payer le passage, le pauvre, lui, viendra tout seul» ou encore «la vérité n'est pas toujours à dire contre les puissants, le silence peut aider à gagner leurs faveurs». Chacun choisit en fonction des circonstances la «vérité» qu'il faut ! Le juge a peut être la sienne !

Le serment

Pour mettre un terme à un procès, les juges traditionnels familiaux pouvaient en l'absence d'autres preuves recourir au serment. Dans les croyances populaires les gens pensaient qu'on ne peut pas oser jurer en prenant le risque de s'attirer les sanctions surnaturelles en cas de parjure. La partie qui acceptait de prêter serment gagnait son procès.

L'aveu

En réalité l'aveu n'est pas une véritable preuve mais une dispense de preuve. Celui qui avoue accepte les faits qui lui sont reprochés et les conséquences de son acte. Souvent l'aveu était fait par le représentant de la famille au nom du prévenu. Il demandait pardon en son nom et s'engageait à le ramener dans le droit chemin. Dans certaines régions un aveu formulé par l'auteur d'une infraction serait compris comme une provocation.

Ces preuves ont été reprises par la justice coutumière organisée par les autorités de la Tutelle belge avant l'indépendance du Rwanda en 1962.

---

[7] Voy. M. Alliot, « La signification de la preuve judiciaire (sociétés animistes et Etats d'Afrique noire) », *Revue Juridique et politique*, 1985, p. 55-61 ; J. Binet, « Le système des preuves en droit coutumier africain, plus spécialement en Guinée et au Cameroun », *Recueils de la société Jean Bodin*, vol. 18, 1963, p. 109 et ss.

La détermination et le sens des sanctions

La sanction devait être à la fois une punition, pour faire comprendre la gravité du tort causé par le délinquant, mais aussi un moyen de s'amender et de réintégrer le groupe. La prison est une sanction inconnue car elle aurait permis seulement d'isoler le criminel et de le rendre plus mauvais. Pour des cas graves, l'auteur devait payer une forte amende en têtes de bétail, en travail ou en boissons à partager en signe de réconciliation.

Les droits traditionnels ne distinguent pas le droit public du droit privé, le droit pénal du droit civil. Ainsi la mort d'une personne ne donne pas nécessairement lieu à la vengeance ou à la sanction. Les familles peuvent s'entendre pour conclure une alliance dans un mariage entre deux de leurs membres. La famille de la victime pourra recevoir une épouse qui donnera naissance à des enfants pour compenser la perte subie. La nouvelle alliance tissera l'unité des deux familles et réparera le tort causé. Les enfants qui naîtront pourront honorer la mémoire du disparu. Dans d'autres circonstances, à l'occasion d'un vol de bétail, le coupable peut subir la peine de mort si sa famille n'est pas importante pour organiser sa vengeance. Si les familles sont à égalité et peuvent s'entendre, les compensations nécessaires seront données et l'affaire close.

Mais la sanction ne suffisait pas. Il fallait en plus une purification collective pour que le tort causé à la société puisse être conjuré. L'auteur de l'infraction sera convaincu qu'il n'est pas à la base du mal, mais sous l'effet d'un mauvais esprit et que, si celui-ci le quitte, il va retrouver sa sérénité et sa place dans la société. L'homme est naturellement bon; il n'y a que les mauvais esprits qui le poussent à violer les règles établies. Dès que ceux-ci sont partis, l'homme retrouve sa place même si tous savent que c'est un criminel. Tous sont convaincus qu'il n'y est pour rien, que les esprits du mal l'ont habité et l'ont poussé à de tels méfaits. C'est pourquoi rien ne sert d'appliquer seulement le droit : si les mauvais esprits ne sont pas éloignés, le criminel va récidiver. [8]

Les interdits au secours du droit

Lorsque la société n'a pas établi de règles précises, des tabous et des interdits déterminent la conduite à prendre. Souvent ces tabous veulent prévenir contre un comportement qui peut entraîner des conséquences graves sur la société. La transgression d'un tabou exige obligatoirement une purification. Ces interdits sont principalement destinés, on l'a dit, à protéger des valeurs sociales.

---

[8] Voy. notamment, J. Jahn, *Muntu l'homme africain et la culture négro-africaine*, Paris, éd. Du Seuil, 1961 ; P. Lampué, « La justice coutumière dans les pays africains francophones », *Revue Juridique et Politique*, 1979, n°33, p. 3-19 ; J. Maquet, *Le système des relations sociales dans leRuanda ancien*, Tervuren, 1954.

E. *L 'exécution des décisions judiciaires*

L'application des règles ne se fait pas spontanément. Pour amener les membres à respecter les droits existants les chefs de famille disposent de moyens de pression. Il dispose de pressions à caractère religieux, comme des pressions économiques et sociales.

En effet, le manque de respect à l'égard du chef constitue une violation de la volonté des ancêtres et donc de Dieu et entraîne des sanctions surnaturelles. Le seul moyen de les conjurer serait d'offrir des sacrifices aux mânes domestiques de la famille. Mais la seule personne habilitée comme intermédiaire entre la famille et les ancêtres est le chef de famille. Un sacrifice accompli par une autre voie serait maléfique pour celui qui l'a fait.

L'accès à la terre, la seule richesse connue, n'est pas possible en dehors de la famille, à moins de la recevoir d'un chef politique. Encore faut-il parvenir à lui sans passer par le chef de famille ! L'accès à la terre permet à l'homme de s'installer, de construire sa maison, de fonder sa famille. L'homme sans terre est un esclave, il n'a pas de racine, il n'a pas d'histoire. La terre est un bien dont on ne peut pas s'approprier individuellement, son usage est placé sous le contrôle du chef de famille. Le manque de respect à l'égard du chef de famille prive donc le responsable de tout droit. Sa subsistance dépendra de la bonne volonté des membres.

Le mariage est une alliance conclue par le chef de famille au nom de celle-ci. Le mari et la femme sont consultés - si la famille en ressent le besoin - et installés par le chef de famille, lequel détermine le lieu de leur résidence et donne les biens nécessaires à leur subsistance. Le mariage est la seule voie pour accéder à la majorité. Il est conclu sur accord entre deux familles. Socialement, un homme ou une femme non mariés sont traités comme des personnes mineures d'âge, la personne n'a pas de siège aux noces, ne tient pas elle-même son chalumeau pour boire, il ne peut pas prendre la parole dans les assemblées des anciens... Or, le mariage n'est pas possible si le chef n'a pas donné ou accepté une dot, si la famille n'a pas attribué une terre de culture et d'habitat. Le respect à l'égard du chef et la soumission aux intérêts du groupe garantissent à l'individu tous ces droits.

F. *Les lignes de force et les faiblesses du gacaca traditionnel*

a. Les lignes de force du *gacaca* traditionnel

Le premier avantage est l'absence de l'esprit de lucre : le *gacaca* n'était pas une juridiction permanente mais une réunion ponctuelle convoquée suivant le cas et composée par les membres de la famille, ou par les membres de plusieurs familles lorsque le conflit mettait en cause des personnes de différentes familles. La conciliation était obligatoire avant d'introduire l'action en justice. De fait les voisins, les anciens de la famille sont censés mieux connaître les faits et mieux apprécier la portée de la solution. Il permettait de réduire sensiblement les tensions sociales qui naîtraient des erreurs sur les faits et des affaires soumises aux tribunaux. Les risques de corruption sont réduits.

Le deuxième avantage est l'exécution sans recours à la force. Les populations préfèrent s'entendre à l'amiable que plaider devant les tribunaux. Le *gacaca* ne met pas seulement en cause l'individu ; le conflit touche la vie des familles. La famille doit connaître la sentence arbitrale et en assurer l'exécution. Les remboursements sont souvent effectués par cotisation des autres membres de la famille pour marquer leur solidarité avec le coupable qui retrouve le droit chemin. Mais on peut se poser la question de savoir s'il y a encore assez de solidarité pour animer le *gacaca* ?

Le troisième avantage du gacaca est son objectif conciliateur: en prenant l'exemple extrême de l'assassinat d'un membre d'une famille par une personne membre d'une autre famille, les familles peuvent aussi bien envisager la vengeance que la réconciliation. La réconciliation peut provenir notamment de la conclusion d'un mariage entre deux de leurs membres. L'alliance conclue fera oublier à jamais le droit à la vendetta. Mais il se peut que la conciliation soit impossible entre les seuls concernés. Alors interviennent des amis, des personnes liées par alliances matrimoniales, des personnes ayant conclu un pacte de sang ou des personnes liées par *l'igihango* (*parrainage en cas d'initiation au culte de Ryangombe*, un héros mythique vénéré). Tous se réunissent et essaient de réconcilier les deux familles. Souvent des arbitres neutres sont désignés, des hommes intègres qui ne vont pas subordonner leur décision au bénéfice qu'ils vont en tirer; leur décision est sans appel.

Mais il se peut que les deux familles soient toutes les deux assez puissantes pour porter la vengeance et la supporter et qu'il soit impossible de les concilier. Les vengeances cycliques continuent. La famille qui y a intérêt recourait au roi et lui demandait de mettre un terme à la vengeance. Le roi usant de son autorité, de son droit de vie et de mort sur ses sujets, décrétait la fin de la vengeance. La batterie du tambour, dit *Rucabagome*, (littéralement le tambour qui extermine les criminels) annonçait la mise en application du décret. Celui qui continuait la vengeance avait directement affaire au roi et pouvait en subir les conséquences. Pour mettre un terme au conflit, le roi reprenait parfois les solutions proposées par le *gacaca* qu'il imposait par voie d'autorité, sans pour autant rechercher les voies de conciliation. Dans tous les cas, on aboutissait à une solution sans rompre l'harmonie sociale.

Enfin le *gacaca* en matières pénales vise la socialisation du délinquant. Rien ne sert de punir si le délinquant risque de recommencer, si aucune procédure n'est engagée pour une purification collective qui facilitent la réintégration du délinquant et son acceptation par tout le groupe. La justice ne suffisait pas. Ce n'est pas tant la justice qui rétablit l'harmonie que la conviction collective que le mal provient de la société, des mauvais esprits et qu'il ne peut plus revenir après purification

b. Les faiblesses du *gacaca*

Dans l'état actuel d'une société détruite par un génocide, peut-on envisager une organisation du *gacaca* de type traditionnel ? Peut-on devant les souffrances des uns et des autres, devant la peur collective très présente au Rwanda, devant la destruction des valeurs de référence et l'accroissement de l'individualisme, concevoir une réunion pacifique entre personnes en conflit et un règlement de ce conflit dans le seul but de rétablir l'harmonie sociale sans tenir compte exclusivement des intérêts individuels en conflit ? Peut-on trouver dans les familles des patriarches assez influents et reconnus par tous pour juger et faire exécuter les décisions sans recours à la contrainte ? Les moyens de pression dont disposait la famille, notamment la privation du droit à la propriété familiale, le non octroi d'une dot, condition de mariage et de majorité civile, ne sont plus efficaces et l'autorité des parents sur les enfants est fortement ébranlée.

Les chefs politiques ne devaient, à l'origine, entretenir de relations qu'avec les représentants des lignages à qui ils demandaient les redevances coutumières et qui intervenaient en cas de différends entre les membres de leurs lignages respectifs et des étrangers. Leur intervention régulière a miné l'autorité des chefs de famille et réduit ainsi le rôle du *gacaca*.

Du fait de ces interventions, la personne s'est libérée de l'emprise de la famille, mais elle en a perdu également la protection. Les membres se disent égaux et ne reconnaissent plus les droits du chef dans les décisions à prendre. On peut dire en outre que les personnes préfèrent la décision de l'autorité basée sur le respect des droits de chacun, que la conciliation des familles dont le but ultime est la réconciliation de gré ou de force. Les individus ne trouvent pas toujours leur intérêt dans le *gacaca* familial.

Certaines pratiques traditionnelles, religieuses ou superstitieuses, liaient des individus ou des familles, notamment l'*igihango* (le pacte rituel), et donnaient aux partenaires un droit d'intervention non contesté dans les affaires personnelles en qualité de conciliateurs. Leur avis était pris en considération parce que tous étaient convaincus que la décision du partenaire ne pouvait qu'être bénéfique. On croyait que la violation du pacte conclu entraînerait des conséquences graves pour le partenaire, des maladies incurables. Ainsi il existait une présomption de bien faire que rien ne pouvait renverser pour contester la décision. Dans la mesure où les règles religieuses et civiles étaient liées, le respect de la décision prise était considéré comme respect de Dieu, le vrai mandant des anciens, qui tirent leur autorité d'une chaîne d'ancêtres dont il est l'origine.

Le *gacaca* n'a aucune règle de procédure préétablie, aucun lieu de réunion obligatoire, aucune règle de fonctionnement. La règle de droit n'est pas fixe et inamovible ; elle plie suivant les impératifs de sécurité collective et de retour de l'harmonie sociale. «*La décision n'est pas respectée parce qu'elle fait application effective du droit, mais parce qu'elle met un terme à un désordre momentané ; elle permet de corriger les écarts et d'établir un équilibre social*». Dans l'état actuel des choses, ceci peut être une faiblesse grave.

Le retour aux traditions est perçu par certaines personnes comme un moyen politique de retrouver une unité rompue par les conflits ethniques et régionaux en recourant à des institutions qui faisaient l'unité mais qui ont évolué. L'intervention des pouvoirs publics dans l'organisation est mise en cause, notamment il y a un risque de rendre rigide une institution jadis souple et qui était un produit social, un vouloir vivre collectif et non une volonté politique.

Le *gacaca* rassemble uniquement des hommes adultes, membres de la famille, qui sont appelés à statuer sur des problèmes civils et pénaux tels que le mariage, le divorce, la filiation, les bornages des champs, les successions, les prêts à consommation, l'exercice de l'autorité parentale, l'exhérédation, les divagations d'animaux domestiques, les injures.... La présence d'un nombre très élevé de femmes, plaide en faveur de leur reconnaissance comme des partenaires légalement investies même si la coutume ne les acceptait pas. Mais ceci exige une autorité morale non encore acquise.

L'introduction des juridictions coutumières et l'évolution du gacaca traditionnel

A. *Les juridictions coutumières sous la tutelle belge*

Le système belge permettait aux indigènes de conserver leurs coutumes. En effet, la loi du 18 octobre 1908, dite Charte coloniale, dispose en son article 4 :

> «*Les Belges, les Congolais immatriculés dans la colonie et les étrangers jouissent de tous les droits civils reconnus par la législation du Congo belge. Leur statut personnel est régi par leurs lois nationales en tant qu'elles ne sont pas contraires à l'ordre public.*
>
> *Les indigènes non immatriculés du Congo belge jouissent des droits civils qui leur sont reconnus par la législation de la colonie et par leurs coutumes en*

tant que celles-ci ne sont pas contraires ni à la législation ni à l'ordre public. Les indigènes non immatriculés des contrées voisines leur sont assimilés» [9].

Le législateur n'avait pas défini le terme «indigène» ni celui d' «indigène des contrées voisines». La jurisprudence et la doctrine ont proposé des définitions en fonction des circonstances et des cas qui leur étaient soumis.

L'ordonnance-loi n° 2/5 du 16 avril 1917 du Commissaire royal reconnaît au Mwami le pouvoir de rendre justice dans la mesure et de la manière fixées par la coutume indigène et les instructions du commissaire royal.[10] Les compétences de l'administration indigène furent réduites plus tard en interdisant à ces mêmes juridictions la compétence répressive. Il fallut attendre 1943 pour une organisation des juridictions indigènes parallèles aux juridictions gacaca.[11] La coutume n'est applicable que dans la mesure où elle n'est pas contraire à l'ordre public universel. L'autorité du mandat belge faisait ainsi de la coutume un droit auxiliaire au droit écrit.

Au degré inférieur, se trouvait le tribunal de chefferie, présidé par le chef politique du lieu ou son suppléant et comprenant des assesseurs agréés par l'administrateur territorial. Au niveau du territoire, le tribunal de territoire comprenait un président et un nombre pair d'assesseurs désignés par le Mwami (= roi) et agréés par l'administrateur territorial. Le tribunal du Mwami était présidé par le Mwami (= roi) lui-même et comprenait en plus des assesseurs choisis par le Mwami parmi les notables du pays et agréés par le Résident du Rwanda. Ce dernier pouvait lui-même présider cette juridiction coutumière suprême. En principe, les juridictions coutumières ne connaissaient que les contestations entre «indigènes» et ne pouvaient appliquer que la coutume non contraire à l'ordre public et à la législation.

Au niveau des centres urbains ou extra-coutumiers, le tribunal du centre avait les mêmes attributions que le tribunal de chefferie. Depuis l'organisation des juridictions de droit commun par le décret du 5 juillet 1948,[12] le tribunal du parquet avait compétence d'annuler même d'office les décisions des juridictions indigènes, mais sans statuer sur le fond.

Mais comme l'a fait remarquer F. Reyntjens :

«l'action des juges (des juridictions coutumières) *devint graduellement juridique et perdit sa portée morale, alors que dans le contexte traditionnel, les*

[9] Loi du 18 octobre 1908 sur le gouvernement du Congo belge, *Moniteur belge*, 19-20 octobre 1908, p. 5887-5894. Cette loi fut rendue applicable au Ruanda-Urundi en vertu de l'article 1 de la loi du 21 août 1925 sur le gouvernement du Ruanda-Urundi.

[10] *B.O.RU.*, 1924, n°4 suppl., p. 4-5.

[11] Ordonnance législative n°348/AIMO du 5 octobre 1943, *Bulletin administratif*, 1943, p. 1498.

[12] B.O. , 1948, p. 856.

sanctions juridiques coutumières suivaient des dérogations reconnues à l'éthique coutumière» [13]

La nouvelle organisation judiciaire a affaibli les organisations traditionnelles dans ce sens que le recours à l'ordre public donnait aux juges le droit d'écarter des pratiques coutumières ou des décisions prises en respectant les coutumes. Certaines pratiques magico-religieuses permettaient de consolider la crédibilité de ces institutions et d'éviter leur mise en cause par la population. La fonction de juger était sacrée. Le juge agissait au nom des ancêtres et finalement de Dieu.

Ces juges ont été parmi les premiers à mettre par écrit les dispositions coutumières applicables qui avaient été transmises oralement de génération en génération. C'est à travers les différentes décisions qu'on peut aujourd'hui retrouver ces règles.[14] Mais la facilité d'accès aux solutions de droit écrit a donné l'occasion aux mêmes juges d'imposer des solutions nouvelles aux différends d'ordre coutumier. Ces solutions nouvelles, justifiées par des attraits évidents de la population pour le mode de vie européen laissant libre cours à la liberté individuelle et à l'expression des talents personnels, ont été rendues nécessaires par l'effondrement progressif des valeurs locales, entraînant la désintégration des systèmes de référence et la disparition des tissus sociaux et familiaux qui permettaient d'absorber les désordres momentanés.

Mais l'évolution fut particulièrement sensible au niveau de l'individu : jadis, celui-ci n'avait de droits qu'en fonction des responsabilités qu'il exerçait; et brusquement, il était reconnu capable d'assumer des obligations et d'exercer des droits au même titre que les anciens du village ou du lignage, auxquels la coutume attribuait de larges pouvoirs de décision et de contrôle sur les plus jeunes. La description des règles coutumières encore appliquées va permettre de relever les différences fondamentales avec le droit écrit et par suite les difficultés de conciliation des deux systèmes juridiques.

A la fin de la période de tutelle, il ne semble pas évident que le principe de la suprématie du droit écrit sur la coutume ait été respecté. Des institutions coutumières apparemment contraires aux principes du droit écrit subsistaient. Peut-on dire que ces institutions ont été tolérées ou bien qu'elles ont pu résister à l'apport juridique nouveau ?

---

13 F. Reyntjens, 1985, p.158 ; Voir également J. Ruytinx, «Ethique indigène et problèmes d'acculturation en Afrique centrale belge», in : *Revue de l'institut de sociologie*, 1958, p. 309-321.

14 Le système d'administration indirecte adopté d'abord par les Allemands puis par les Belges a permis le maintien de l'organisation judiciaire «indigène» jusqu'en 1943, mais des instructions et des ingérences ont été relevées avant cette date (Voir F. Reyntjens, 1985, p.149 ; J. Vanderlinden, 1959 ; E. Lamy, 1986, p.1-35 ; A. Sohier, 1932).

B. *Le gacaca, juridiction des instances politiques*

Elle s'est transformé avec l'évolution politique et les interventions des pouvoirs publics pour devenir «*une nouvelle instance, ni traditionnelle ni étatique, liée à la cellule de base (colline) et qui gère les rapports sociaux*».

Le *gacaca* s'est adapté à l'évolution de la société rwandaise. Il est devenu une «juridiction administrative» ponctuelle sous la direction des responsables de la cellule administrative ou du secteur administratif. Il n'est plus un cadre familial de réflexion pour le retour de l'harmonie sociale, il est devenu un cadre dans lequel les juges du Tribunal de canton, peuvent collecter des éléments de preuve, surtout en matières civiles, en se référant aux dépositions des témoins oculaires devant les agents de la cellule élus par la population.

En effet, lorsque les deux parties ne parviennent pas à un accord, un procès-verbal est établi par l'agent de la cellule et remis à celui qui souhaite recourir aux juridictions. Suivant l'importance du litige, la personne mécontente de la décision prise peut introduire un recours auprès de l'autorité administrative directement supérieure, le conseiller communal, et ainsi de suite jusqu'au bourgmestre, au préfet, au ministre de l'Intérieur et même à la présidence de la République. Souvent le juge en tient compte même si rien ne l'y oblige, sauf le souci de ne pas s'écarter de l'opinion publique. Ces juges coutumiers, en même temps responsables politiques, sont malheureusement des élus présentés par les autorités politiques sans aucune garantie de moralité ni de respectabilité de la part de la population.

Le *gacaca* administratif est alors devenu un cadre institutionnalisé. Le juge de canton ne pouvait plus recevoir une action en justice sans que le conseiller communal lui fasse un rapport sur la question. Les recours exercés devant les autorités politiques devenaient fréquents, et portaient de plus en plus sur des arrêts et jugements rendus par les cours et tribunaux. Il n'était pas rare de trouver une lettre de la Présidence, du ministre de l'Intérieur ou de la Justice demandant de procéder à une enquête sur une décision rendue par les juridictions de l'ordre judiciaire et devenue définitive. L'autorité politique se mêlait de plus en plus dans les affaires judiciaires, de sorte que dans les instances supérieures du parti-État, le Mouvement Révolutionnaire National pour le Développement (MRND), on a même envisagé de créer une superstructure judiciaire devant revoir les décisions judiciaires contestées.

Le projet de revalorisation du *gacaca*

Le gouvernement a conçu un projet de juridictions populaires à côté des juridictions existantes. Il propose que la population participe directement au niveau local à des procès en relation avec le *génocide*. En fait le gouvernement se trouve devant un dilemme : juger plus de cent mille personnes selon la procédure pénale en vigueur au rythme de moins de mille procès par an ou faire preuve d'innovation en laissant à la population le soin de se rendre justice. Seuls les suspects placés dans la première catégorie de criminels, c'est à dire les planificateurs et les organisateurs du génocide seront jugés par les juridictions ordinaires. Les autres crimes et délits relatifs aux crimes contre l'humanité seront de la compétence de la juridiction populaire. Quelques 10.000 juridictions nouvelles vont être créées avec 19 juges chacune.

A. *Organisation et fonctionnement*

Les juridictions *gacaca* comprendraient quatre niveaux : le *gacaca* de la cellule, le *gacaca* du secteur, le *gacaca* de la commune et le *gacaca* de la préfecture. Un département des juridictions *gacaca* à la Cour Suprême s'occupera de la coordination des activités relatives aux *gacaca* et l'établissement du règlement intérieur de ces nouvelles juridictions.

Au sein de chaque cellule, les 19 juges sont élus dans la population, sans aucune discrimination, parmi les personnes âgées de 18 ans au moins habitant la circonscription de cette cellule. Les personnes élues forment un comité de coordination composé de 5 personnes qui, à son tour, élit un président et deux secrétaires sachant lire et écrire le Kinyarwanda (langue parlée par tous les Rwandais).

Chaque cellule envoie en outre 5 personnes parmi les élus pour la représenter dans l'assemblée de secteur. Celle-ci élit à son tour en son sein un siège composé de 19 personnes qui devra à son tour désigner un président et deux secrétaires. Il est en plus procédé à l'élection de 5 représentants par secteur qui siégeront dans l'assemblée du *gacaca* de la Commune. Celle-ci procède de la même manière pour constituer une délégation à l'assemblée du *gacaca* de la Préfecture.

Le projet prévoit l'assistance de personnes formées en droit pour aider les *gacaca* à mieux appliquer la loi pénale, notamment la loi relative à l'organisation des poursuites des infractions constitutives du crime de génocide ou de crimes contre l'humanité commises à partir du 1er octobre 1990. [15]

B. *Les compétences des gacaca*

Contrairement au *gacaca* traditionnel, les juridictions nouvelles jugent conformément à la loi. Elles doivent entendre les témoins, qualifier les infractions et déterminer définitivement la catégorie dans laquelle le prévenu

---

[15] Loi n° 8/96 du 30 août 1996, J.O., 1er septembre 1996.

doit être classé, décident du renvoi des dossiers aux juridictions compétentes et statuent sur les infractions de leur compétence. Ici l'on rencontre la première difficulté d'application des règles de droit pour des personnes dont la seule exigence de formation est que trois d'entre eux sachent lire et écrire. Rappelons que le classement en catégories suppose la détermination du degré de responsabilité dans le drame rwandais et peut avoir des conséquences sur la peine à prononcer.

Les juridictions ordinaires, Tribunal de première instance pour les civils et Conseil de guerre pour les militaires, seront compétentes pour la poursuite des infractions de la première catégorie, à savoir :

a) La personne que les actes criminels ou de participation criminelle rangent parmi les planificateurs, les organisateurs, les incitateurs, les superviseurs et les encadreurs du crime de génocide ou des crimes contre l'humanité ;

b) la personne qui a agi en position d'autorité au niveau national, préfectoral, communal, du secteur ou de la cellule, au sein des partis politiques, de l'armée, des confessions religieuses ou des milices, qui a commis ces infractions ou encouragé les autres à le faire ;

c) le meurtrier de grand renom qui s'est distingué dans le milieu où il résidait, ou partout où il est passé , à cause du zèle qui l' a caractérisé dans les tueries, ou de la méchanceté avec laquelle elles ont été exécutées ;

d) la personne qui a commis des actes de torture sexuelles.»

Les juridictions *gacaca* seront compétentes pour les infractions constitutives du crime de génocide ou de crime contre l'humanité que la loi classe dans la deuxième, la troisième et la quatrième catégories.

Est classée dans la deuxième catégorie :

« la personne que les actes criminels ou de participation criminelle rangent parmi les auteurs, coauteurs ou complices d'homicides volontaires ou d'atteintes graves contre les personnes ayant entraîné la mort »

La troisième catégorie comprend :

« la personne ayant commis des actes criminels ou de participation criminelle la rendant coupable d'autres atteintes graves à la personne ».

La quatrième catégorie comprend :

« la personne ayant commis des infractions contre les propriétés.»

Les juridictions *gacaca* prononcent les peines prévues par la loi du 30 août 1996. En principe la moitié de la peine est passée en prison, l'autre moitié sera utilisée à l'exécution des travaux d'intérêt général. Les personnes classées dans la quatrième catégorie seront condamnées seulement à réparer le dommage causé. Les décisions rendues seront en principe susceptibles d'appel devant la juridiction directement supérieure sauf les cas où la loi exclut toute possibilité d'appel.

C. *Le gacaca, juridiction pénale, pose problème*

Selon une étude des Nations Unies, sur la restauration du *gacaca* traditionnel, il a été constaté que

> *«le gacaca n'est plus compétent pour juger les coupables du génocide. Il ne pouvait même pas juger les criminels. Mais il peut servir à :*
> *Distinguer les innocents des coupables et les mettre à la disposition de la justice classique ;*
> *Résoudre les problèmes de propriétés foncières, des biens volés, des problèmes de succession et d'héritage pour les rescapés orphelins ou veufs ;*
> *Réconcilier les gens des collines, même s'ils n'ont pas tué, leur cohabitation étant devenue difficile ;*
> *Réanimer la culture (mœurs et coutumes...), source de l'entente sociale»* [16]

Il est évident qu'il existe encore une volonté de la population de renouer des rapports sociaux harmonieux ; qu'il existe des hommes et des femmes intègres, sans aucune tendance politique, au dessus de problèmes ethniques et autres qui peuvent servir d'arbitres dans les conflits sociaux. Mais les crimes commis sont tellement graves qu'il faut une justice juste, exemplaire et selon la loi pour décourager la criminalité et promouvoir l'État de droit. Il ne s'agit pas de remettre en place le *gacaca* traditionnel, instance de conciliation et non de jugement, mais de constituer des juridictions avec des juges élus et permanents ayant des compétences légalement établies et sans autre assise populaire que leur désignation.

Dans la situation actuelle, les tensions entre les membres de la société sont telles que le choix des «juges» s'avère difficile. Quel juge choisir, sur quel critère se fonder ? La méfiance entre les gens est telle que la confiance a été ébranlée.

Cette nouvelle vision de la justice met la justice «aux mains des victimes», et de surcroît sans aucune connaissance juridique ; il sera impossible d'organiser une défense des prévenus vu le nombre de juridictions, au risque d'une banalisation du crime ou d'un retour à une justice du peuple sans contrôle juridictionnel. En effet, le projet prévoit «une formation» pour les «juges populaires et une assistance technique par des conseillers techniques connaissant la loi». Il reste à les trouver alors que les chambres spécialisées des Tribunaux de Première Instance, compétentes pour juger les crimes de génocide, ne disposent d'aucun juriste dans tout le pays !

---

[16] Nations Unies, « *Gacaca* : le Droit coutumier, Rapport final de la première phase d'enquête sur le terrain », 1996, annexe 1, p. 12.

Ceci aurait dû passer par une étude préalable de l'état actuel de la coutume et de ses possibilités d'adaptation pour mieux apprécier l'impact du *gacaca* dans les rapports sociaux. Il faut en outre retrouver les bases de la confiance du peuple dans les juges traditionnels : le chef était au service du groupe et ne pouvait en aucun cas juger contre la volonté de celui-ci ; même si la société avait créé des différences entre les membres, elle avait aussi des compensations, perdues aujourd'hui; et le contrôle social était assez fort pour obliger les gens à agir en conséquence, tandis que l'anonymat actuel facilite les irresponsables et couvre des fautes jadis inexistantes.

Compte tenu des modifications intervenues dans l'organisation sociale et des conséquences des violences, il est de plus en plus difficile de retrouver des personnes sur lesquelles il existe un consensus, mais il en existe.

Les arbitres choisis par la population devraient être remplacés régulièrement pour éviter des tentatives de corruption ; leurs décisions peuvent faire l'objet d'un recours uniquement lorsqu'elles portent atteinte à un droit protégé. Mais peut-on compter sur un fonctionnement optimal du *gacaca*, lorsque les juridictions de l'ordre judiciaire ne fonctionnent pas ou fonctionnent mal. Le *gacaca* permet de réduire les affaires, non de remplacer les tribunaux.

En conclusion, l'institution du *gacaca* peut constituer une alternative à l'inadéquation des solutions proposées par les droits importés, mal adaptés à la vie des populations locales, *dans la mesure où il est réclamé par ces populations elles-mêmes*. Encore faut-il établir des règles fixes pour éviter l'arbitraire qui pourrait provenir de la dislocation de la famille traditionnelle et de la mise en cause des valeurs de référence, notamment le respect de la vie, le respect de la parole donnée et le sens de l'honneur. Seulement, la structure proposée risque de banaliser le génocide et les crimes contre l'humanité. Ces crimes sont tellement grave qu'il faut les faire juger par une juridiction de l'ordre judiciaire.

On aurait pu envisager d'autres solutions pour désengorger les prisons : par exemple une cour d'Assises comprenant un magistrat et des assesseurs populaires. La population aurait pu se prononcer sur la culpabilité ou l'innocence du prévenu mais en laissant au magistrat le soin de fixer la peine. Il aurait été possible également de donner aux juridictions *gacaca* la compétence de rassembler les preuves mais laisser au magistrat le soin de classer les prévenus en catégorie suivant la gravité des faits et de prononcer le jugement.

La démocratie et le débat national au Burundi

Pascal Rutake

Ma contribution voudrait apporter de la lumière sur l'une des voies que se sont tracées les autorités politiques au pouvoir au Burundi pour faire sortir ce pays de la violence qui le déchire depuis bientôt quatre ans[1] et instaurer progressivement une démocratie fiable et viable.

Sans vouloir établir des relations directes de cause à effet entre les conflits sanglants et la démocratisation, on ne peut s'empêcher de constater l'extension des antagonismes fratricides dans un certain nombre de pays d'Afrique qui correspond au déclin de l'hégémonie du monopartisme et à l'émergence du pluralisme politique. Une réflexion en profondeur vient à point nommé pour essayer de dégager les capacités des Burundais à surmonter des différends qui les embarquent dans la division et l'extermination mutuelle.

Dans le cas précis du Burundi, on observait déjà dans la période de la propagande électorale pour les présidentielles des messages adressés aux électeurs qui incitaient à la haine ethnique, ce qui explique l'appel qui a été lancé par les professeurs de l'Université aux acteurs politiques engagés dans la compétititon électorale afin qu'ils cessent d'orienter leurs discours vers la diffusion des idées destructrices de la nation burundaise. Malheureusement, les faits sont venus confirmer notre appréhension.

En effet, trois mois après l'accès au pouvoir du Président de la République Ndadaye, d'ethnie hutu, qui venait d'être démocratiquement élu, un coup d'État qui s'est produit le 21 octobre 1993 a emporté sa vie ainsi que celles de ses proches collaborateurs, notamment le Président et le Vice-président de l'Assemblée nationale. Les militaires qui ont intenté le coup de force sont d'ethnie tutsi.

---

[1] Cela fait dont 7 ans aujourd'hui, cette communication datant de 1997.

Les massacres qu'a déclenché l'annonce de la mort du Président Ndadaye, massacres perpétrés par des Hutu contre des Tutsi du monde rural, femmes et enfants y compris, ainsi que contre des Hutu non acquis à ce que les opérateurs des tueries appelaient *la vengeance légitime*, ont fait de nombreuses victimes plongeant ainsi le Burundi dans une crise grave sans précédent dans son histoire. Certes, des milices et quelques militaires tutsi ont également commis des exactions entraînant la mort et l'exil des Hutu, mais une commission des Nations Unies envoyée sur place pour mesurer l'ampleur du drame a reconnu, dans un rapport adressé au Secrétaire Général des Nations Unies que des membres du Parti FRODEBU (Front pour la démocratie au Burundi), parti du Président qui venait de mourir, ont commis un génocide. Trois mois après son investiture, Monsieur Ntaryamira le nouveau Président de la République désigné par le consensus entre les partis politiques de toutes tendances, sauf l'une ou l'autre exception, trouva la mort dans « l'accident » d'avion survenu à Kigali en même temps que son homologue du Rwanda le Président Juvénal Habyarimana.

D'autres négociations furent alors relancées auxquelles douze partis politiques sur treize ont participé et ont signé la convention du Gouvernement en vue de la mise en place d'institutions de « consensus », du retour à la paix, de la sécurité et de la confiance ainsi que de l'émergence d'un Etat de droit et du redressement économique. Après la signature de cette convention et l'investiture d'un troisième Président de la République en moins de 12 mois, en la personne de Monsieur Sylvestre Ntibantunganya, lui aussi émanant du Parti FRODEBU, les partenaires politiques ont convenu d'organiser « *un débat national* » sur les problèmes majeurs du pays en vue de l'adoption d'un pacte national de cohabitation pacifique entre les composantes de la nation et d'une Constitution adaptée.

La même convention légitimait le partage des portefeuilles ministériels dans la proportion de 55% pour les partis de la mouvance présidentielle et de 45% pour les partis de l'opposition.

Huit mois après la formation de ce deuxième gouvernement de transition, le Président Ntibantunganya à son tour était confronté à des problèmes de taille. Alors que la convention liant les partis politiques ayant participé aux négociations inscrivait dans ses priorités la restauration de la paix, de la justice sociale, du patriotisme et de l'unité nationale, on assista à la dégradation sécuritaire et à l'impunité de ceux-là même qui se livrent à des tueries. Des partis politiques de l'opposition, signataires de la convention ayant consacré le partage du pouvoir, ont retiré leur confiance au président Ntibantunganya, réclamant l'arrestation et le jugement de ce dernier auquel il était reproché d'avoir trempé dans l'organisation des groupes armés qui tuent les Tutsi et de protéger ceux-là mêmes qui, poursuivis par la justice, apportent aux assaillants l'appui matériel et financier puisé dans le trésor public. Il s'agissait de l'un de ses proches collaborateurs chargés de la sécurité, qui venait de prendre le chemin de l'exil pour échapper aux poursuites judiciaires.

C'est dans ce contexte de crise institutionnelle, marquée par les attaques de l'usine de thé de Teza et le camp des déplacés de Bugendana où furent tués dans un intervalle de deux semaines respectivement 300 et 600 Tutsi, que le Président Ntibantunganya se réfugia à l'ambassade des Etats-Unis à Bujumbura. Deux jours après, c'est-à-dire le 25 juillet 1996, est intervenue la prise du pouvoir par le Major Buyoya, qui se justifiait selon les auteurs du coup d'État par la nécessité d'arrêter l'extermination d'une ethnie, la désintégration d'une société et la déliquescence de l'État.

Le Débat national, option majeure du nouveau gouvernement issu du coup d'État du major Buyoya

Le Major Buyoya s'est prononcé dès sa prise de pouvoir pour l'organisation d'un débat national. Dans le message adressé à la nation par le Major Buyoya le 14 août 1996, l'organisation de ce *Débat national*, ouvert à toutes les tendances, a été présentée comme l'un des points du programme de transition.

Pour le Président Buyoya, il s'agit de créer un consensus national sur les questions qui conditionnent l'avenir du peuple burundais, lequel consensus doit se construire à travers un *Débat national* réunissant tous les Burundais de toutes les ethnies et tendances sans exclusion aucune.

C'est ainsi que l'article 2 du décret-loi portant l'organisation du système institutionnel de transition stipule que les institutions de transition « ont pour missions prioritaires de restaurer la paix et la sécurité, de réconcilier le peuple burundais, d'éradiquer l'idéologie de génocide, d'assurer la bonne marche de l'État, de combattre l'impunité des crimes, de redresser l'économie nationale et d'organiser un débat national de fond en vue de l'adoption d'une nouvelle constitution adaptée aux réalités nationales ».

Le Débat national sera organisé en deux phases principales. Après les séminaires de réflexion sur le processus de paix qui réunissent des représentants des différentes catégories socio-politiques et socio-professionnelles venant de toutes les provinces du pays, et qui sont en général des gens instruits, d'autres séminaires de réflexion vont se poursuivre cette fois-ci jusqu'au niveau de la base, c'est-à-dire jusqu'au niveau des collines, pour associer le plus de Burundais possibles à ces réflexions.

La deuxième phase va se concrétiser par un dialogue politique ouvert à tous les protagonistes politiques y compris la société civile, qui sera suivi par l'organisation de conférences de paix à l'intérieur et à l'extérieur.

Un référendum sur la Constitution et le pacte social va en principe clôturer ces différentes étapes.

La première série de séminaires a commencé au mois de février pour s'achever au mois d'avril 1997. Chaque séminaire regroupait en moyenne 80 personnes provenant de toutes les catégories socio-politiques et socio-professionnelles de manière à créer les conditions d'un débat contradictoire avec un public reflétant l'image de la société dans sa diversité. Même si le parti FRODEBU a refusé de participer à ces séminaires, des membres de ce parti y compris des parlementaires se sont présentés à ces rencontres où ils se sont exprimés.

De l'appréciation des séminaires de réflexion sur le processus de paix, se dégagent deux grands centres d'intérêt, correspondant à deux grands sujets développés par les conférenciers, à savoir : la nature du conflit burundais et les hypothèses de solutions au conflit burundais.

La nature du conflit burundais

Le constat élémentaire qui s'est dégagé comme fil conducteur des échanges sur ce sujet est qu'aujourd'hui le conflit burundais est surtout perçu sous l'angle ethnique. C'est pourquoi le fait que les antagonismes ethniques priment sur les autres a amené certains participants à qualifier d'ethnique le conflit burundais même s'il n'y a pas de guerre rangée comme telle entre tous les Hutu et tous les Tutsi, alors que d'autres préfèrent qualifier ces rivalités de conflits politico-ethniques.

Au delà de cette qualification du conflit burundais, il a été possible d'en préciser aussi bien les véritables causes, ses manifestations et ses facteurs aggravants. Les causes du conflit burundais auront été qualifiées d'internes et d'externes. Sur le plan extérieur, il est apparu aux participants que le colonisateur – les Belges en particulier – a joué un rôle déterminant dans la genèse du conflit burundais, surtout que la situation politique du Rwanda, frère siamois du Burundi, favorisait le développement du germe de la division ethnique.

Ce germe de la division, semé par le colonisateur, a trouvé un terrain favorable chez les Burundais souffrant d'un égoïsme mal assumé, l'État, seule « vache laitière », ne pouvant pas satisfaire tous les besoins de « survie économique » de ses citoyens.

Cela expliquerait les différentes tentatives par des Bahutu de s'emparer d'un pouvoir qui donne accès à l'avoir. La tendance est donc d'identifier d'emblée le conflit burundais sur la base de facteurs subjectifs qui ont trait à la question politique, impliquant les mécanismes d'accès et de gestion du pouvoir, et à la querelle idéologique et identitaire héritée des essais d'anthropologie coloniale.

En définitive, indépendamment de la forme privilégiée pour l'identifier, le conflit burundais se manifeste par des divisions diverses, la division ethnique prenant le pas sur les autres qui s'accompagnent de lourdes conséquences engendrant frustrations et violence et pouvant même déboucher sur des actes abjects de génocide pour sauvegarder le pouvoir et l'avoir.

L'autre grande source de détérioration de cette situation conflictuelle reste la dégradation progressive des valeurs morales et civiques, comme faire le bien, dire la vérité, comme la solidarité, le patriotisme, le pardon et la tolérance.

En dernière analyse, au regard de la caractérisation du conflit burundais développée dans les lignes précédentes, quelques conclusions ont été tirées sur ce point. Le conflit est burundo-burundais. Partant de là, les Burundais doivent en faire leur affaire et se refuser à jamais de se complaire à jeter l'anathème sur le colonisateur quel que soit le rôle qu'il a joué dans son émergence. Par ailleurs, plusieurs participants auront soutenu l'hypothèse que le conflit burundais n'est pas d'essence ethnique. Il s'avère plutôt d'origine politico-économique à cause de la soif mal étanchée d'accéder et d'exercer le pouvoir pour garder jalousement les intérêts y afférents. Face à cette complexité de la nature et de la manifestation du conflit burundais, il s'avère capital aux yeux des participants d'y remédier par des solutions durables et concertées.

Les hypothèses de solution du conflit burundais

Pour les participants, les remèdes au mal burundais seront d'autant plus efficaces qu'ils auront été identifiés par les Burundais eux-mêmes.

Cette conviction des participants aux séminaires de réflexion sur le processus de paix a été partagée sans aucun détour parce que ce sont des fils d'une même nation qui s'entretuent alors qu'il leur incombe de la construire. Partant, l'idée qu'une main étrangère serait à l'origine de cette guerre fratricide ne devrait pas faire renoncer les Burundais à leur responsabilité.

Les participants dans leur ensemble ont émis le souhait de *voir diminuée la pression extérieure*, notamment par le blocus économique imposé par les pays voisins de la sous-région des Grands Lacs. Sinon, le risque encouru serait de conduire le processus de paix vers des résultats hâtifs, lacunaires et pour le moins peu durables. En outre, le fait de vouloir s'inspirer des expériences des autres pays n'exclut pas la nécessité de résoudre le problème burundais en le situant dans son contexte spécifique. Ce serait du reste un gage à bien nuancer ou mieux de *traiter avec circonspection tout apport extérieur* en matière de résolution des conflits.

A ce prix, la recherche de solutions au conflit burundais pourra viser essentiellement l'exercice d'une *gouvernance sécurisante pour tous* et l'établissement de régimes politiques stables, régulièrement mis en place. Pour ce faire, les participants aux différents séminaires ont émis respectivement des hypothèses de solutions susceptibles d'aider le pays à sortir de la crise ainsi que quelques mesures d'accompagnement qui consolideraient les résultats de ces remèdes.

Quelques solutions préconisées

Nombre de démarches ont été avancées. Elles sont militaires et/ou politiques, encore qu'aucune d'elles n'est une panacée en elle-même. Certaines devraient être combinées, pour une efficacité optimale.

- En ce qui concerne les solutions militaires, la plupart des participants ont rejeté l'hypothèse d'une intervention militaire étrangère, notamment en raison du danger pour le Burundi de perdre sa souveraineté nationale. Les séminaires auront donc offert aux participants l'opportunité de rejeter les idées annexionnistes non avouées d'un pays voisin du Burundi. Mais les tenants des démarches militaires ont plaidé pour la lutte acharnée contre la rébellion armée et le démantèlement de toutes les autres milices.

  Au regard du poids de l'amalgame, qui fait que l'ennemi tend à se confondre avec l'ethnie, cette entreprise pouvant conduire à une catastrophe, un autre groupe propose plutôt de chercher à gagner définitivement la guerre en gagnant les cœurs des Burundais à la paix par d'autres voies.

  Pour ces deux raisons, une large majorité s'est dégagée qui considère que même si cette démarche militaire de traquer l'ennemi était exploitée, elle devrait être à la limite couplée avec d'autres d'essence plutôt politique. Car, même à l'issue d'une victoire militaire, il subsiste toujours des questions politiques à régler dans des cadres appropriés.

- Une des solutions à envisager a été la partition institutionnelle entre les ethnies à la tête de l'État. Cette démarche de partition perd davantage de son crédit quand elle est envisagée, sous l'angle géographique, sur base fédérale c'est-à-dire fondée sur un éventuel réaménagement du pays en zones d'influence ethnique, démarche qui a été rejetée par la plupart des participants.

  L'alternative de cette partition institutionnelle a été présentée comme les élections croisées entre les Bahutu et les Batutsi, hypothèse à essayer forcément avec d'autres. Dans l'entendement de ses défenseurs, sa mise en application pourrait faire renaître et consolider de quelque manière la confiance entre les deux composantes qui se disputent sans cesse le pouvoir.

Si cette solution, à essayer à titre provisoire avec des patriotes au sommet, peut offrir l'occasion de renouer ou mieux de raviver la confiance entre les Bahutu et les Batutsi, elle apparaît aussi comme un mode de gouvernement irrecevable à long terme car elle pèche contre les règles universelles de la démocratie.

– Des solutions orientées dans le sens d'un dialogue multiforme ont été aussi imaginées. Ainsi a-t-il été question d'avancer l'idée de la tenue d'une Conférence Nationale Souveraine, que d'autres ont prolongée avec l'idée de l'organisation d'un Congrès de la République ou d'un Forum National Indépendant.

Envisagée pour mieux organiser la transition et des élections présidentielles pacifiques, cette démarche à laquelle seraient associés tous les groupes sociaux importants permettrait, pour certains, de condamner les crimes politiques si elle est bien organisée. Mais, pour d'autres, ce prétendu avantage ne supplante pas assez son inconvénient majeur de suspendre les institutions, même provisoirement. Pour cette opinion, la menace de sombrer dans un désordre sans nom pèserait trop sur le pays, d'où alors il conviendrait pour eux d'entreprendre d'autres formes de dialogue des Burundais sur les points principaux de discorde.

– La démarche communément appelée «*Débat national entre les Burundais*» s'inscrit dans cette perspective de solutions plus appropriées pour résoudre le conflit burundais. La nécessité d'un tel exercice n'a pas fait l'objet de controverse car ce genre d'échanges s'est révélé comme une des voies possibles pour accéder à des solutions concertées au problème burundais. Sa valeur a été tellement appréciée que d'aucuns ont même proposé qu'il puisse être institué un cadre permanent d'échange contradictoire sur toutes les questions d'envergure qui intéressent la vie nationale.

Avec le temps, ce cadre permettrait aux Burundais de dépassionner leurs esprits et de déterminer en toute sérénité les causes et les remèdes de leur mal. Ce climat d'entente ainsi créé pourrait être propice à la préparation d'un contrat social entre eux, correspondant en fin de compte à l'établissement d'un système institutionnel adapté aux réalités de la société burundaise. Encore une fois, la démarche du *Débat national* devrait être pensée et menée en dehors de toute contrainte de l'extérieur.

Il serait d'autant plus organisé sous d'heureux auspices qu'il interpellerait tous les Burundais, du sommet à la base. De plus, au vu du poids de la géopolitique, la réussite du *Débat national* dépendrait aussi dans une certaine mesure de l'implication de la communauté internationale dans son déroulement. Autrement, le suivi de ses résultats serait compromis. Mais une certaine opinion a exclu les fauteurs de guerre génocidaire de la participation au *Débat national*, qui ferait alors figure de négociations.

– Pour que la démarche à privilégier puisse aboutir aux résultats escomptés, d'autres actions complémentaires sont à envisager. Des choix judicieux pourront effectivement trouver réponse s'ils sont renforcés constamment par quelques stratégies pour sauvegarder la paix reconquise.

En effet, la sortie de la crise et la sauvegarde de la paix appelle la revalorisation de l'*Ubushingantahe* (la sagesse). Des hommes valeureux, intègres et vertueux doivent émerger davantage, à tous les échelons et dans tous les secteurs de la vie nationale. Par eux triompheront de fait les valeurs morales et sociales comme la vérité, la tolérance, la justice et le patriotisme nécessaires pour raccommoder le tissu socio-politique du Burundi et acquérir une bonne éthique communautaire. Leur concours pourra ainsi être précieux pour tenter d'avoir une même lecture de l'histoire ; encore que son absence le cas échéant ne devrait ni justifier la crise ni bloquer l'initiative de remédier à la situation conflictuelle du pays. Grâce à eux aussi, l'éducation permanente de la population à la paix portera des fruits pour le grand bonheur du peuple entier.

A ces conditions, cette population pourra asseoir progressivement une démocratie adaptée aux réalités burundaises. En même temps, des stratégies pour l'instauration d'une bonne gouvernance reposant sur une constitution appropriée et un bon fonctionnement de la justice et des médias devront être arrêtées.

Conclusion

En définitive, les participants aux séminaires de réflexion sur le processus global de paix ont communié dans la préoccupation d'avoir non une paix armée mais une paix véritable. Cela passera par une prise de conscience des enjeux du moment pour cerner les remèdes appropriés au mal burundais avec le concours du plus grand nombre possible de citoyens. C'est à ce prix que les vastes ailes de la paix auront toutes les chances de s'étendre sur tout le Burundi.

Les initiatives de la réconciliation nationale pour une paix durable ont emprunté de longs cheminements qui traduisent la volonté de saisir dans leurs profondeurs les questions posées par les conflits sanglants qui endeuillent les Burundais et les remèdes appropriés à y apporter.

Rien ne peut toutefois nous assurer que la paix sera rétablie définitivement à l'issue de ces démarches même si la volonté d'en finir avec cette guerre fratricide s'exprime dans une grande majorité de la population résidant sur le territoire national et si des formations politiques et autres organisations de la société civile adhèrent à un projet de société privilégiant le dialogue, la tolérance et la sécurité pour tous. Il y a un préalable qui nous paraît déterminant, à savoir la mise en place d'institutions qui inspirent la confiance de par les actes qu'elles posent pour le bien de tous les citoyens sans exclusion, ce qui implique un mode de gouvernance adapté aux réalités burundaises, d'où l'impérieuse nécessité de repenser la démocratie en tant que réponse aux interrogations de la société burundaise dans son ensemble et dans sa spécificité.

Quelle(s) démocratie(s) pour la région des Grands Lacs ?

Hervé Guillorel

Les remarques présentées ici émanent d'un politiste non africaniste mais persuadé que l'analyse comparative constitue une approche riche d'enseignements en matière de sciences sociales et humaines. Les questions politiques soulevées par les exemples actuels de l'Afrique des Grands Lacs, et plus particulièrement ceux du Burundi, renvoient à des problèmes relatifs à la démocratie, à la fois d'un point de vue théorique et philosophique mais aussi d'un point de vue empirique, très concret, celui de la mise au point de techniques d'ingénierie constitutionnelle et électorale.

Mais, plutôt que de centrer ma communication uniquement sur ces questions d'ingénierie constitutionnelle et électorale ou sur une analyse des élections présidentielles et législatives de 1993 au Burundi, élections jugées globalement libres et démocratiques, j'ai préféré fournir quelques éléments de réflexion sur la notion de démocratie et sur les paramètres temporels et spatiaux d'un bon fonctionnement des pratiques démocratiques. Et nous verrons que ces trois questions : qu'est-ce que la démocratie ?, quelles temporalités pour la démocratie ? et quelles territorialités pour la démocratie ? sont immédiatement pertinentes pour l'analyse des cas empiriques concrets comme ceux étudiés à l'occasion de ce colloque.

Le temps et l'espace sont deux critères (variables ?, paramètres ?, etc.) fondamentaux de l'Être-là, de l'Être-au-monde (du *Da-sein*), pour reprendre la démarche philosophique de Martin Heidegger. D'autre part, je reprendrai la définition du politique comme le « vouloir vivre ensemble » des êtres humains socialisés, dont parle Hannah Arendt, s'inspirant du modèle de la cité (« polis ») grecque (Arendt, 1995). La question est donc de savoir ce qu'il en est aujourd'hui du « vouloir vivre ensemble » dans l'Afrique des Grands Lacs et notamment au Burundi et au Rwanda. Reconstruire l'État de droit c'est d'abord reconstruire les conditions juridiques et politiques de ce «vouloir vivre ensemble», sans oublier que le politique comme «vouloir vivre ensemble» a pour finalité la gestion du conflit.

A. **La démocratie : définitions, temporalités, territorialités**

Définitions

La démocratie c'est le gouvernement du peuple, par le peuple et pour le peuple : c'est, sauf exception, une forme de gouvernement représentatif. La démocratie représentative suppose la sélection de représentants, cette sélection étant supposée être faite par le mécanisme de l'élection, critère de légitimité politique. Enfin une grande partie des pratiques démocratiques impliquent des mécanismes de décision basés sur le couple majorité(s) / minorité(s).

La question de l'ethnocentrisme de cette première définition peut être déjà soulevée dans la mesure où cette version de la démocratie peut être perçue comme étant celle des pays européens, occidentaux, version parmi d'autres possibles mais version qui serait imposée à d'autres sociétés.

Nous citerons ici deux remarques sur la question de l'adaptation de ce type de démocratie aux sociétés extérieures à l'aire européenne, et souvent colonisées par les Européens.

La première a été faite par un sociologue suisse, Jean Ziegler, qui, dans un article des années 1960, écrivait que selon lui, l'instauration de l'élection, du principe électif, comme mode de désignation et de légitimité politique avait constitué un véritable viol de la société traditionnelle burundaise.

La seconde remarque est plus récente et émane d'un ethnologue africaniste français qui estimait il y a quelque temps, à l'occasion d'un séminaire, que selon lui, le couple ou l'opposition majorité/minorité en tant qu'il recèle des divisions, des dissensions au sein des sociétés traditionnelles telles que celles que l'on trouve en Afrique (et ailleurs) est impossible à accepter, à assumer, car le corps social, sous le regard des ancêtres, ne pourrait pas survivre à une remise en cause du consensus.

Ces deux opinions sont intéressantes car elles visent deux critères distincts qui sont au cœur d'une certaine vision de la démocratie : le principe électif et le principe de majorité.

La question de l'instauration de la démocratie en Afrique a fait et continue de faire l'objet de nombreux travaux et de nombreuses polémiques : la démocratie libérale qualifiée également de démocratie occidentale, numérique, formelle, individualiste voir même de bourgeoise, est construite sur l'agrégation d'individus. L'axiome « un homme = une voix » renvoie à une philosophie individualiste souvent contradictoire avec les sociétés de type holiste. Dès lors, ce modèle est vécu comme imposé de l'extérieur par le colonisateur ou l'ex-colonisateur (on retrouve ici le problème de l'importation, de l'imitation des modèles politiques des pays coloniaux).

Les deux propos rapportés ci-dessus et émanant de spécialistes européens reprennent à leur compte cette idée de l'inadéquation des principes de la démocratie occidentale (élection, majorité). Dans un livre consacré au génocide, Leo Kuper reprend la même argumentation :

> « In a number of these societies, decolonization detonated explosive genocide conflicts, as the earlier rulers and their one-time subjects engaged in violent struggle under the impetus of electoral contests in a democratic idiom introduced by the colonial powers in the movement to independance » (Kuper, 1996 : 266).

Nous retrouvons ici l'argument selon lequel la conjonction de la collaboration du pouvoir colonial avec certains groupes sociaux (ethnies dominantes ou dominées) et l'introduction trop rapide et souvent manipulée des pratiques électorales, ont à la fois déstructuré fortement des sociétés traditionnelles caractérisées par des systèmes très subtils de pouvoirs et contre-pouvoirs, et fourni les prémisses à une situation génocidaire. Il y aurait ainsi un rapport entre l'introduction de la démocratie quantitative, individualiste, majoritaire et le risque de génocide. Certains acteurs tutsi ont ainsi estimé que la démocratie en œuvre lors des élections de 1993 était de fait une démocratie ethnique et que les Hutu, avec l'aide d'éléments étrangers (la Belgique en l'occurrence) avaient « ethnicisé » le processus de démocratisation et que le coup d'État de 1993 aurait eu pour but de prévenir cette dérive de la démocratie. La thèse serait que ce sont le pluralisme politique et la démocratie élective (multipartisme, principe de majorité, principe électif) qui auraient favorisé l'ethnicisation de la société.

Ainsi la démocratie à l'occidentale ne serait pas adaptée aux sociétés traditionnelles car, dans tous les cas, « La démocratie doit s'adapter au contexte socio-culturel du pays » (discours du major Buyoya, décembre 1987).[1] Le multipartisme est par exemple souvent jugé contraire dans son essence même au

[1] Lors du remaniement gouvernemental du 19 octobre 1988 semblait se dégager une nouvelle éthique de l'unité nationale avec l'idée selon laquelle le pouvoir devait être partagé (« *ntwaro rusangi* » en kirundi, traduit justement par « démocratie »).

mode de gestion sociétale basé sur le consensus, le parti unique étant présenté comme une meilleure alternative.

Le problème vient de ce que les Etats coloniaux ont favorisé l'introduction de leur modèle de démocratie et que ce modèle est aujourd'hui proposé voire imposé par l'ensemble des États occidentaux (notamment les Etats-Unis) et par diverses organisations internationales (Banque Mondiale, FMI, etc.) comme condition de leur aide (notamment financière) ; on s'acheminerait vers l'imposition d'un ordre démocratique international basé sur les principes de la démocratie individualiste (élections « libres », principe «un homme = une voix», etc.), une sorte de déclaration universelle de la démocratie (rappelons ici les déclarations du Premier Ministre de Malaisie critiquant le caractère occidental, ethnocentriste et donc pseudo-universel de la déclaration universelle des droits de l'homme). On assiste donc à une inflation d'organisations et d'observateurs chargés de s'assurer du bon fonctionnement des élections et d'accorder des brevets de bonne conduite démocratique ; on notera également que, de plus en plus, ce brevet est accordé sur la base d'un simple respect formel des procédures démocratiques.

Enfin, ce modèle démocratique occidental est aussi un modèle revendiqué au sein des sociétés traditionnelles, soit par principe soit par stratégie. C'est ainsi par exemple que certains partis hutu demandent l'application pure et simple, « juste », de la démocratie quantitative, numérique (un homme = une voix), et si possible avec un scrutin majoritaire permettant d'obtenir une majorité nette pour gouverner (à la mode anglaise). Face à cette demande, les partis pro-tutsi proposent une autre version de la démocratie, de type *consociatif.*

Il est donc très important ici, avant de proposer plusieurs modèles de démocratie, de montrer comment des groupes sociaux, des partis politiques, en fonction des rapports de force, effectue une instrumentalisation politique des différentes formes, variantes de la démocratie (le même problème se pose pour le choix des modes de scrutin).

Dans un article intitulé « La régulation des conflits dans les sociétés fortement divisées », Sammy Smooha et Theodor Hanf estiment qu'il y a essentiellement quatre options actuelles pour gérer ces situations : la partition, ce qu'ils appellent la démocratie ethnique, la démocratie consociative et la démocratie libérale. On peut penser qu'à certains égards, le Burundi a expérimenté les trois dernières solutions et que la quatrième solution (la partition) est parfois envisagée.

1° *La démocratie consociative* suppose une définition a priori des groupes sociaux devant être représentés (ce qui pose déjà un très gros problème avec la fausse dichotomie Hutu/Tutsi), la mise sur pied de mécanismes très complexes de pouvoirs et de contre-pouvoirs (maximisation de la séparation des pouvoirs dans le temps et dans l'espace) et en même temps une collaboration, une « coalition » entre les « élites » des groupes sociaux concernés. Ce modèle a été travaillé par plusieurs auteurs dont Arendt Lijphardt, et inclut le Burundi au début de l'indépendance et dans la phase transitoire actuelle ; Lijphardt pense qu'il y avait là un cas classique et intéressant d'importation du modèle politique colonial (la Belgique) par le pays anciennement colonisé.

2° *La démocratie ethnique*, type proposé par Smooha et Hanf, et appliqué à Israël, est une démocratie numérique basée sur l'axiome 1 homme = 1 voix, mais « détournée » au profit d'un groupe dominant, le groupe dominé étant jugé peu sûr pour avoir accès à des postes importants ou stratégiques, comme l'armée. Dans le cas du Burundi, l'armée a toujours été la réserve gardée des Tutsi (il faut mentionner également ici l'argumentaire hutu d'un génocide sélectif des élites hutu aboutissant de fait à ce que les Tutsi monopolisent tous les postes politiques ou administratifs principaux, magistrature, etc.). On notera ici que le groupe dominant n'est pas forcément le groupe démographiquement le plus important.

3° Enfin *la démocratie libérale*, formelle, est le modèle introduit par le colonisateur belge, revendiqué par les partis hutu, conseillé voire imposé par les pays occidentaux et la société internationale, plusieurs fois appliqué et à chaque fois interrompu par des coups d'État (d'où l'argument selon lequel les Hutu auraient été injustement privés à plusieurs reprises de leur victoire électorale).

Temps et démocratie

La prise en compte du facteur temps dans l'analyse de la démocratie se fait à plusieurs niveaux :

- il y a tout d'abord les *temporalités différentielles* relatives à l'établissement et à la consolidation de la démocratie : on oppose classiquement l'Angleterre et la France sur ce point : d'un côté un temps long caractérisé par un élargissement progressif des franchises et des techniques électorales caractérisant la démocratie occidentale ; de l'autre, une succession de ruptures alternant des avancées radicales (suffrage « universel » masculin) et des retours en arrière. La situation des États ex-coloniaux ressortit le plus souvent de cette dernière catégorie, sauf lorsque l'État ex-colonial avait déjà amorcé, avant l'indépendance, un processus de démocratisation partiel. Pour certains auteurs, l'irruption soudaine de la démocratie formelle de type occidental (un homme = une voix), revendication des Hutu soutenue notamment par les autorités religieuses, n'aurait fait que réveiller les tensions interethniques ; certains vont même jusqu'à prétendre qu'elle les aurait instituées.

- différences entre la *longue durée* d'une démocratie bien ancrée et les *dynamiques à court terme* des processus de transition à la démocratie : ce type de transition est caractérisé par des états instables, fragiles, d'urgence et ici, l'accélération de l'histoire et les contraintes nées de la mondialisation et de la médiatisation nécessitent de prendre en compte *la théorie des catastrophes*.

- *le temps long de la socialisation politique* nécessaire à l'inculcation d'une véritable culture démocratique : rôle des médias, des instances éducatives, religieuses, etc... comme lieux d'une telle inculcation ou au contraire comme lieux de résistance ; on a pu montrer par exemple que les manuels scolaires en usage dans l'État serbe contenaient des représentations négatives à l'égard des Croates.

- *mémoire / oubli* : dans quelle mesure le bon fonctionnement quotidien du vouloir vivre ensemble constitutif du lien politique suppose-t-il une gestion spécifique de la mémoire (et de l'oubli) des événements passés y compris les plus dramatiques ?

Cette interrogation a été posée récemment par Nicole Loraux dans son livre, *La Cité divisée*, et elle cite un exemple tiré de l'histoire grecque. Il faut donc s'interroger sur ce qui doit être mémorisé et ce qui doit être oublié pour refonder la société civile dans la région des Grands Lacs. Démarches de deuil et de réconciliation, que l'on retrouve par ailleurs (comme en Afrique du Sud), mais qui ne doivent cependant pas faire l'impasse sur l'inacceptable. Il y a là un « juste » milieu à trouver.

- *la question du temps* se retrouve également au niveau de l'*ingénierie démocratique* concrète : durée des mandats des divers types de représentants, importance de la succession dans le temps des élections (instantanéité ou hiérarchisation dans le temps en fonction du caractère plus ou moins légitimant), possibilités techniques de ne pas renouveler en même temps l'intégralité d'une assemblée donnée, voilà autant de « détails » techniques qui peuvent avoir une grande importance. Il peut être par exemple souhaitable, dans une période fragile de transition à la démocratie, de maximiser la séparation des pouvoirs dans le temps (comme dans l'espace) pour casser volontairement les effets jugés trop dangereux d'un raz-de-marée électoral.

Territoire et démocratie

Le territoire est le vecteur fondamental de la représentation politique (et notamment électorale) et peut être en même temps un instrument de manipulation et de confiscation possible de cette représentation.

On peut penser le territoire à deux niveaux : au niveau théorique de son statut dans les théories de la représentation et aux niveaux de ses modalités concrètes.

Clisthène l'Athénien, soucieux de « refonder » l'espace politique athénien sur de nouvelles bases, opte pour une solution territoriale : il s'agissait de rompre avec les légitimités personnelles, « tribales » ; pour cela, il définit a priori quels intérêts doivent être « représentés » (en l'occurrence il s'agit des intérêts « urbains », « ruraux » et « maritimes ») et il procède ensuite à un découpage territorial de manière à ce que chaque composante du nouveau maillage comprenne un peu d'urbain, un peu de rural et un peu de maritime. On a donc affaire à un « charcutage » politique avant la lettre mais justifié a priori par la nécessité de représenter volontairement des intérêts précis et ce, dans un but d'intérêt général.

L'imposition progressive, au 19e siècle, de la démocratie formelle basée sur l'axiome un homme = une voix va amener les théoriciens à poser la question du statut du territoire. On trouve d'un côté le philosophe anglais Stuart Mill pour qui cet axiome suppose la suppression de tous les « corps intermédiaires » et même du territoire considéré comme une médiation inacceptable (ce qui l'amènera à soutenir un mode de scrutin de type proportionnel à l'échelon global de l'État) ; à l'opposé, nous trouvons des constitutionnalistes tels que Maurice Hauriou qui estime au contraire que c'est le territoire, dans sa dimension locale et concrète, qui sécrète de l'intérêt général et qui va donc justifier un scrutin de type majoritaire supposant un découpage très fin du territoire étatique. Entre ces deux positions extrêmes, nous trouvons des solutions intermédiaires comme celle de Burke, qui reprend l'idée clisthénienne d'un nombre réduit d'intérêts qui doivent être représentés et qui estime que le découpage électoral permet toujours que ces intérêts soient effectivement représentés. Si tel groupe social, minoritaire dans une circonscription électorale donnée, se retrouve donc sans représentation, il sera majoritaire dans une autre circonscription, et au total, il sera globalement représenté.

On retrouve ici deux questions fondamentales : dans quelle mesure doit-on et peut-on définir à priori quels intérêts doivent être représentés (classes sociales, tranches d'âge, répartition ethnique, sexe, etc., tout est possible) ? Si on répond affirmativement à cette question, quel sera alors le rôle du territoire, sachant que les groupes ainsi définis ne sont pas répartis spatialement de la même façon : certains groupes peuvent être concentrés spatialement, ce qui facilite leur prise en compte par le biais d'un découpage territorial ; par contre la distinction homme/femme semble impossible à résoudre par le territoire. Cette approche justifie la prise en compte des castes, des états, des corporations et/ou de quotas : elle est contraire en théorie à la démocratie numérique formelle basée sur l'axiome un homme = une voix qui ne veut connaître que l'agrégation d'individus, ensemble d'*homo electoralis* nus. Mais dans ce dernier cas, on retombe sur le biais du territoire car dans la mesure où les entités politiques dépassent de loin la taille idéale dont rêvais Jean-Jacques Rousseau pour établir une vraie démocratie (la taille d'un canton suisse), leur fonctionnement, sauf exception, suppose un minimum de découpage territorial, et les exemples sont nombreux de découpages manipulés pour sur- ou sous-représenter des groupes sociaux divers.

Il existe diverses territorialités :

- il y a tout d'abord *le territoire étatique* : il existe une dynamique spatiale des processus d'édification étatique qui a abouti aujourd'hui à ce que René-Jean Dupuy a appelé la « clôture du système international ». Dans une perspective synchronique, la région des Grands Lacs est découpée en États souverains disposant du « monopole légitime de la violence » sur un territoire donné. Ce territoire étatique (le Burundi, le Rwanda, etc.) est un héritage de la colonisation et il faut toujours garder à l'esprit la question de l'intangibilité des frontières héritées des processus coloniaux et la peur récurrente de la « balkanisation » de l'Afrique (illustrée par la question de la sécession avortée du Biafra mais par les « succès » de l'Érythrée ou de la République Sahraouie). Les États ex-colonisés ont donc hérité de découpages coloniaux (leur propre territoire mais aussi les découpages politico-administratifs internes) dont on connaît le caractère artificiel, d'où les très grandes difficultés à maintenir la logique étatique et encore plus à développer la logique de l'édification nationale ;
- il y a ensuite *les territorialités internes aux États* (niveau infra-étatique) c'est à dire la nature du maillage politico-administratif, en phase ou non avec les territorialités traditionnelles pré-existantes au placage de la forme État-Nation et la nature des pouvoirs attribués à ces différents échelons infra-étatiques (déconcentration, décentralisation, fédéralisme, partition possible) ; nous touchons là au problème fondamental de la « séparation des pouvoirs dans l'espace » et de la géopolitique interne des États ;
- il y a enfin *les niveaux territoriaux inter et supra-étatiques* : l'analyse de la situation des États de la région des Grands Lacs doit prendre en compte des données géopolitiques externes incluant notamment les problèmes de la contiguïté spatiale (comme la « porosité » des frontières, qu'il s'agisse des migrations ou des incursions armées), avec la question centrale des « réfugiés » et de leur mobilisation possible comme stratégie de déstabilisation. Et puis il faut prendre en compte toute une série d'acteurs internationaux : États ex-colonisateurs, « grandes puissances », organisations internationales (les Nations

Unies et ses divers satellites mais aussi les organisations régionales telles que l'OUA), sans oublier les acteurs privés et les ONG.

B. Quelles solutions politiques ?

Une fois passés en revue rapidement les divers paramètres de la démocratie, quelles solutions peuvent être envisagées ? Nous ferons une distinction entre d'un côté des solutions qui ont ou qui pourraient aboutir à des atteintes physiques au territoire étatique et/ou aux personnes vivant dans ces territoires, et de l'autre côté, des solutions qui respecteraient l'intégrité territoriale et humaine des États existants avec comme finalité à court, moyen ou long terme de refonder le « vouloir vivre ensemble » des populations.

Solutions portant atteinte physique aux territoires et/ou aux personnes

1 - *La remise en cause radicale du territoire étatique par partition* : c'est une solution qui était pendant longtemps inenvisageable car remettant en cause le principe de l'intangibilité des frontières et enclenchant le processus tant redouté de balkanisation de l'Afrique ; mais nous avons mentionné plus haut des cas récents qui illustrent cette solution. Dans le cas de la région des Grands Lacs, les processus actuels, s'ils sont vérifiés, de « purification ethnique » aboutissant à la création de zones, d'enclaves ethniquement homogènes, pourraient à terme favoriser des solutions de type partition. Tout dépend des configurations spatiales concrètes : les enclaves, par définition, ne facilitent pas une partition nette, cela dépend à la fois de leur nombre et de leur localisation par rapport à leur État externe de rattachement. La solution de la partition a ses partisans tant au niveau interne des États concernés qu'au niveau international. Le danger ici vient du fait que les politiques au pouvoir peuvent être amenés à mener rapidement des opérations sur le terrain pour rendre « inévitable » une telle solution ; d'autre part, cette solution commence a être envisagée au niveau international.

2 - *La création de deux États ethniquement homogènes* par génocide et/ou par échanges inter-étatique des populations. Dans cette hypothèse, on ne porte pas atteinte au découpage étatique hérité de la colonisation mais on porte des atteintes inadmissibles à leur population. On peut estimer que les génocides déjà perpétués à l'égard de certaines parties de la population constituaient déjà une solution de fait radicale visant à la création d'États ethniquement homogènes. Aujourd'hui cette dernière solution est envisagée dans une logique douce qui consisterait à procéder à des échanges de populations (cette stratégie n'est pas nouvelle : rappelons les échanges de populations entre la Grèce et la Turquie et

la situation actuelle de l'ex-Yougoslavie). Nous aurions donc, par exemple, un Burundi tutsi et un Rwanda hutu ou l'inverse ; la situation est tellement absurde qu'on pourrait même proposé de tirer au sort et on pourrait alors avoir un Burundi hutu et un Rwanda tutsi.

Au-delà des désastres humains d'une telle option (migrations forcées, notion absurde et dangereuse d'États ethniquement homogènes, accumulation des rancœurs et danger permanents de guerres fratricides qui ne seraient plus internes mais inter-étatiques), cette solution achoppe sur un obstacle fondamental qui revient toujours, à savoir que pour l'adopter encore faut-il pouvoir distinguer entre les Hutu et les Tutsi. Cela dit, nous verrons dans la seconde partie que les solutions possibles de « vouloir vivre ensemble » ne remettant en cause ni les territoires étatiques ni les populations, peuvent néanmoins présupposer une telle distinction. Il y a là un enjeu fondamental.

La situation actuelle est telle que l'idée d'États ethniquement homogènes est acceptée quasi-officiellement au niveau international comme moindre mal (voir par exemple le livre de Gilbert Ngijol, 1998) ; *c'est là une situation très grave* car cette acceptation, même si elle se veut la moins mauvaise des solutions, d'une part « légitime » a posteriori des actions violentes (génocides, créations d'enclaves) et d'autre part cette simple possibilité, proposée comme « raisonnable », risque d'accélérer les politiques de purification ethnique.

La solution de deux États ethniquement homogènes pose un autre problème : peut-on à la fois concilier le respect du territoire et l'inégalité démographique ? En effet, une fois admise la possibilité statistique de dénombrer les « groupes » ethniques en présence et sans oublier le fait que la question ne se réduit pas à la seule dichotomie Hutu/Tutsi, ne faudrait-il pas redimensionner les deux États ethniquement homogènes en fonction de leur nouvelle démographie : si les Tutsi ne font (théoriquement) que 14% de l'ensemble de la population cumulée du Rwanda et du Burundi, ne faut-il pas leur accorder un territoire correspondant à 14% du territoire cumulé de ces deux États ; et si oui, faut-il tenir compte de régions « déjà » ethniquement concentrées ? Poussons la logique dans une autre direction, tout aussi absurde : puisque les Tutsi sont censés être des éleveurs et les Hutu des agriculteurs, ne faudrait-il pas corriger ces chiffres et accorder aux Tutsi un État plus important territorialement que leur simple poids numérique puisque l'élevage implique de grands espaces ? On peut supposer que la stricte égalité numérique aurait la préférence des extrémistes hutu et la seconde celle des extrémistes tutsi.

Refonder le lien politique et le «vouloir vivre ensemble»

Les solutions « radicales » que nous venons d'inventorier poussent jusqu'à l'absurde des raisonnements fondés sur des *a priori* contestables : malheureusement la manipulation des catégories identitaires, leurs exaspérations ont donné lieu à des destructions irréparables à court voire à moyen terme et ici les temporalités pèsent lourd. Il faudrait ici invoquer la théorie des catastrophes pour montrer que, dans un premier temps, il semble impossible de revenir en arrière, à une époque où le vouloir vivre ensemble semblait tenir la route. Si un vouloir vivre ensemble fondé sur le principe un homme = une voix demeure un idéal à atteindre, il faut tenir compte du fait que, comme nous l'avons indiqué plus haut, c'est un principe accusé d'être une application occidentale, et donc voir dans quelle mesure il est possible et souhaitable de le concilier avec des conceptions autochtones de la démocratie, sans négliger le fait que parfois ces conceptions autochtones peuvent avoir pour but de privilégier tel ou tel groupe social. Il faut en second lieu, se rappeler que ce même principe, de la démocratie numérique, est exigé par certains groupes en vue d'imposer la majorité à la minorité, poussé dans cette voie à la fois par les anciens colonisateurs et par les grandes puissances.

Il faut enfin tenir compte des événements récents qui semblent nécessiter de prévoir *des solutions politiques et électorales temporaires*, dont la finalité serait d'instituer des garde-fous permettant de protéger la ou les minorités d'un totalitarisme possible de la majorité, pour arriver à un fonctionnement normal de la démocratie. Mais comme les notions de « minorité » et de « majorité » renvoient de fait à la fausse distinction entre Tutsi et Hutu, cette période transitoire pourrait n'aboutir qu'à renforcer ces catégorisations et donc ralentir voire faire avorter la voie vers une démocratie réelle. Nous sommes ici dans un cercle vicieux et infernal. Nous voulons à la fois définir une démocratie basée sur l'axiome un homme = une voix, vision imposée par les grandes puissances et demandée par la majorité de la population, mais nous voulons la mettre provisoirement entre parenthèse et donc violer cette démocratie en prétextant que le but est de l'instaurer définitivement dans un délai incertain qui pourrait être assez long.

Avant de proposer des solutions concrètes d'ingénierie constitutionnelle et électorale, il faut tenir compte d'une question fondamentale : la dichotomie réelle, manipulée ou fantasmée basée sur la catégorisation ethnique qui distinguerait les Hutu et les Tutsi. Cette question préalable affecte deux niveaux dans le cadre d'une solution démocratique : le niveau territorial dans la mesure où il s'agirait de constituer des Hutulands et des Tutsilands, et les solutions institutionnelles qui présupposeraient une telle catégorisation. Une fois intégrés et résolus tous ces biais, rien n'empêche d'élaborer un système très subtil de pouvoirs et contre-pouvoirs.

Le découpage politico-administratif d'un territoire renvoie à l'idée d'une hiérarchie des pouvoirs selon un continuum local-national : ainsi dans le cas de la France nous avons l'échelle suivante : communes (élections municipales), cantons et départements (élections cantonales), régions (élections régionales), Parlement (avec bi-caméralisme : une Assemblée Nationale composée de députés élus dans le cadre de circonscriptions électorales ad hoc mais censés représenter la Nation toute entière et non pas leur circonscription particulière, sur la base théorique de l'axiome un homme = une voix, et un Sénat censé représenter non pas des individus mais des collectivités territoriales, avec un mode de scrutin indirect), et enfin le Président de la République élu dans le cadre du territoire étatique. Chacun de ces niveaux dispose de pouvoirs spécifiques et d'une légitimité propre, cette dernière étant renforcée notamment par l'étendue du territoire qui sert à l'élection. Tous les États fonctionnent selon cette même logique globale (hiérarchie des niveaux, plus ou moins grande complexité du maillage territorial, différences dans les durées des mandats électifs).

Dès lors, les modalités concrètes de la séparation des pouvoirs peuvent varier à l'infini. Si nous retenons comme hypothèse l'idée qu'il faut faire une certaine place à la catégorisation Tutsi/Hutu, cette dernière peut être techniquement utilisée à tous les échelons de l'entité politique.

- Au niveau du pouvoir exécutif central, on peut soit conserver le système d'un président unique qui serait Hutu, avec un vice-président qui serait Tutsi. On peut aussi imaginer un exécutif collégial (comme en Suisse) qui prendrait en compte cette idée. Même chose pour le gouvernement : rien n'empêche en droit d'imaginer une répartition des portefeuilles selon une base ethnique. Tous ces cas de figure ont réellement existé.
- Au niveau du pouvoir législatif, le premier choix se fait souvent entre un système monocaméral (une seule chambre) et un système bicaméral (deux chambres), la chambre unique ou l'une des deux chambres étant élues sur une base numérique, l'autre chambre [2] pouvant être élue selon des logiques différentes : représentation de niveaux territoriaux infra-étatiques (comme en France ou dans les États fédéraux), groupe social (la Chambre des Lords), ou simple émanation de la

[2] Dans un système bicaméral, il est traditionnel de nommer la Chambre élue selon une logique démographique, la Chambre Basse ou la Seconde Chambre, et la Chambre élue autrement, la Chambre Haute ou la Première Chambre, ces dénominations reflétant ainsi l'histoire de l'instauration d'un parlementarisme représentatif. Aujourd'hui, l'accent mis sur la légitimité plus grande d'une chambre élue au suffrage universel direct perturbe ce vocabulaire. Nous avons donc choisi d'appeler première chambre la chambre élue sur une la base de l'axiome 1 homme = 1 voix.

première chambre, l'idée étant de faire un contre-poids de principe ayant pour but de modérer les emportements possibles de cette dernière (comme en Norvège), sans oublier les Chambres de type corporatiste ayant pour fonction explicite de représenter des groupes sociaux en tant que tels.

Là encore, la distinction Hutu-Tutsi peut être prise en compte : pour ce qui est d'une chambre élue selon le principe un homme = une voix, il y a plusieurs modalités.

- Soit un système de *représentation proportionnelle à l'échelon du territoire tout entier* ou à un échelon régional suffisamment large qui permettrait à tout parti politique bénéficiant d'un poids électoral minimum d'être représenté au plus haut niveau. Il suffit pour cela d'établir volontairement un seuil très bas (comme en Israël ou aux Pays-Bas). Ce cas de figure permet aux minorités d'être représentées et en l'occurrence la distinction Hutu-Tutsi pourrait très bien ne pas être officiellement reconnue mais ce sont alors les partis politiques qui jouent un rôle important et le risque serait de valoriser des partis politiques à base ethnique.
- Soit un système de *scrutin majoritaire dans le cadre de circonscriptions électorales spécifiques*, avec l'idée de faire en sorte que le découpage de ces circonscriptions puissent, de fait, permettre la prise en considération de la distinction Tutsi/Hutu : on aurait alors un système de « *charcutage affirmatif* », avec comme finalité la protection des Tutsi. Cela suppose également la possibilité physique d'une telle solution, c'est-à-dire une ou des concentrations spatiales suffisamment fortes des Tutsi pour pouvoir plaquer un découpage ad hoc.

L'analyse comparée des modes de scrutin montre la diversité des solutions adoptées : en Nouvelle-Zélande, il existe un collège spécifique *maori* ; c'est une solution qui suppose la catégorisation « ethnique » (sans parler des problèmes de métissage) ; s'agit-il d'une protection ou d'une « réserve » électorale ? Je mentionnerai également la solution proposée lors de la discussion sur le changement de mode de scrutin pour les élections législatives au Canada ; un spécialiste avait estimé qu'il était tout à fait possible de respecter l'axiome un homme = une voix, le système traditionnel anglo-saxon de scrutin majoritaire uninominal à un tour dans le cadre d'une circonscription électorale ad hoc et la représentation de certains groupes sociaux (en l'occurrence les autochtones *Inuit*) ; mais cette solution miracle supposait qu'une fois plaquée une circonscription sur la zone de concentration spatiale des Inuit, ces derniers ne dispersent pas leur voix mais votent « comme un seul homme ». Cette solution est quelque peu byzantine.

Dernier cas que nous mentionnerons, celui de *Fidji* : cette île a été colonisée par la Grande Bretagne, qui y a « importé » un nombre important de travailleurs en provenance de l'Inde. Le résultat a été que les Indiens, longtemps citoyens de seconde zone, ont réussi petit à petit à imposer une démocratie numérique qui les a avantagés à la longue, compte tenu des facteurs démographiques. C'est ce qui a amené dans les années 1980 plusieurs coups d'État organisés par les militaires fidjiens qui refusaient que la démocratie numérique se fasse au détriment de la population autochtone devenue minoritaire chez elle. Ils ont alors proposé une Constitution dont la finalité explicite était de faire en sorte que les « autochtones » gardent le pouvoir, d'où une violation manifeste de l'axiome un homme = une voix qui a valu à Fidji d'être mis au ban du Commonwealth.

Avec les exemples de la Nouvelle-Zélande, du Canada et de Fidji, on voit trois logiques différentes de traitement de la question. Nous ferons ici une dernière remarque pour mettre en garde contre toute récupération de ces exemples : il se trouve que dans ces trois cas nous avons affaire à des « *peuples autochtones* ». Nos trois exemples n'ont pas pour but de faire croire que la situation au Rwanda ou au Burundi peut être expliquée en termes d'autochtonie : cette notion est très complexe et très dangereuse, et il ne faut pas oublier que certains extrémistes hutu ont pu justifier leur politique en jouant à la fois de la démocratie numérique et d'une prétention (contestée par ailleurs) d'une autochtonie des Hutu par rapport aux Tutsi. Les trois exemples n'ont pour but que de montrer des solutions politiques et institutionnelles.

Pour terminer, avec la première chambre du pouvoir législatif, on peut également prendre en compte toute une série de paramètres, une fois cette chambre élue, tels que l'obligation de majorités qualifiées ou de minorités de blocage ; une autre possibilité est celle des modalités de recrutement et du rôle attribué à la seconde chambre.

En effet, la seconde Chambre du Parlement peut être (et est presque toujours) élue selon des critères différents. Et il est vrai que la distinction Tutsi-Hutu peut être prise en compte ici à divers niveaux, soit directement si on propose que ces groupes soient représentés en tant que tels (les Tutsi minoritaires de fait dans la première chambre, disposeraient dans la seconde d'une représentation sans rapport avec leur force numérique), soit indirectement dans la mesure où cette seconde chambre représenterait des collectivités territoriales inférieures dont certaines d'entre elles seraient contrôlées par les Tutsi.

L'un des problèmes reste le fait que d'un côté on cherche par principe à ne pas tenir compte des appartenances régionales, religieuses, ethniques ou sociales, mais que ces appartenances restent prégnantes en fait ou en droit.

Prenons un exemple : en 1988 est mise sur pied, au Burundi, une Commission nationale chargée d'étudier la question de l'unité nationale. Cette

Commission aux pouvoirs strictement consultatifs était composée de 24 membres et strictement paritaire (12 Hutu et 12 Tutsi), mais selon son coordinateur Libère Bararunyeretse, « les membres de la Commission ne viennent pas y siéger en tant que représentants d'une ethnie, d'une région, d'une confession, ou d'un secteur socio-professionnel, etc. Ils participent aux travaux en tant que citoyens burundais, chacun avec sa sensibilité propre » (*Jeune Afrique* n° 1481, 24 mai 1989).

La fiction juridique ne résiste pas à la réalité des faits ; de la même façon, nous savons très bien qu'un député en France tout en étant censé n'être qu'un représentant de l'ensemble de la Nation française, se comporte très souvent comme un représentant « corporatiste » de la circonscription électorale qui l'a élu.

Au niveau des échelons territoriaux inférieurs, il y a là aussi de nombreuses possibilités : il y a notamment la solution fédérale, solution qui suppose toujours des concentrations spatiales d'un groupe donné, préfiguration de Tusilands et Hutulands, avec tous les dangers d'une telle ségrégation ethnico-spatiale.

Au niveau local, il ne faut pas oublier ici la possible revitalisation des « bashingantahe », moyen d'adapter le modèle démocratique occidental avec les spécificités locales et régionales : cette utilisation des « bashingantahe » comme moyen possible de refonder les bases d'un retour à la démocratie et d'un «vouloir vivre ensemble» a été évoqué à la fois par les instances politiques du Burundi et par diverses organisations internationales (comme la Commission de l'ONU des droits de l'homme, notamment dans son rapport du 27 février 1996 sur les droits de l'homme au Burundi). Nous renvoyons ici à la communication d'Adrien Ntabona dans le présent volume, en rappelant simplement que ces structures de démocratie de proximité ne prennent pas forcément en compte les mêmes critères que la démocratie occidentale et qu'elles ont été accusées par certains d'être, aujourd'hui, les vecteurs des Tutsi et de l'Uprona.

Au delà du caractère local des « bashingantahe », il faut étudier de quelle manière il est possible de concilier les impératifs de la démocratie occidentale et les modes traditionnels de gestion du politique et donc du conflit dans les sociétés traditionnelles. Dans un livre récent intitulé *La palabre, une juridiction de la parole*, Jean-Godefroy Bidima rappelle par exemple que « La palabre met en scène le pouvoir, met en ordre une société et donne du sens au langage. Elle parie sur l'autre, celui à rencontrer, avec qui échanger » et il estime que « L'importance de la palabre dépasse même le cadre africain pour interroger utilement l'arrogance de la mondialisation d'un certain Occident qui n'a pas su relativiser ses vérités dans son rapport à l'autre » (Bidima, 1997, 4e de couverture).

Conclusion

L'analyse comparée des techniques constitutionnelles et électorales montrent que les responsables politiques disposent d'un arsenal permettant d'imaginer un nombre incalculable de solutions concrètes pour gérer le vouloir vivre ensemble d'une entité politique donnée. Mais il est important de montrer quelles sont les logiques à l'œuvre derrière ces modalités techniques, d'identifier les paramètres fondamentaux d'un bon usage de la démocratie. Nous avons vu que le temps et surtout le territoire constituent de tels paramètres. **Mais aucune de ces modalités concrètes ne peut remplacer le désir et la volonté de refonder les liens civiques** : la situation actuelle du Burundi et du Rwanda est bloquée par les effets de l'opposition Hutu/Tutsi :

> « Le conflit entre Bahutu et Batutsi au Rwanda et au Burundi n'est ni une simple lutte pour le pouvoir, ni une lutte entre deux tribus ou deux ethnies identitairement différenciées, mais une lutte entre deux groupes de la même population à identité variable et arbitrairement désignée selon les intérêts à défendre, mais qui se comportent entre eux comme s'il s'agissait de deux espèces biologiques incompatibles, chacun cherchant à s'emparer de l'État et à le contrôler exclusivement après avoir exterminé ou chassé l'autre s'il le faut. » (Balibutsa, 2000).

Mais, que cette opposition fasse sens ou non, qu'elle ait été inventée ou plutôt exaspérée par le pouvoir colonial, le mal est fait car toute solution de refondation du lien politique qui passerait par l'idée de protéger la « minorité » Tutsi d'une majorité numérique Hutu, suppose de légitimer cette catégorisation. D'autre part, la fiction juridico-politique d'une démocratie formelle basée sur l'axiome un homme = une voix et refusant de droit toute autre appartenance du citoyen à un quelconque groupe (sur des bases religieuses, ethniques ou autres) n'a jamais empêché de tels groupes (notamment par le biais de partis politiques) d'asseoir leur hégémonie grâce à une telle fiction. On aboutit finalement à un véritable dialogue de sourds. Ces situations se sont retrouvées dans l'histoire des États européens mais ces États ont bénéficié d'un temps long dans l'établissement de leurs pratiques démocratiques alors que les États nouveaux sont piégés par l'accélération de l'histoire.

Références bibliographiques

Arendt (Hannah) [1995] - *Qu'est-ce que la politique ?* Paris, Le Seuil.

Balibutsa (Maniragaba) [2000] - *Une archéologie de la violence en Afrique des Grands Lacs*. Libreville, Éd. du CICIBA.

Bidima (Jean-Godefroy) [1997] - *La palabre. Une juridiction de la parole*. Paris, Michalon.

Hutchinson (John) & Smith (Anthony D. Smith) eds., [1996] - *Ethnicity*. Oxford & New York, Oxford University Press.

Kuper (Leo) [1981] - *Genocide*. Harmondsworth, Penguin.

Kuper (Leo) [1996] - « Genocide and the plural society », pp. 262-270 in : Hutchinson & Smith, eds., 1996 (il s'agit d'un extrait de Kuper, 1981).

Lijphart (Arend) [1977] - *Democracy in plural societies. A comparative exploration*. New haven and London, Yale University Press.

Loraux (Nicole) [1997] - *La cité divisée*. Paris, Payot.

Ngijol (Gilbert) [1998] - *Autopsie des génocides rwandais, burundais et l'ONU*. Paris, Présence Africaine.

Smith (Anthony D.) ed. [1992] - *Ethnicity and nationalism*. Leiden & New York, E.J. Brill.

Smooha (Sammy) & Hanf (Theodor) [1996] - « Conflict-regulation in deeply divided societies », pp. 326-333 (il s'agit d'une reprise d'un article paru in Smith, ed. 1992).

LE CONTEXTE INTERNATIONAL ET LES PERSPECTIVES D'AVENIR

La crise burundaise à l'épreuve de la diplomatie multilatérale dans la région des Grands Lacs : la part de chacun

Emmanuel Rwamibango

Note introductive

1. Dans un pays où on ne prend plus le temps de réfléchir, le colloque de Nanterre apparaît comme un temps fort de réflexion avant l'action. C'est un privilège, pour moi, humble praticien au niveau de la diplomatie burundaise, d'être associé à une réflexion cruciale et colossale portant sur un thème aussi vital pour notre pays et susceptible de donner un éclairage que l'on attend sur le rôle de la Communauté Internationale dans la crise qui secoue notre pays. J'ajoute à ce privilège, le plaisir de me trouver en ce haut lieu de l'échange scientifique et de surcroît, mon savoir, que j'estime modeste sur le sujet qui nous occupe, en sera édifié. Praticien disais-je, je n'ai pas la prétention de m'étendre sur le champ des définitions des concepts, sur les différentes théories et doctrines, pour me tenir en respect de la rigueur d'une démarche académique.

2. Il paraît toutefois difficile d'explorer le thème qui nous a été proposé sans relever la dimension des contraintes que j'ai rencontrées qui sont à mon sens de trois ordres. La première a trait à une attitude *a priori* ; en tant que Burundais, je me pose cette question légitime de tout citoyen de ce pays : «A quoi donc a servi la Communauté Internationale pour aider notre pays à sortir du bourbier de la crise ? A quoi peut-elle encore servir ?». L'autre contrainte, non moins tenace, c'est l'envoûtement que l'on observe sur cette espèce de panacée universelle pour guérir les maux qui rongent nos sociétés. La troisième, enfin, provient de la complexité du mal burundais. La Communauté Internationale est perçue sous le prisme des antagonismes de notre société, malgré le phénomène d'ultime recours presque systématique, de ce que nous avons appelé «la panacée universelle».

3. Pour n'illustrer qu'un aspect de ce qui précède, dans le cadre de la recherche d'un Etat **démocratique**, vous lirez dans l'imaginaire de certains sur la scène internationale, même non loin du Burundi, pris dans le piège des clichés éculés ou tout simplement de manière délibérée, la projection d'une société burundaise divisée en une majorité ethnique «de démocrates» d'une par et en une minorité ethnique d'«antidémocrates» d'autre part. Ce brouillage pave évidemment la voie, et je vous demande pardon, vers une «*hécatocratie*». Au nom de quelle démocratie peut-on croire à une farce de cette nature?

4. Au niveau de la maîtrise des concepts, s'il est un concept profondément rebelle à toute définition aujourd'hui, c'est bien celui de «Communauté Internationale». Comment se présente-t-elle par rapport à hier ? Comment réagit-elle à différentes situations ? Il sied donc de commencer par relever l'ambiguïté ambiante et l'opacité qui occultent son action. Drapée dans sa dignité, par la force de la crise et en rapport avec ce que nous avons dit tantôt, l'invocation de la Communauté Internationale suscite dans le contexte burundais à la fois la confiance, la peur, l'insouciance et même parfois l'indignation. Nous ne pouvons pas rater l'occasion d'évoquer ce dernier aspect dans un climat d'inquiétude particulière, basée sur la position de l'O.N.U. sur la question de la création d'un **Tribunal Pénal International pour juger les auteurs du génocide d'octobre 1993 au Burundi.** Un cas que nous allons examiner plus loin dans notre communication.

5. Si nous avons parlé du caractère ambigu et rebelle à toute définition de la Communauté Internationale, il n'est pas possible de s'en tenir à cet aveu d'impuissance qui confine au constat d'échec. Nous allons d'abord voir à qui elle ressemble aujourd'hui avant de faire une brève présentation de son expérience d'ailleurs. Nous verrons ensuite comment elle s'est mise à l'épreuve de la crise burundaise avant de tirer les conclusions y relatives.

Quelle Communauté Internationale et quelle expérience d'ailleurs ?

1. *Quelle Communauté Internationale?*

6. Dans les manuels les plus récents des Relations Internationales, on nous apprend que le débat sur la nature et la structure de la Communauté Internationale n'est toujours pas résolu. Il oppose les réalistes aux idéalistes, les pessimistes aux optimistes, les anciens aux modernes. Les uns estiment que la Communauté Internationale ou Société Internationale, par comparaison avec les sociétés nationales, reste une société foncièrement anarchique, les autres pensent au

contraire qu'elle est une société ordonnée au même titre que les autres.[1] Selon Daniel Colard, le caractère anarchique ou ordonné de la Communauté Internationale fait l'objet d'une polémique qui a accompagné la théorie des Relations Internationales, depuis la Renaissance jusqu'à l'apparition des États modernes remontant au XVIe siècle. Ce qui ne nous retiendra pas longtemps.

7. Nous vous épargnons également la longue querelle autour de la structure de la Communauté Internationale. Cependant pour mieux appréhender le sens de notre démarche et la portée de nos conclusions ultérieures, je vous propose cette citation du Général De Gaulle au sujet des États, entités dominantes de cette Communauté Internationale. «Les Etats sont des monstres froids, les plus froids des monstres froids, ils n'ont ni amis, ni ennemis, ils n'ont que des intérêts nationaux à défendre».[2] Dans leur «état de nature», les États, principaux acteurs au sein de la Communauté internationale, disait Nicolas Machiavel (1467-1527) avant De Gaulle «parce qu'ils se proclament souverains, ne reconnaissent aucune autorité supérieure à la leur, n'acceptent pas de se plier à des règles de conduite communes, préoccupés par la défense de leurs intérêts et par le désir d'accroître leur influence; ils vivent dans un climat permanent d'hostilité et de rivalité. La loi de la jungle régit les relations interétatiques et le plus fort impose sa volonté au plus faible». (Chap.XVIII du fameux ouvrage *Le Prince*).

8. En dépit d'une multitude de normes conçues dans lesquelles sont moulues les relations entre les Etats et de nombreuses organisations pour organiser la vie de ces Etats et des courants transnationaux, nous avons le sentiment que depuis Machiavel les États n'ont pas accompli de révolution possible en cette matière. C'est donc dire que notre analyse va s'accommodant avec cette conception, des plus réalistes, de l'ordre international, qui semble avoir résisté à l'outrage du temps. Nous prenons également en compte l'apparition et l'évolution de nouveaux acteurs et de nouveaux facteurs, en dehors de ces acteurs privilégiés que sont les Etats, il s'agit des Organisations Internationales (Gouvernementales pour la plupart) et les Organisations Non-Gouvernementales (ONG) ainsi que les courants transnationaux d'échanges dans les domaines de la culture, de la science, de la technologie et du commerce. L'ensemble de ces acteurs et de ces courants forment ce que l'on peut conventionnellement appeler la «**Communauté Internationale**».

9. Les autres acteurs, émanations des Etats par nature, n'échappent pas à la règle de l'état de nature de ces Etats. Autrement dit, la défense des intérêts, de leurs intérêts, prime sur toute autre considération. Si pour les Etats, il n'est guère besoin de recourir à des exemples, nous avons des preuves suffisantes pour affirmer qu'en

---

[1]. Colard Daniel, *Les Relations Internationales de 1945 à nos jours*, Masson, Paris, 1993, 5e édition, p.29.

[2]. *Ibidem* p.30

termes de défense de leurs intérêts, OXFAM, Care International, Médecins Sans Frontières et quelques autres envoyés de l'Humanitaire n'ont rien à envier à Toyota, Mitsubishi et Electrolux. Nous savons que d'une part certaines de ces méga O.N.G. roulent sous les subsides des Etats membres de cette Communauté Internationale.

10. Parlant de la situation chaotique au Burundi et au sujet des partis politiques qui ne s'accordaient pas sur un projet de société, Salim Ahmed Salim, Secrétaire général de l'OUA disait à son entourage qu'«au Burundi il y a des gens pour qui la paix est un facteur déstabilisant». Nous savons aussi que des battues sont organisées, que l'opinion publique internationale est parfois trompée et abusée dans le simple dessin inavoué d'attiser une crise ou pour une simple course au clocher, vers ces lieux de crise.

11. Avant d'aborder certains aspects pratiques sur le terrain, je ne voudrais pas me limiter à cette présentation pessimiste de la Communauté Internationale. Il semble plus indiqué de favoriser d'avantage du non-dit. Il y a quand même un travail qui est fait. Nous avons encore frais en mémoire ces expatriés de l'ONU, de l'OUA et des ONG qui ont laissé leur vie sur le terrain de l'humanitaire au Burundi. Nombre de missionnaires de ces représentants de la Communauté Internationale travaillent de façon visiblement désintéressée et leur séjour dans un pays en crise comme le Burundi relève carrément du sacerdoce.

12. Sur ce qui précède Ahmedou Ould Abdallah dit ce qui suit : «l'ONU est écrasée par la pesanteur de sa hiérarchie et de son administration. J'ajoute même qu'elle souffre d'une troisième tare : la langue de bois de nombre de ses représentants. Il faudrait procéder à un vrai dépoussiérage des discours et des comportements. En revanche, je ne crois pas que le personnel des Nations Unies reste à longueur d'années dans de luxueux bureaux. J'ai été sur le terrain, j'ai vu les risques que prennent les fonctionnaires du PAM, du HCR, de l'OMS, du CICR etc... Quand il y a eu débandade au Burundi, ils étaient là, sur place, pour distribuer de la nourriture». [3] Et d'ajouter : «Je vous assure que j'ai vu beaucoup de jeunes prendre des risques réels. Au Burundi, j'en ai même vu un mourir tandis que deux étaient blessés. Il ne faut pas oublier qu'il s'agit après tout, d'un métier et non pas, au sens sacrificiel, d'une vocation. [4]

2. *Ce qu'il faut savoir*

13. L'organisation d'un système d'intervention classique, au nom de la Communauté Internationale, se présente sous trois bannières : le plan universel ou onusien, la voie régionale ou à travers une organisation continentale ou sous--

---

[3]. Ould Abdallah (Ahmedou), *La Diplomatie pyromane*, Calmann-Lévy, Paris, 1996, p.62.
[4]. *Ibidem*, p.63.

régionale et enfin le niveau bilatéral. L'humanitaire est devenu, de plus en plus, un créneau pour véhiculer une intervention bilatérale ou multilatérale.

14. **Au niveau universel**, l'ONU utilise un dispositif bien connu dont les pouvoirs sont décrits dans les chapitres VI (art.33 à 38) et VII (art.39 à 51) de la Charte des N.U. Le premier énumère les diverses procédures pacifiques qui sont à la portée des États pour trouver des solutions à leurs conflits, comme la négociation, l'enquête, la médiation, la conciliation, les règlements arbitral et judiciaire, le recours aux accords régionaux. Le deuxième institue une sorte de police internationale. Le Chap.VII prévoit la possibilité d'une «action coercitive» en cas de menace contra la paix, de rupture de la paix et d'acte d'agression. Ce dispositif conventionnel est commandé par le Conseil de Sécurité. Il faut noter que ce dernier a été peu efficace et rares sont les cas où un différend a pu être réglé dans le cadre du chapitre VI.

15. Sous l'empire du Chap.VII, le Conseil peut décréter des mesures telles que l'interruption des relations économiques et des communications ferroviaires, maritimes, aériennes, postales, télégraphiques, radio-électriques et des autres moyens de communications, ainsi que la rupture des relations diplomatiques. Si cela est jugé insuffisant, le Conseil peut entreprendre «toute action qu'il juge nécessaire au maintien ou au rétablissement de la paix et de la sécurité internationale» sous forme des démonstrations de la force ou de blocus. Cela a été le cas pour la crise du Golfe en 1990 et de l'intervention militaire en Somalie en 1992, après ceux de la Rhodésie et de l'Afrique du Sud.

16. Par opération de maintien de la paix dans le monde, entendez l'envoi sur les lieux de conflits de contingents militaires, connus sous le vocable de «casques bleus», dont le but n'est nullement celui de faire la guerre. L'ONU compte sur le terrain plus de seize missions de maintien de la paix à travers le monde. On en retrouve qui datent des années quarante comme le Groupe d'Observateurs militaires des Nations Unies à la frontière Indo-Pakistanaise (1949).

17. **Sur le plan régional et sous-régional**, le cadre d'action se limite à une organisation intergouvernementale comme l'Organisation de l'Unité Africaine (OUA), la Communauté des États de l'Afrique de l'Ouest (CEDEAO), l'Autorité intergouvernementale pour la lutte contre la sécheresse et pour le développement (IGASDD) et le Marché Commun des États de l'Afrique Australe et de l'Est (COMESA). Un système d'intervention devenu monnaie courante pendant la Guerre Froide, sous prétexte de se mettre à l'abri de la confrontation Est-Ouest. L'OUA a ainsi mis en place un mécanisme d'initiative et de suivi pour ses opérations dans des situations de crises. Il s'agit du fameux «Mécanisme de l'OUA pour la Prévention, la Gestion et la Résolution des conflits» créé en 1992. Nous avons la crainte d'anticiper sur son échec au regard des résultats de cinq ans

d'existence. Les raisons de ce tableau sombre sont diverses et la situation sur le continent en dit long.

18. L'implication bilatérale d'un État dans l'organisation politique d'un autre en situation de crise, comme le Burundi, dépend généralement du niveau des rapports entretenus entre les deux pays ou de l'environnement géopolitique qui les sous-tend. On a vu par exemple, jusque dernièrement, la France intervenir sans complexe dans ce qu'il lui convenait d'appeler le «giron francophone» pour soi disant entreprendre une «action de sauvetage» d'un État démocratique.

19. Comme nous ne sommes pas là pour vous présenter les types d'intervention connus sous les trois labels que nous venons de rappeler, vous me permettrez que nous passions au cas du Burundi, devenu, comme son voisin du nord, le Rwanda, un pays atelier depuis leurs tragédies successives.

La Communauté Internationale à l'épreuve de la crise burundaise

20. Nous savons tous qu'au lendemain de sa crise, le Burundi a littéralement été pris d'assaut par des rapporteurs et des émissaires de tous horizons et a même subi des pressions graves d'une intervention militaire. Nous savons aussi que si ce pays a échappé à l'application du Ch.VII, c'est à la suite d'une résistance farouche de l'intérieur opposée à toute forme d'intervention dont l'enquête, la médiation, les missions d'observation, les représentations spéciales, etc...

21. Au niveau des Nations Unies, le premier rapport commandé par le Conseil de Sécurité date du 20 mai 1995. [5] Le rapporteur avait pour mandat d'établir les faits. Le deuxième, appelé «Rapport de la mission du Conseil de Sécurité au Burundi» date du 9 mars 1995. [6] C'est à la base de ces documents que le Conseil de Sécurité a fondé la décision d'envoyer au Burundi une Commission d'enquête internationale, alors que le Gouvernement du Burundi avait introduit une requête auprès du Secrétaire général de l'ONU pour demander la constitution d'une Commission Judiciaire internationale d'enquête sur la tentative du coup d'État du 21 octobre 1993 et les massacres qui ont suivi. Le rapport de la Commission des experts dépêchée au Burundi est aujourd'hui en souffrance au sein du Secrétariat Général de l'ONU. Il serait intéressant de connaître les dépenses engagées par les travaux de cette commission. Après la démarche visant le rétablissement des faits, l'ONU s'est occupées de la crise burundaise à travers des missions ponctuelles et sur la base de rapports que lui fournissaient les représentants successifs du Secrétaire Général de l'ONU dans ce pays.

---

[5]. Rapport S/1995/157.

[6]. Rapport S/1995/163.

22. Après des efforts soutenus de l'OUA pour faire aboutir les accords d'Arusha pour le Rwanda, le Secrétaire Général de l'OUA utilisa la même ardeur pour s'impliquer dans la crise burundaise. C'est ainsi qu'à la faveur du Mécanisme de l'OUA pour la Prévention, la Gestion et le Règlement des Conflits qui venait d'être mis sur pied, toutes les décisions ont été prises pour orienter l'action de l'OUA. La plus importante ayant été l'ouverture d'une Mission d'observation de l'OUA au Burundi (MIOB), établie dès le mois de Décembre 1993. Celle--ci fonctionnait sous deux composantes, civile et militaire. La composante militaire a été supprimée par l'Organe Central du Mécanisme précité, qui a jugé caduc l'objet de cette composante militaire au lendemain des changements politiques intervenus au Burundi le 25 juillet 1996. Après l'installation de son dispositif d'observation sur le terrain, qui a travaillé, d'après certains faits, à la satisfaction des parties prenantes à la crise, l'OUA à son tour a plongé dans la routine d'appuyer les initiatives de toutes parts et les mises en garde répétitives contre la flambée de la violence au Burundi.

23. L'initiative d'Arusha, dont le chef d'orchestre est l'ancien Président tanzanien Julius Nyerere qui occupe presque tout le paysage arbitral international pour le cas du Burundi, s'inscrit dans les démarches régionales que nous avons évoquées, au même titre que les autres cadres connus comme celui de l'Union Européenne et de ses membres. Aujourd'hui, toutes les attentions sont focalisées sur la filière Nyerere. Ce qui rappelle à tout observateur attentif de la crise burundaise le même schéma d'appréciation en ce qui concerne l'efficacité de la convention de Gouvernement.

La Communauté internationale et les enjeux internes au Burundi

24. Nous appelons les enjeux internes les questions «clés» autour desquelles a tourné la crise burundaise à travers les controverses au niveau des protagonistes de cette crise et qui ont suscité pour la Communauté Internationale des espoirs comme pistes de solution. Il s'agit des questions comme : *l'intervention militaire*, la *convention de Gouvernement*, le *Débat National*, *le blocus*, *les Négociations*, *les Réfugiés et les Personnes Déplacées*, *le Regroupement des Populations* et enfin *le Génocide*.

1. <u>L'intervention militaire</u>

25. La question de l'intervention militaire a été soulevée pour la première fois lors du Sommet tenu à Kigali au lendemain de la tentative de coup d'État du 21 octobre 1993 à la demande du Gouvernement Kinigi, celui qu'on a appelé le Premier Sommet Régional sur le Burundi. La réponse du Secrétaire Général de

l'OUA, à l'époque, fût que la demande du Gouvernement soit d'abord adressée à l'ONU. Une requête du Gouvernement du Burundi dans ce sens fût introduite au Secrétaire Général de l'ONU appuyée par la décision du Sommet de Kigali. Le Secrétaire Général réagit à la demande du gouvernement du Burundi en renvoyant celle--ci auprès du Secrétaire Général de l'OUA. Devant le refus du Secrétaire Général de l'ONU de constituer une force militaire d'intervention au Burundi, l'OUA se mit alors à contribution pour la mise sur pied de cette force [7]. C'est de nouveau devant une opposition sans répit que l'O.U.A. a été contrainte d'opter pour une Mission d'Observation de deux composantes précitées et dont la présence militaire était réduite à 31 officiers africains, sans hommes de troupes. Après avoir passé le plus clair de leur temps dans un hôtel de la place, la composante militaire de la MIOB pût se rendre opérationnelle et la collaboration avec les régions militaire auprès desquelles ils étaient détachés s'avéra fructueuse par la suite, au point d'augmenter l'effectif militaire de la MIOB jusqu'à 60 unités.

26. La menace d'une intervention militaire resurgit en Février 1996 sous l'impulsion du Secrétaire Général de l'ONU, Monsieur Boutros Boutros Ghali, alors qu'au niveau national la situation semblait se maîtriser sur le plan de la sécurité. Le Secrétaire Général de l'ONU agita l'éventail d'une intervention de 25.000 hommes qu'il proposa au Conseil de Sécurité, pour soi disant éviter une implosion de la violence au Burundi. Le Secrétaire Général de l'ONU fût pris en contre-pied par le Conseil des Ministres de l'OUA qui prit une décision qui encourage de «dialogue politique». Le même Boutros avait programmé la réunion du Conseil de Sécurité de l'ONU en fonction de la décision attendue du Conseil des Ministres de l'OUA. Il s'en suit sans doute une grande déception de sa part.

27. Sur ce sujet, je voudrais partager avec vous ce que Monsieur Boutros Ghali rapporte au Conseil de Sécurité, bien sûr un peu avant le Conseil des Ministres de l'OUA de Février 1996 et je cite : «Au cours de ma rencontre avec Monsieur Salim en date du 14 février, je lui ai fait part en long et en large du contenu de ma proposition sur l'intervention militaire au Burundi que j'allais faire au Conseil de Sécurité. J'ai ajouté qu'il s'agissait d'une opération purement humanitaire pour prévenir un génocide possible et un exode massif de réfugiés. Elle sera moins coûteuse si l'on prend d'ores et déjà les dispositions pour sa mise en place que si elle se mettait en place après le désastre. Monsieur Salim m'a répondu que la chose était d'importance capitale et qu'il était disposé à soutenir toute intervention de nature à prévenir une telle catastrophe. Il m'a aussi informé qu'il était convaincu que la vaste majorité des États membres allait soutenir cette

---

[7]. Rapport de la troisième session ministérielle de l'Organe Central du Mécanisme de l'OUA pour la Prévention, la Gestion et le Règlement des conflits, Suisse, Tunie, 3-43 Août 1994, Cen.Org./Mec./Min./Rpt./(III) p.56.

opération multinationale que je suis en train de proposer, compte tenu de son aspect humanitaire». (Fin de citation). [8] On a l'impression que le facteur coût était le seul à prendre en considération.

28. Nous avons dit auparavant que le Conseil des Ministres en a décidé autrement. Ce problème sera au centre des préoccupations du Secrétaire Général de l'ONU jusqu'à ce qu'il soit supplanté par l'idée d'une intervention, cette fois-ci, négociée et acceptée par le dernier Gouvernement de la Convention, concoctée par le Président de la République de l'époque dans le cadre de l'initiative d'Arusha.

2. La Convention de Gouvernement

29. Sans dire beaucoup sur cet instrument qui a régi le régime qui porte son nom, il sied de rappeler que la Communauté Internationale a fortement soutenu la Convention du 10 Septembre 1994. L'ONU et l'OUA s'en ont pratiquement fait les dépositaires, à coup de résolutions adoptées et réaffirmant leur appui à celle-ci.

30. La sachant piégée d'avance, nous n'avons pas entendu l'écho d'une seule critique à l'endroit de cette convention de la part des instances de ces deux organisations. Pourtant, écoutons un peu ce que dit le Secrétaire Général de l'OUA, Monsieur Salim Ahmed Salim, au lendemain de l'aboutissement des négociations qui ont porté sur les fonts baptismaux ladite Convention et je cite : «L'opposition authentique, l'UPRONA, a toujours été une forte puissance sur la scène politique burundaise; mais il existe également plusieurs autres partis de l'opposition moins importants. Certaines personnalités engagées dans les négociations sont affairées à se trouver des postes ministériels et d'ambassadeurs, ainsi que des postes de haute responsabilité. Il a été décidé que 60% de ces postes aillent au Gouvernement et 40% à l'opposition. Ainsi, l'on ne pouvait pas savoir dans quelle mesure les négociations proprement dites défendent les intérêts des populations dans les villages» (Fin de citation). Bien plus au sujet de la première des institutions régies par cette convention, précisément à propos du Président Ntibantunganya, il ajoute et je cite : «Un autre fait positif a été que la Cour constitutionnelle a prolongé de trois mois le mandat du Président intérimaire. Toutefois, plus ce Président demeure au pouvoir, plus les chances d'une mauvaise gestion se multiplieront» (3-4 août 1994).[9]

31. Sous le même régime de la Convention, le Secrétaire Général de l'ONU, présente au Conseil de Sécurité la situation politique comme suit : «Dans toute mes communications et instructions, j'ai souligné le caractère préoccupant de

[8]. Report of the Secretary General on the situation in Burundi, Press release n° 4991, 21 February 1996, UNECA, Addis-Ababa.

[9]. Rapport d e la troisième session ministérielle de l'Organe Central, op.cit., p.58.

la situation politique et de la sécurité au Burundi, qui est expliqué par une peur viscérale et une bataille effrénée pour le pouvoir. Beaucoup de membres de la minorité tutsi, historiquement dominante, vivent avec une phobie de l'élimination physique; pendant que la majorité hutu demande une représentation politique équitable.» Toute son analyse s'arrête là et fin de citation.

3. Le Débat National

32. S'il y a une question autour duquel on note un consensus au niveau de la Communauté Internationale, il s'agit bien de celle d'un Débat National à l'exception du médiateur Mwalimu Julius Nyerere. Nous lisons dans presque toutes les résolutions de l'ONU, de l'OUA ou même de l'Union Européenne le soutien au «dialogue politique» pour aider les Burundais à sortir de la crise. Il faut toutefois nuancer l'attitude de la Communauté Internationale sur cette démarche d'un débat national. La Communauté Internationale oppose à ce débat la participation de la diaspora burundaise indistinctement et un soutien aveugle au processus d'Arusha sous la houlette de Mwalimu Nyerere. Ce projet, initié sous le régime de la Convention et repris par le Gouvernement issu des changements du 25 juillet, ne semble pas attirer la générosité des bailleurs de fonds pour assurer son organisation.

4. Le blocus imposé par les pays de la sous-région

33. Les ambiguïtés de la Communauté Internationale sur cette question ont été bien élucidées par M. Nzeyimana Laurent, ancien Ministre des Relations Extérieures et de la Coopération, dans sa communication devant le récent séminaire de formation et d'information des diplomates burundais. Sur les termes flous de la résolution 1072 (1996) du Conseil de Sécurité, par laquelle cette dernière «exprime son appui résolu aux efforts déployés par les dirigeants de la région, notamment à leur réunion d'Arusha le 31 juillet 1996, à l'OUA et l'ancien Président Nyerere en vue d'aider le Burundi à sortir pacifiquement de la crise grave qu'il traverse actuellement, et les encourage à continuer de faciliter la recherche d'une solution politique»; M. Nzeyimana se demande, à juste titre, si l'appui dont il est question vise le Sommet, donc la réunion elle--même ou les résultats de celle--ci. Il nous rappelle, en outre, que les mêmes membres de l'ONU, interrogés sur cette ambiguïté, répondent : «on n'est pas pour le blocus». Ce sont vos voisins qui ont pris la décision. La décision a été rapide, trop sévère, il faudrait l'alléger».

34. A l'OUA, les textes ne sont pas moins ambigus. Je ne connais pas de résolution de l'OUA, au niveau de ses organes directeurs c'est-à-dire le Conseil des Ministres et la Conférence des Chefs d'État et de Gouvernement, qui fasse sienne la décision d'imposer le blocus au Burundi. Sans condamner explicitement cette

mesure par nature illégale et injuste, l'OUA se limitait à appuyer les efforts des mêmes dirigeants et ceux des médiateurs. Par ailleurs, si l'on prend les Etats membres de l'OUA, pris individuellement, on se rend compte que bon nombre de pays africains ont exprimé leurs réserves et même leur opposition à pareille mesure. Qu'il suffise de rappeler le cadre de Brazzaville et de Ouagadougou dont les conclusions ont incriminé les sanctions d'une manière on ne peut plus claire.

35. Rendant compte au premier Conseil des Ministres qui s'est tenu après les changements du 25 juillet 1995, c'est-à-dire la 65e session tenue à Tripoli du 24 au 28 Février 1997, le Secrétaire Général de l'OUA rappelé aux Ministres africains que ces changements avaient pour objectifs : la restauration de l'autorité de l'État; l'organisation d'un débat national; le dialogue politique et le redressement économique et social. Dans le même temps, il a informé les membres du Conseil qu'aussitôt ces changements intervenus au Burundi, pour mettre fin à une situation chaotique reconnue par l'Organe Central, le deuxième Sommet d'Arusha a tenu sa réunion le 31 Juillet 1996 pour condamner ces changements. Ce sommet a entre autres, exigé des négociations immédiates et inconditionnelles avec toutes les parties au Burundi, soulignant que le cadre de ces négociations devraient être le processus de paix de Mwanza, renforcé par l'initiative de paix d'Arusha, sous les auspices de Mwalimu Julius Nyerere. Le Burundi obtint, au Conseil des Ministres de Tripoli, que les pays ayant imposé le blocus contre le Burundi «procède à une évaluation objective de la situation dans la perspective de revoir cette mesure».[10]

5. Les réfugiés

36. S'il est une question qui subit les coups et les contrecoups liés à l'ambiguïté ambiante que nous venons d'évoquer, c'est la problématique des réfugiés et des déplacés, victimes de cette crise. Le problème des réfugiés est d'abord la conséquence de l'instabilité politique et sécuritaire avant d'en être la cause. Pour le cas comme celui du Burundi, c'est l'éternelle histoire de l'œuf et de la poule, «je vous accuse et vous condamne pour m'avoir filé ces infortunés, en retour je vous provoque en les empêchant de retourner dans leur pays d'origine et même en vous créant la misère pour en multiplier». Et pourtant, pas plus que la Communauté Internationale est au courant de la présence de plus de 300.000 réfugiés burundais en Tanzanie, alors que l'ensemble des réfugiés rwandais, estimés dans plus de proportions, viennent de prendre le chemin du retour vers leur pays.

---

[10]. Rapport du Secrétaire Général de l'OUA sur l'évolution de la situation au Burundi depuis le 25 Juillet 1996, CM/1980 (LXV) (B), Conseil des Ministres, soixante cinquième session ordinaire, 24-28 Février 1997, Tripoli, Libye.

37. La même Communauté Internationale a échoué devant une situation alarmante des réfugiés se trouvant à l'Est de l'actuel République Démocratique du Congo (ex-Zaïre) malgré un cadre bien défini du Plan d'Action de Bujumbura, conclu entre les pays de la sous-région des Grands Lacs en juillet 1994, sous les auspices du HCR, de l'OUA, des pays bailleurs de fonds de ce plan. Celui-ci, resté lettre morte depuis son adoption, définit les devoirs et obligations de chacun des Etats et des gouvernements, y compris la Communauté Internationale, pour mettre en application un vaste programme de rapatriement de ces réfugiés. Dans la situation actuelle, les entraînements militaires au grand jour, en violation de toutes les conventions qui régissent les réfugiés ou tout au moins du Plan d'Action de Bujumbura, et les attaques organisées à partir de sites de réfugiés, sont offusqués par des problèmes artificiels crées sur des considérations politiciennes comme la querelle autour du regroupement des populations. La dimension humanitaire du problème des réfugiés se réduit à cette partie visible de l'iceberg.

6. Les personnes déplacées et le regroupement des populations

38. Ces catégories de victimes de la crise viennent d'entrer dans la terminologie des infortunés du monde qui sont venus enrichir les fichiers de l'Humanitaire. Si pour les premiers on a eu toute la difficulté du monde pour mobiliser un minimum d'assistance, on en enregistre pour les seconds des positions qui suscitent à la fois étonnement et indignation. On sait, en effet, que les bailleurs des fonds ont traîné les pieds pour secourir les camps des déplacés, cibles privilégiées des bandes armées génocidaires. Nous avons rarement pris connaissance d'une résolution condamnant nommément leur carnage. Rescapés, pour la plupart du génocide d'octobre 1993, leur sort mérite-t-il de souffrir de quelque hypothèque que ce soit afin qu'ils jouissent, de la part de la Communauté Internationale, d'une assistance diligente et digne de ce nom, au même titre que les autres sinistrés de la crise.

39. Quant aux populations regroupées, le Gouvernement se reconnaît les prérogatives de protéger les citoyens exposés aux attaques de bandes génocidaires. Il a précisé, en rappelant que les premiers regroupés de la crise sont en fait les personnes qui sont aujourd'hui dans les camps des déplacés, que ces sites de transit et de protection ne constituent nullement une politique du gouvernement, ni une stratégie de celui--ci; mais une mesure temporaire de sécurité. Les protagonistes du Gouvernement, le CNDD et les alliances autour de lui, présentent ce regroupement comme une stratégie délibérée du Gouvernement pour mieux exposer une composante de la population, nommément les populations rurales hutu, à des exactions des militaires burundais.

40. Arusha IV, tête de pont au niveau international contre le Gouvernement du Burundi sur cette question, exige en premier le démantèlement de ce qu'il appelle les camps de regroupement en relais du CNDD qui les a présentés comme «des camps de concentration». L'OUA, à son tour, a emboîté le pas à Arusha à partir de Hararé, en «exhortant le Gouvernement du Burundi a prendre les mesures nécessaires pour démanteler les camps de regroupement afin de créer un environnement propice au rétablissement de la paix, de la sécurité et de la réconciliation nationale au Burundi». La Communauté Internationale ne sort pas de sa torpeur. Au rythme des accusations contre le Gouvernement du Burundi, elle semble plutôt se laisser emporter par le front du refus de ces sites de transit.

41. Quel est, en dernière analyse, le fond de l'argument au sein de ce front de refus ? Rappelons-nous ce que dit Salim Ahmed Salim : «la paix déstabilisée au Burundi». Si la victoire sur le terrain, contre les bandes armées, est assurée, adieux les négociations pour lesquelles, cette fois-ci, on nourrit une phobie viscérale.

7. Le génocide

42. Je m'en voudrais de ne pas évoquer cette question qui préoccupe l'ensemble de la nation burundaise, quelle que soit la prise de position, les victimes et les non-victimes. Les rescapés pour l'ampleur de la blessure de cette Nation, les commanditaires et les exécuteurs pour la rigueur et le châtiment qui les attend.

43. Au niveau de la Communauté Internationale, cette question a suivi un parcours curieux. Dès sa première saisine le 28 août 1995, le Conseil de Sécurité se déclare «vivement préoccupé par les informations selon lesquelles des violations systématiques, nombreuses et flagrantes du droit international humanitaire ont été commises au Burundi» avant de décider l'envoi d'une Commission Internationale d'enquête dans ce pays. Dans sa résolution, il prend note que «les parties burundaises, aux termes de la Convention de Gouvernement, sont convenues de les qualifier de génocide, sans préjudice des résultats des enquêtes nationales et internationales indépendantes».

44. Dans sa résolution suivante du 29 janvier 1996 sur le Burundi, le Conseil de Sécurité se déclarait également profondément préoccupé «par la détérioration persistante de la situation et par la menace qu'elle fait peser sur la stabilité de la région dans son ensemble». Alors que dans celle du 5 mars 1996, le conseil reconnaît avec une profonde préoccupation le fait que «certains groupes au Burundi bénéficient du soutien de certains responsables du génocide au Rwanda, ce qui menace la stabilité dans la région», avant de déclarer dans la même résolution l'appui aux travaux de la Commission internationale d'enquête.

45. La dernière résolution du Conseil de Sécurité sur la situation au Burundi, exprime sa position sur la mise sur pied d'un Tribunal International. Le

Conseil de Sécurité réaffirme, au terme de cette résolution du 30 août 1996, la nécessité de mettre fin à l'impunité ainsi qu'au climat qui rend possible les agissements des personnes qui commettent ou autorisent des violations graves du droit international humanitaire au Burundi.

46. Le dernier acte, au niveau de l'ONU, sur cette question, est la lettre du Secrétaire Général de l'ONU, Monsieur Kofi Annan, informant le Gouvernement burundais de ses «doutes» sur la mise en place d'un Tribunal Pénal International pour juger les responsables du crime de génocide d'Octobre 1993 au Burundi. Il nous rappelle que la Commission d'enquête internationale a conclu dans son rapport S/1996/682 que «des actes de génocide ont été commis contre la minorité tutsi sous l'instigation et la participation de certains fonctionnaires hutu du FRODEBU». Il nous indique également que le Conseil de Sécurité a examiné le rapport et qu'il a jugé que «le point de vue de la Commission pourrait être pris en compte dès que les conditions le permettraient».

47. Le Secrétaire général de l'ONU tourne le dos à cette importante décision du Conseil de Sécurité pour tenir en considération les avis de son Conseiller juridique. Celui-ci, en nous rappelant que «l'établissement d'un Tribunal International se base sur la détermination du Conseil de Sécurité lorsqu'il y a une atteinte à la paix ou un acte d'agression comme le prévoit le Ch. VII», donne un argument sans poids. Nous venons de voir que le Conseil a émis un avis favorable à la mise en place de cette juridiction internationale, et qu'il ne reste que la question de l'opportunité du moment pour sa mise en place. On note également, dans l'argument du Conseiller juridique de Monsieur Kofi Annan, une confusion quant au moment des faits, car le Tribunal en question ne jugera pas des actes commis à la date de l'argumentaire de ce Conseiller juridique du Secrétaire Général des N.U., c'est-à-dire quatre années après ce génocide, comme il dit. Ce dernier affirme également, cette fois sans argument aucun, que «les circonstances qui prévalaient alors» pour empêcher l'établissement dudit tribunal aussitôt après l'examen du rapport par le Conseil de Sécurité et la décision y relative, «n'ont pas changé».

48. Il apparaît clairement que la position du Secrétaire Général de l'ONU est basée sur des considérations purement politiques et administratives pour une question qui relève du Droit International Humanitaire. L'impunité donne des ressorts aux crimes et le Conseil de Sécurité a bien indiqué qu'il faut aider le Burundi à lutter contre ce fléau. Le châtiment de ce crime crapuleux pavera la voie à une véritable réconciliation nationale et donnera un contenu réel au parcours pour y parvenir, que ça soit le dialogue national ou les négociations. La Communauté Internationale doit pouvoir assumer sa responsabilité. L'OUA, qui s'est montrée un artisan actif pour la reconnaissance du crime de génocide au Rwanda, devrait

prouver le même sens d'équité afin de prévenir d'autres candidats génocidaires sur le continent : ça ne sera qu'une victoire de plus sur son palmarès.

La part de chacun

49. S'il y a une partie qui nous a posé d'énormes difficultés à explorer dans cette communication, c'est bien le dimensionnement de la contribution de cette Communauté Internationale. Car, en effet, dans notre démarche et notre analyse, les adages : «Aide-toi le ciel t'aidera» : *ngo «Imana ifasa uwifashije» canke ngo «Akimuhana kaza imvura ihise»*, y pèsent de tout leur sens.

50. Nous partons d'un postulat que la démocratie est d'abord «un Etat d'Espoir». Nous pouvons avoir la meilleure constitution du monde, des codes et lois impeccables, cela ne suffit pas, bien que ça soit nécessaire. (Un ambassadeur américain au Burundi répondit avec cette boutade à quelques membres de la Commission Constitutionnelle qui venaient lui demander une copie de la Constitution américaine pour s'en inspirer au cours des travaux de cette première : «allez donc demander aux ambassades de l'U.R.S.S. et de Chine, ils ont les Constitutions les meilleures et les plus démocratiques du monde !» Et l'ambassadeur Ould Abdallah, Représentant Spécial du Secrétaire Général de l'ONU au Burundi au plus fort de la crise, répondit à un politicien burundais qui venait lui rapporter que le pays va brûler en lui tendant une boîte d'allumettes et en lui disant «va y gratter, c'est ton pays qui va flamber»; *La Diplomatie pyromane*). Ces boutades résument tout. Pour ce qui est des institutions ou des textes régissant celles-ci, le Professeur Gérard Niyungeko a brillamment indiqué auparavant que nos textes peuvent se valoir d'être impeccables, le terrain sur le plan culturel doit être préparé à son tour afin de garantir les prérogatives de chacun, les devoirs, les droits et les obligations de chaque citoyen et de chacun des partenaires du Burundi. Or, ce terrain est soigneusement miné. Qui va assurer le déminage de celui-ci ? Est-ce les Burundais eux-mêmes ou la Communauté Internationale ? Nous avons aussi entendu les gens, même des responsables de ce pays, dire qu'il faut être crédible devant la Communauté Internationale. La meilleure façon d'appréhender le problème, dans le domaine qui nous concerne, est de recourir à ses propres ressources, puisées dans son patrimoine culturel et de ne pas chercher ou contracter des crédits ailleurs. C'est le fond de la question.

51. Cela étant dit, le Burundi pourrait-il se priver de ses partenaires pour se remettre sur les pieds au niveau de ses institutions et de sa reconstruction ? Je ne pense pas. Nous avons vu les attitudes de ce que nous pouvons appeler globalement les membres de la Communauté Internationale, sur ce que nous avons aussi appelé les enjeux internes dans le centre de la crise burundaise. Le Gouvernement

burundais a sollicité, il y a quelques temps, une intervention militaire et nous avons failli l'avoir, et ils ont dit qu'elle s'annonçait comme un «accélérateur du mal burundais». Nous avons dit que la Convention, bien qu'inefficace, était bonne pour nous; ils ont répondu que c'était bon pour nous. Les autres ont dit que le blocus, soutenu par une frange de l'opinion burundaise, allait faire sauter le dernier verrou qui empêche la restauration de la paix au Burundi, que les négociations sont la seule voie du salut et que le regroupement des populations pour les mettre à l'abri des tueurs accélérerait une paix qui ne passe pas par des négociations, ils ont répondu par l'affirmative. Enfin, le génocide est reconnu timidement mais formellement, mais les modalités de son châtiment, parce qu'elles ont une implication politique et juridique au niveau de la responsabilité internationale des États, tardent à venir.

52. Les Burundais doivent se prendre en charge. Si une porte est ouverte comme le réseau Nyerere, San Egidion et les autres à venir, il y a lieu de dégager les préalables suivants, comme meilleur gage du succès :

- *Une bonne maîtrise de la problématique burundaise*
- *Une identification adéquate des acteurs authentiques et représentatifs.*
- *Se mettre à côté des acteurs et non en face d'eux ou d'un groupe des acteurs;*
- *Ne pas se montrer partie prenante au problème mais à la solution;*
- *Obvier à toute vision unijambiste et renoncer à la pensée unique et*
- *Enfin l'écoute et la patience.*

(sans hiérarchie précise)

53. Les partenaires du Burundi, ou la Communauté Internationale, peuvent contribuer à la restauration de la Paix et la Démocratie dans ce pays, sous réserve du respect des préalables qui viennent d'être énoncés. La paix, qui fait défaut au Burundi en cette fin de siècle, est un patrimoine commun de l'Humanité. A ce titre, la Communauté Internationale a le devoir de se montrer plus disponible. Elle n'a pas le droit de tergiverser sur les questions clés pour aider le Burundi à recouvrer cette paix par des mesures qui s'imposent comme :

- *Mettre en place rapidement un Tribunal Pénal International, comme fait matériel de la reconnaissance du crime de génocide au Burundi et comme facteur de réconciliation nationale et de lutte contre l'idéologie qui le sous-tend;*
- *Pourvoir les ressources nécessaires à la reconstruction du pays;*
- *Contribuer, à travers les ressources humaines locales, à la formation de la jeunesse, à la recherche scientifique et culturelle;*
- *Doter le Burundi, sans considération politique et de manière désintéressée, des moyens matériels nécessaires à la réhabilitation des infrastructures*

académiques, techniques, sanitaires, administratives pour relever la capacité opérationnelle des maillons du développement national;

- *Soutenir, sans préjuger, une bonne gouvernance du pays par les institutions issues des options des burundais eux-mêmes.*

54. Parmi ces options, celle de recouvrer la paix est fondamentale. Et comme l'a dit quelqu'un, «les siècles n'ont pas nécessairement cent ans». La Communauté Internationale est dans une constante interpellation afin que le peuple burundais sorte de ce siècle de malheur interminable.

Potentialités économiques de la Région des Grands Lacs Africains

Joseph Ntanyotora

Une cassure tectonique, baptisée Graben par les géographes, prend naissance au Jourdain et traverse l'Afrique du Nord au Sud, de l'Egypte au Zimbabwe. Au tour de ce Graben se sont constituées par effondrement des plaines luxuriantes et des plateaux à perte de vue qui portent le nom de Rift Valley.

Le climat y est merveilleux. Les sols y sont très fertiles. L'eau est abondante. La population est très jeune et féconde dans cette partie du monde. Dans ce fossé tectonique se sont ruées des eaux venant de toutes parts, qui ont donné naissance à de grands et petits lacs, que les géographes ont baptisé Grands-Lacs africains. Ils l'ont été par analogie aux Grands-Lacs nord-américains situés dans la partie septentrionale du nouveau Continent. [1]

Ce nom de Grands-Lacs africains devrait être synonyme de grande prospérité, grâce à la mise en valeur de la région par des moyens de communication comme cela a été le cas pour les Grands-Lacs nord-américains.

Profitant de la douceur du climat, de la fertilité des sols et des richesses minières trouvées dans cette région, des peuples entiers se sont installés pour fonder des Etats dits Etats des pays des grands lacs africains.

Leurs structures d'organisation politique stable et solide ont attiré plus d'un explorateur dans cette partie du monde venu tenter de pénétrer personnellement le mystère de l'unité de ces Etats africains.

---

[1]. FAO/UN : *Book for the inland fishery resources of Africa*, Vol., 1, 1990.

La notion de Grands-Lacs africains peut revêtir un sens large ou restreint. Selon que l'on se place dans une perspective plus large d'intégration régionale future, le territoire des Grands-Lacs africains est celui couvert par les principaux Grands-Lacs africains comme les lacs Tanganyika, Victoria, Albert, Nyassa, Kivu et Edouard. Ce territoire comprend 13 Etats : la République démocratique du Congo, le Rwanda, l'Ouganda, le Soudan, l'Ethiopie, le Kenya, le Burundi, la Tanzanie, la Zambie, le Malawi, le Mozambique, le Zimbabwe et la Somalie. [2]

Si l'on se place dans une vision statique des violences politico-ethniques en cours, la région des Grands-Lacs africains couvre les pays les plus touchés par la crise et membres de la Communauté Economique des Pays des Grands-Lacs. C'est à dire, le Burundi, le Rwanda et la République Démocratique du Congo.

Dans cet article, il sera question tour à tour de la vision statique et de la vision dynamique des crises politico-ethniques qui secouent actuellement cette partie du monde.

Naturellement, la région des Grands-Lacs était et reste dotée d'assez d'atouts pour que tous ses habitants connaissent la paix et la prospérité.
En effet, cette région vue au sens large constitue un vaste territoire d'environ 10,6 millions de km^2 répartis comme suit: [3]

Pays	Superficie (Km^2)	Pays	Superficie (Km^2)
Burundi	28.000	Somalie	638.000
Ethiopie	1.222.000	Soudan	2.506.000
Kenya	580.000	Tanzanie	945.000
Malawi	118.000	Zaïre (RDC)	2.345.000
Mozambique	802.000	Zambie	753.000
Ouganda	236.000	Zimbabwe	391.000
Rwanda	26.000		

38% de cette superficie sont couverts de bois et de forêts, 26% de marais et prairies favorables à l'agriculture et l'élevage. [4]

Cette superficie est inégalement répartie entre les pays des Grands-Lacs comme on peut le voir dans le tableau suivant :

---

[2]. Centre de civilisation burundaise : *La civilisation ancienne des peuples des Grands-Lacs*, Paris, Editions Karthala, 1979.

[3]. Banque mondiale, *Rapport sur le développement dans le monde*, 1992. *Le développement et l'environnement*, Washington, 1993.

[4]. P.C.GLOBE 40

Pays	Prairies et marais (Km^2)	Forêts et bois (Km^2)
Burundi	9.741	-
Ethiopie	500.979	293.216
Kenya	40.786	23.306
Malawi	23.696	59.240
Mozambique	448.890	160.318
Ouganda	59.010	70.812
Rwanda	4.741	2.634
Soudan	601.394	501.162
Tanzanie	376.036	444.192
Zaïre (RDC)	93.816	1.829.420
Zambie	353.727	203.205
Zimbabwe	46.870	241.800
Total	2.559.686	3.829.345

La population y est jeune et à 76% agro-pastorale, mais aussi féconde au point qu'elle atteindra 329 millions d'âmes en l'an 2.000, dépassant de loin celle des Etats-Unis d'Amérique grâce à son fort taux synthétique de fécondité (6,49). Elle atteindra 476 millions en 2010 et 632 millions en 2025.

La projection de la population des pays des Grands-Lacs en l'an 2.025 se présente comme suit [5] :

Pays	Superficie (Km^2)	Pays	Superficie (Km^2)
Burundi	14.000	Somalie	21.000
Ethiopie	156.000	Soudan	55.000
Kenya	64.000	Tanzanie	64.000
Malawi	13.244	Zaïre (RDC)	89.000
Mozambique	35.519	Zambie	20.000
Ouganda	42.000	Zimbabwe	18.000
Rwanda	23.000		

Le sous-sol regorge de tous les métaux précieux disponibles dans le monde : le nickel, le fer, le cuivre, l'or, le diamant, l'aluminium, le pétrole, le gaz naturel, le gaz méthane etc...

Le potentiel hydraulique couvre une superficie de 177.464 km^2 de lacs, de rivières, de bassins, de réservoirs et de lagons.

[5] P.G. GLOBE 40

Ce potentiel est aussi inégalement réparti entre pays de la région [6] :

Pays	Superficie (Km^2)	Pays	Superficie (Km^2)
Burundi	2.670 Km2	Rwanda	1.473 Km2
Kenya	13.289 Km2	Tanzanie	53.353 Km2
Malawi	28.173 Km2	Zaïre (RDC)	26.213 Km2
Mozambique	6.613 Km2	Zambie	7.553 Km2
Ouganda	38.654 Km2		

Cette forte capacité hydraulique est propice à l'agriculture irriguée, à l'hydro-électricité, à l'aquaculture, au tourisme de masse, à la pêche dont les réserves sont estimées entre 1,2 million et 1,5 million de tonnes de poissons par an. [7]

La région des Grands-Lacs regorge de grandes potentialités énergétiques à peine exploitées, nécessaires à son industrialisation, comme la houille, le gaz naturel, le gaz méthane, le pétrole, l'électricité, etc...

Les réserves en gaz naturel s'élevaient en 1987 à 358 milliards de m3 avec une répartition fort inégale entre pays de la région. [8]

Les réserves d'électricité se chiffraient à près de 11 millions de KW. [9]

Malgré toutes ces richesses réelles ou potentielles, l'on est obligé de constater paradoxalement que dans cette région du monde règne une pauvreté et une misère sans nom, doublées d'une guerre civile permanente sur un fonds politico-ethnique.

Presque tous les 13 pays de la région des Grands-Lacs ont connu chacun sa petite guerre.

Toutes ces guerres prennent naissance chez les couches les plus défavorisées de la population et se fondent sur des revendications socio-économiques qui s'étendent progressivement vers des revendications civiques et politiques, en ce sens que dans la région des Grands-Lacs comme partout ailleurs, le pouvoir politique est la clé d'accès au pouvoir économique.

---

6. P.C. GLOBE 4
7. FAO : *Source Book for the inland fishery resources of Africa*, Vol., 1, 1990.
8. PC GLOBE 40.
9. PC GLOBE 40.

Progression des indicateurs socio-économiques de la Région des Grands-Lacs africains

Malgré une régression globale connue au cours des 30 dernières années, la région des Grands-Lacs a vu certains de ses indicateurs socio-économiques progresser.

- L'espérance moyenne de vie à la naissance est passée de 46 à 51 ans pour la femme, de 43 à 48 ans pour l'homme.
  Mais ce progrès est peu significatif par rapport à la norme mondiale qui est de 70 ans actuellement.
- Le taux moyen de mortalité maternelle est de 438 pour 100.000 avec des sommets de 800 pour 100.000 en République Démocratique du Congo.
- Le taux moyen de mortalité infantile a baissé de 135 à 104 pour mille.
- Le niveau d'éducation primaire est passé de 44% en 1965 à 73% en 1990, taux très inférieur aux 100% requis actuellement.
- Le taux d'éducation secondaire reste plafonné à 13,8% en 1990 contre 60% requis par les normes internationales.
- Le taux d'éducation supérieure ou universitaire se situe à 1,1% en 1990 contre 30%, norme internationale.
- Le taux moyen d'encadrement médical bien que nettement amélioré depuis 1965 reste en deçà des normes internationales :
  * 1 médecin pour 27229 habitants en 1984 contre la norme internationale d'un médecin pour 500 habitants;
  * 1 infirmier pour 3.593 habitants.
- Le taux de mortalité des filles avant l'âge de 5 ans est de 161 pour mille, et de 181 pour les garçons en 1990. [10]

A côté de ces quelques performances, la région des Grands-Lacs Africains stagne dans plusieurs secteurs.

- La population inactive, celle âgée de moins de quinze ans représente 47,7% en 1990. C'est elle qui constitue une grande charge pour la population active des pays des Grands-Lacs africains mais aussi un grand réservoir pour les enfants-soldats.
- L'indice synthétique de fécondité des pays des Grands-Lacs africains reste très élevé : 6,99 en 1990 et 6,49 en l'an 2000 contre 1 la norme mondiale. Ce taux trop élevé annihile les efforts de croissance de la région.

---

[10]. Banque Mondiale, *Rapport sur le Développement dans le monde, 1992. Le développement et l'environnement*, Washington, 1993, pp.212-272.

- La majorité des habitants de la région consomment à peine 2020 calories par jour, alors que les pays comme la France, les Etats-Unis d'Amérique approchent 3200 à 3500 calories par jour.
- Le taux de croissance du produit intérieur brut est à peine 2,39% en 1980 et 1990 contre 10% requis.

Les efforts de développement sont réduits à néant par une forte densité démographique qui passera en moyenne de 85 habitants au Km2 en l'an 2000 à 176 en l'an 2025.

Là aussi, le problème d'espace vital ne sera pas identique pour tous les pays de la région comme l'indique le tableau suivant :

Évolution de la densité démographique des pays des Grands Lacs africains de l'an 2.000 à 2025 (habitants/km²) [11]

Pays	Densité 2000	Densité 2025	Pays	Densité 2000	Densité 2025
Burundi	250	500	Somalie	17	33
Ethiopie	58	128	Soudan	13	22
Kenya	59	110	Tanzanie	35	68
Malawi	102	203	Zaïre(RDC)	21	38
Mozambique	26	52	Zambie	15	27
Ouganda	97	178	Zimbabwe	31	46
Rwanda	385	885			

Le Burundi n'est pas mieux loti.

- Son revenu national moyen par habitant est 180 dollars par an en 1993 contre 370 dollars requis.
- Le taux de croissance économique annuel est de 3,1% contre 10% attendu.
- Le taux d'alphabétisation est de 20,1% pour les femmes, de 46,9% pour les hommes en 1990.

Distorsions socio-économiques des pays de la Région des Grands Lacs

Non seulement ces quelques indicateurs socio-économiques traduisent une extrême pauvreté dans une région très potentiellement riche, mais cachent également de fortes disparités et inégalités sociales entre pays de la région d'abord,

---

11. Banque Mondiale, *Rapport sur le développement dans le monde 1992. Le développement et l'environnement*, Washington, 1993.

entre les provinces ou districts et les différentes couches sociales d'un même pays ensuite.

A titre d'illustration, la République Démocratique du Congo dispose de 1.829.420 km^2 de forêts alors que le Burundi n'es dispose aucun.

Le Soudan et l'Ethiopie disposent de vastes prairies et marais contrairement au Rwanda et au Malawi.

La Tanzanie, l'Ouganda et la République Démocratique du Congo disposent de presque tout le potentiel hydraulique.

Toute la production piscicole est concentrée en Tanzanie, en Ouganda, au Kenya et en République Démocratique du Congo. [12]

Les plus grandes réserves d'électricité et de houille se trouvent en République démocratique du Congo, au Zimbabwe et en Zambie.

Alors que les densités démographiques du Burundi et du Rwanda seront respectivement 500 et 885 habitants au Km^2 en l'an 2.025, celle de la République démocratique du Congo ne sera que de 38 habitants au Km^2.

Or le développement se définit comme l'accroissement des forces productives, liées à des rapports sociaux permettant une production d'un surplus, équitablement distribué selon George Bula dans *Violence, Démocratie et Développement dans le monde*.

Seule une coopération régionale bien pensée peut venir à bout de tels déséquilibres à l'intérieur de la région.

Cycle de violences dans la région des Grands Lacs

Dans cette partie de l'Afrique, de franges entières de population, des zones géographiques entières restent exclues des bienfaits du développement à cause d'une planification égoïste et irresponsable de l'État et de quelques bailleurs de fonds extérieurs ou d'une absence de politique de développement tout court de la part des États.

Cette exclusion constitue une violence institutionnelle perçue comme telle par les groupes exclus et aussi comme un Ordre injuste à renverser à tout prix aux yeux des victimes de l'exclusion. La violence institutionnelle dont il est question ci-dessus est souvent renforcée par le principe de la non-ingérence dans les affaires intérieures d'un État souverain ou par le leadership agressif de quelques dirigeants dans la recherche des financements pré-affectés sans tenir compte de l'intérêt et de l'équilibre global du pays ou de la région.

---

12. *Book for the inland fishery resources of Africa*, Vol.1, 1990.

La violence institutionnelle est également le fait du système des Multinationales, de la Finance Internationale, de l'emploi arbitraire des Institutions internationales, des rapports de force inégaux qui créent des déséquilibres et des conflits au niveau planétaire et mondial. C'est également le fait de l'impérialisme avec son établissement des frontières arbitraires des États-Nations dits modernes qui séparent arbitrairement ceux qui ont toujours vécu ensemble pour les transformer en rivaux ou en ennemis à partir d'une frontière artificielle. C'est le cas de la frontière Est de la République Démocratique du Congo avec le Rwanda.

L'action contre ce type de violence institutionnelle se trouve dans l'application de la charte africaine des droits de l'homme et des peuples de 1981 qui proclame :

> « *Tous les peuples ont droit à leur développement économique, social et culturel dans le respect strict de leur liberté et de leur identité et à la jouissance égale au patrimoine commun de l'humanité.* ».

Toute action appelle nécessairement une réaction. C'est une loi de la nature.

Toute violence institutionnelle appelle tôt au tard une violence insurrectionnelle. L'insurrection est tantôt pacifique et passe dans ce cas par des revendications socio-politiques ou par la voie des urnes. Elle est tantôt violence et s'exprime par les manifestations de rue, la guérilla ou le coup d'État. Ces trois scénarios existent bel et bien en Afrique des Grands-Lacs et causent de nombreuses victimes et d'immenses destructions du patrimoine national dans chaque Etat.

La violence insurrectionnelle appelle fatalement la violence répressive, car la violence est au fondement de l'État. Pour se maintenir dans sa continuité et pour imposer son pouvoir, l'État produit et génère toujours de la violence à travers les institutions de la violence légitime dont il se dote avec l'armée et la police pour l'administrer immédiatement.

L'État est donc au début et à la fin du cycle de la violence et d'une violence hautement destructrice.

Rupture du cycle de violences et Etat de droit

L'objectif de cette contribution est d'essayer de démonter le cycle de violence et de détecter l'œil du cyclone en vue d'éradiquer à jamais la cause des guerres civiles fratricides permanentes sur fonds politico-ethnique en Afrique Centrale et de démarrer une fois pour toutes des programmes de développement qui ont pour finalité l'homme dans toute sa globalité et sa prospérité.

L'État est au début et à la fin du cycle de violence. Or la violence prend naissance et s'exerce davantage sur les régions les plus pauvres et les plus défavorisées du pays. De ce fait, la violence aggrave la misère et la pauvreté, maintenant ainsi les conditions objectives d'autres violences plus destructrices pour les générations futures.

Pour casser le cycle de violence et amorcer un État de droit, il faut exercer des pressions et une action sur l'État. L'action sur l'État peut prendre plusieurs formes : diplomatique, militaire, politique, économique.

Les pressions diplomatiques, les sanctions économiques, les négociations en cours dans la région des Grands-Lacs sont autant d'efforts pour aider les Etats incriminés à évoluer vers les Etats respectueux des droits de l'homme.

Les Etats ont le devoir, séparément ou en coopération, d'assurer l'exercice du droit au développement.

Il existe une corrélation directe entre la violence et la pauvreté. Agir et combattre la pauvreté, c'est automatiquement combattre et réduire la violence. Combattre la pauvreté et donc la violence peut s'avérer un pas décisif vers l'établissement d'un Etat de droit.

Le combat contre la pauvreté peut se faire en plusieurs étapes :

- promouvoir le bien-être de la population par une croissance économique basée sur la satisfaction des besoins et la réalisation des objectifs identifiés par la population elle-même;
- renforcer les institutions démocratiques par l'initiation des populations à la participation à la définition de leur propre devenir;
- exploiter efficacement les ressources locales par la mobilisation et la conjugaison des forces endogènes, telles que l'épargne privée, la force de travail, le génie créateur de chaque peuple;
- assister la population à déployer tous ses talents et toute sa créativité en promouvant les libertés individuelles et la liberté de choisir et de participer à travers de véritables programmes de développement communautaire, intégré, humain, durable.
- appuyer l'action sur l'unité et la solidarité des populations pour promouvoir un monde plus juste et plus humain en encourageant les associations et les groupements d'intérêt commun.
- cultiver l'esprit de tolérance, tolérance comprise comme possibilité pour les groupes sociaux de production et dont les expressions politiques et culturelles spécifiques sont considérées comme légitimes, par l'initiation aux méthodes I.E.C. (Information, Education, Communication).
- planifier le développement de manière à mettre l'homme au centre de toutes les préoccupations des décideurs.
- intégrer verticalement et horizontalement tous les secteurs socio-économiques.

- initier à la bonne gouvernance par l'exercice à la séparation des pouvoirs des différents organes de gestion des projets de développement communautaire.

Voilà quelques étapes d'une approche d'un développement communautaire, endogène, autocentré, humain et durable, compris comme un long processus de maturation, pour favoriser la naissance d'un Etat de droit.

Un Etat de droit est synonyme de démocratie. Or démocratie signifie responsabilité, liberté, culte de la vérité, partage et équité. Tous ces attributs de la démocratie peuvent être cultivés au sein des populations des Grands--Lacs africains par un nouveau type d'approche de développement communautaire tel qu'il sera défini dans les lignes qui suivront.

L'échec du développement et donc de l'État de droit dans la région des Grands-Lacs africains est que pendant longtemps les gouvernements ont mis l'accent sur la croissance économique,[13] tout en oubliant le sens de l'équité et la justice distributive qui doivent accompagner tout programme de développement à caractère intégratif.

Dans leurs régimes répressifs, ils ont découragé l'esprit associatif et l'esprit de créativité, favorisant ainsi l'individualisme, le clientélisme, le militantisme partisan et l'attentisme caractéristiques de l'État-Province.

Les programmes ont oublié aussi de centrer l'action sur l'homme, qui en est l'alpha et l'oméga.

L'État de droit peut renaître ou s'affermir progressivement s'il est mis en place un type de développement qui met l'homme au centre, qui tient compte de ses besoins essentiels et dont la priorité est la lutte contre la pauvreté.

Le type de développement précurseur de l'État de droit doit se préoccuper des besoins essentiels de la population qui sont :

- une bonne santé et une grande longévité;
- un bon niveau d'instruction et d'éducation;
- un accès aisé aux revenus monétaires;
- la liberté de choisir et de plus grandes libertés individuelles;
- la protection du milieu de vie et la régénération rapide des ressources naturelles rares, bases indispensables de décollage économique et social.

Ce type de développement doit réduire le taux d'interventionnisme de l'État en matière de développement pour laisser plus de place à l'initiative et la créativité de la population groupée en associations ou en corporations de métier.

---

[13] Bula, Jorge : *Violence, démocratie et développement dans le Tiers-monde Vers une définition du concept de développement*, page 10.

Coopération internationale et droit au développement

Les Etats doivent coopérer pour assurer le développement de chacun d'eux et éliminer les obstacles à ce faire. Il est essentiel que les pays industrialisés fournissent une assistance internationale efficace pour donner aux pays en développement les moyens de soutenir un développement global.

Le droit au développement est fondé sur la solidarité multinationale et constitue notamment un droit exigible à l'égard de la communauté internationale bien qu'il ne soit pas encore suffisamment ancré dans le droit positif.

La coopération conventionnelle a toujours été centrée sur le financement des projets et des programmes dont la justification repose sur une rationalité technique, économique et organisationnelle. Cette vision de la coopération doit disparaître parce que peu apte à engager les pays pauvres sur la voie du développement.

La coopération doit reposer sur l'idée qu'une intervention est un acte politique. Elle doit se manifester sous forme d'appui institutionnel, c'est-à-dire :

- recherche-formation-administration;
- suivi-évaluation;
- programmation participative;
- mise à disposition d'instruments d'appui tels que l'épargne, audit, consultation en matière de gestion.

Au niveau de la coopération gouvernementale, elle doit mettre l'accent sur le renforcement des capacités des institutions partenaires tels que les services techniques, les administrations locales.

Il s'agit donc de favoriser les transformations qui s'opèrent à l'intérieur des sociétés du tiers-monde.

Dans cette nouvelle approche de la coopération, tout comme le rôle de l'État, le rôle du coopérant est réduit sensiblement pour plus d'efficacité : le coopérant ne choisit pas, ne fixe pas le rythme, ne décide pas de ces approches. Il se met à l'écoute et accompagne les structures trouvées sur place.

Bibliographie

1. BANQUE AFRICAINE DE DEVELOPPEMENT - *Rapport sur le Développement en Afrique 1994*, Département de la Recherche et des Politiques de Développement (C.D.E.P), Abidjan, 1995.
2. BANQUE MONDIALE : *Rapport annuel 1992*, Banque Mondiale, Washington, D.C.20433, U.S.A. 1993.

3. BANQUE MONDIALE - *Rapport sur le Développement dans le monde, 1992* : Le Développement et l'Environnement, Washington D.C. 20433, U.S.A., 1993.
4. BERGERON Richard : *L'anti-développement : le prix du libéralisme*, Editions L'Harmattan, Paris 1992.
5. BULA, Georges : *Violence, Démocratie et Développement dans le Tiers-monde*, Edition, Harmattan, Paris, 1990.
6. CALOZ-TSCHOPP Marie Claire : *Asile-Violence-Exclusion en Europe*, Groupe de Genève, Genève, 1994.
7. CENTRE DE CIVILISATION BURUNDAISE - *La civilisation ancienne des peuples des Grands-Lacs*, Editions Karthala, Paris 1979.
8. CNN INTERNATIONAL - *The World of information : "Africa Review 1995"* Eighteenth Edition. The Economic and Business Report.
9. EYA NCHANA CM : *Développement et Droits de l'Homme en Afrique*, Editions PubliSud, Paris 1991.
10. FAO/UN : *Source Book for the inland fishery* Resources of Africa Vol 1 1990.
11. FINO Daniel : *Impasses et promesses : L'ambiguïté de la coopération au Développement*, Presses Universitaires de France, Paris, 1996.
12. GENTIL Dominique : *Les paysans peuvent--ils devenir banquiers? Epargne et Crédit en Afrique*, Editions Syros-Alternatives, Paris 1993.
13. KABOU Axelle : *Et si l'Afrique refusait le développement ?* Editions L'Harmattan, Paris 1991.
14. KWAN KAI HONG : *Jeux et enjeux de l'auto-promotion. Vers d'autres formes de coopération de coopération au développement*, PUF, Paris 1991.
15. PAINE Thomas : *Les Droits de l'Homme*, Presses Universitaires de Nancy, Paris 1991.
16. PNUD - *Séminaire de sensibilisation sur le développement humain durable*, Bujumbura, Octobre 1996.
17. SALOMON Pierre : *Processus démocratique en Afrique: Impact et perspectives*, actes du Colloque International, Cotonou, 1994.

www.ingramcontent.com/pod-product-compliance
Lightning Source LLC
LaVergne TN
LVHW012046041026
849558LV00038B/511

* 9 7 8 2 7 4 7 5 0 2 5 7 3 *